规制冲突裁决的
国际投资仲裁改革研究
——以管辖权问题为核心

肖 军 ◎ 著

JURISDICTIONAL ISSUES OF
REGULATING CONFLICT DECISIONS IN
INTERNATIONAL INVESTMENT ARBITRATION

中国社会科学出版社

图书在版编目(CIP)数据

规制冲突裁决的国际投资仲裁改革研究：以管辖权问题为核心 / 肖军著 . —北京：中国社会科学出版社，2017.5

ISBN 978 – 7 – 5203 – 0360 – 6

Ⅰ. ①规… Ⅱ. ①肖… Ⅲ. ①国际投资法学 – 研究 Ⅳ. ①D996.4

中国版本图书馆 CIP 数据核字(2017)第 099091 号

出 版 人	赵剑英	
责任编辑	任　明	
责任校对	刘　娟	
责任印制	李寡寡	
出　　版	中国社会科学出版社	
社　　址	北京鼓楼西大街甲 158 号	
邮　　编	100720	
网　　址	http://www.csspw.cn	
发 行 部	010 – 84083685	
门 市 部	010 – 84029450	
经　　销	新华书店及其他书店	
印刷装订	北京市兴怀印刷厂	
版　　次	2017 年 5 月第 1 版	
印　　次	2017 年 5 月第 1 次印刷	
开　　本	710×1000　1/16	
印　　张	13.25	
插　　页	2	
字　　数	186 千字	
定　　价	58.00 元	

凡购买中国社会科学出版社图书，如有质量问题请与本社营销中心联系调换
电话：010 – 84083683
版权所有　侵权必究

目　录

第一章　国际投资条约发展的新趋势 …………………………… （1）
　　一　细致：近年来主要发达经济体的国际投资条约变化
　　　　趋势 ………………………………………………………… （1）
　　二　差异：我国晚近投资条约的突出特点 ………………… （6）
　　三　多样：国际投资条约改革趋势的具体表现 …………… （12）
　　四　协调：多样性对我国投资条约提出的体系性要求 …… （17）

第二章　国际投资仲裁中平行程序的规制 ……………………… （23）
　　一　备受关注的国际投资仲裁平行程序问题 ……………… （23）
　　二　国际投资仲裁平行程序的界定 ………………………… （26）
　　三　国际投资条约对平行程序的规制 ……………………… （32）
　　四　投资仲裁庭可采取的其他解决办法 …………………… （42）

第三章　最惠国待遇适用于争端解决事项问题 ………………… （47）
　　一　概述 ……………………………………………………… （47）
　　二　争议的发端：马菲基尼案与普拉玛案 ………………… （52）
　　三　有关仲裁实践的发展 …………………………………… （59）
　　四　小结 ……………………………………………………… （81）

第四章　主权债券违约争端的仲裁管辖权问题 ………………… （83）
　　一　问题的提出 ……………………………………………… （83）
　　二　阿根廷主权债券争端三部曲 …………………………… （88）
　　三　邮政银行案 ……………………………………………… （104）
　　四　小结 ……………………………………………………… （106）

第五章　ICSID 仲裁规则第 41 条第 5 款的解释与适用 ……… （109）
　　一　第 41（5）条概述 ……………………………………… （110）

二　环球石油案与布兰德斯案：第41（5）条适用
　　　　标准的确立 ………………………………………………（113）
　　三　环球贸易案与RSM案：拒绝全部诉请的实例 ………（118）
　　四　美赞莱案与艾米斯案：拒绝部分诉请的实例…………（123）
　　五　第41（5）条适用的小结 ………………………………（126）
　　六　双边投资条约采纳第41（5）条程序的实践与
　　　　问题 ………………………………………………………（129）
第六章　国际投资仲裁上诉机制的理论分析与设计构想………（134）
　　一　晚近国际投资条约中上诉机制的构想…………………（134）
　　二　上诉机制价值的衡量基准：加强裁决一致性…………（137）
　　三　保证上诉机制实现一致性功能的制度设计……………（146）
　　四　现有双边投资条约体系下上诉机制面临的问题与
　　　　应对 ………………………………………………………（153）
　　五　小结 ……………………………………………………（161）
第七章　欧盟TTIP建议中的常设投资法院制度 ………………（163）
　　一　欧盟建议的背景与由来…………………………………（163）
　　二　投资法院的制度设计……………………………………（166）
　　三　TTIP中的投资法院制度建议评析 ……………………（170）
　　四　欧越FTA和CETA中的投资法院规则：缺陷的
　　　　佐证 ………………………………………………………（174）
　　五　建议：更加合理可行的常设机构设计…………………（176）
第八章　中欧双边投资条约的投资仲裁机制……………………（180）
　　一　历史背景与研究意义……………………………………（180）
　　二　CETA与中加双边投资条约的投资仲裁机制总体
　　　　比较 ………………………………………………………（184）
　　三　CETA对仲裁庭管辖权和设立的新规定 ……………（189）
　　四　CETA对已有仲裁程序规则的丰富与细化 …………（192）
　　五　CETA中新创的仲裁程序规则 ………………………（198）
　　六　结论 ……………………………………………………（199）
主要参考文献 ………………………………………………………（201）

第一章

国际投资条约发展的新趋势

一 细致：近年来主要发达经济体的国际投资条约变化趋势

联合国贸易与发展会议（UNCTAD）每年出版的《世界投资报告》对国际投资和国际投资政策进行深入的分析与总结，是国际投资法的权威性报告。根据2015年《世界投资报告》，在国内投资政策方面，投资自由化、鼓励与促进措施继续占据主导地位。[①] 不过，一些国家也在涉及国家安全和具有战略性地位的产业（如运输、能源与国防）采取了新的限制性措施。[②] 在国际投资条约（IIA）方面，如同此前几年的《世界投资报告》不断指出的那样，各国继续致力于国际投资条约的改革与转型，至少50个国家和地区已经或正在修订其投资条约范本，并且这些国家和地区不限于特定地理区域，而是广泛分布于各大洲。[③]

对当前国际投资条约的改革与转型，研究者的认识可以简单概括为：从表现形式上看，晚近国际投资条约的发展趋势是条约规则更加全面、细致和复杂，[④] 与传统的欧洲式双边投资条约（BIT）的简短精干形成对比；从实质上来看，条约试图在保护投资与东道国公共利

[①] See UNCTAD, World Investment Report 2015, p. 102.
[②] 同上书，第104页。
[③] 同上书，第108页。
[④] See Axel Berger, Investment Rules in Chinese Preferential Trade and Investment Agreements: Is China Following the Global Trend towards Comprehensive Agreements, German Development Institute, Discussion Paper 7/2013.

益之间实现平衡,①或者说再平衡(Rebalancing)。②学者从不同角度分析了出现以上发展趋势的原因,他们的结论各有侧重但密切相连,综合起来或能较为全面地反映改革的动因:

首先,国际政治经济格局发生变化,具体于国际投资领域则是资本流动的双向性增加、一些国家作为资本输入国与输出国角色上的转变。③这可以视为国际投资条约发展的政治经济大背景。又如,在胡克尔看来,以中国为代表的一些发展中国家近年来经济取得长足发展的成功经验产生影响,对比中国国家资本主义的成果与源自美国的经济危机,考虑到其他金砖国家④奉行的也多是干预和引导的经济政策,使人们不由反思传统的自由市场理论;反映在国际投资条约中,这种反思一方面使得不少发展中国家认为其在这些条约中牺牲主权是弊大于利,另一方面,随着发展中国家向发达国家流入的资本增加,作为传统的资本输出国的发达国家也开始担忧投资条约对主权的威胁。⑤

其次,改革的直接动因是投资条约所规定的投资者—东道国之间投资争端解决的国际仲裁机制(ISDS)⑥在实践中产生的经验教训。其中最引人注目的是阿根廷为应对21世纪初的国内经济危机而采取

---

① 参见余劲松《国际投资条约仲裁中投资者与东道国权益保护平衡问题研究》,载《中国法学》2011年第2期,第132—143页。

② See Julia Hueckel, Rebalancing Legitimacy and Sovereignty in International Investment Agreements, Emory Law Journal, Vol. 61, Issue 3, 2012.

③ See Cai Congyan, China – US Negotiations and the Future of Investment Treaty Regime: A Grand Bilateral Bargain with Multilateral Implications, Journal of International Economic Law, Vol. 12, No. 2, 2009, pp. 457 – 506.

④ 传统的"金砖四国"(BRIC)包括巴西、俄罗斯、印度和中国,因四国英文名称首字母与英文单词"砖"相似而得名。后因加入南非而改为"金砖五国"或"金砖国家"。这几个国家开展的积极合作使该名称得到官方认可,例如2014年在上海设立的金砖国家开发银行(BRICS Development Bank)。

⑤ See Julia Hueckel, Rebalancing Legitimacy and Sovereignty in International Investment Agreements, Emory Law Journal, Vol. 61, Issue 3, 2012, pp. 616 – 618.

⑥ 由于本书专门研究该机制的改革问题,以下或在不同地方简称该机制为"国际投资仲裁"、"国际仲裁"乃至"仲裁"而不作特别说明。

的措施,被众多外国投资者起诉至国际仲裁庭,以至于被视为"危机";①而对于美国影响最大的则是其在《北美自由贸易协定》(NAFTA)下多次被诉的经历。②

进而,在上述两方面原因的共同作用下,产生了对投资条约制度的广泛质疑。例如:不少学者认为传统投资条约在保护投资者与东道国利益之间有失平衡;③投资条约未能妥善处理发展中国家与发达国家之间、公权力与私人利益之间、经济考量与非经济考量之间三个方面的关系,使该制度存在结构性缺陷;④国际投资仲裁裁决结果不一致,表明当代国际投资法在相关问题上的不确定性,并且"这些质量参差不齐,法律观点有时南辕北辙的裁决的基本倾向是利于外国投资者";⑤国际投资法体系呈现碎片化的结构特征,其中内部碎片化尤其表现为仲裁裁决结果的不一致,外部碎片化则表现为与其他法律体系之间缺乏协调。⑥通过对国际投资法条约化的反思,国家认识到绝

---

① 参见刘京莲《阿根廷国际投资仲裁危机的法理与实践研究——兼论对中国的启示》,厦门大学出版社2011年版,第222页。

② See Cai Congyan, China – US Negotiations and the Future of Investment Treaty Regime: A Grand Bilateral Bargain with Multilateral Implications, Journal of International Economic Law, Vol. 12, No. 2, 2009, pp. 457 – 506.

③ 在此仅举几例:余劲松:《国际投资条约仲裁中投资者与东道国权益保护平衡问题研究》,载《中国法学》2011年第2期,第132—143页;Barnali Choudhury, International Investment Law as a Global Public Good, Lewis & Clark Law Review, Vol. 17, No. 2, 2013, p. 520; Suzanne A. Spears, The Quest for Policy Space in a New Generation of International Investment Agreements, Journal of International Economic Law, Vol. 13, No. 4, 2010, pp. 1038 – 1071。

④ See Cai Congyan, China – US Negotiations and the Future of Investment Treaty Regime: A Grand Bilateral Bargain with Multilateral Implications, Journal of International Economic Law, Vol. 12, No. 2, 2009, pp. 457 – 506.

⑤ 王贵国:《略论晚近国际投资法的几个特点》,载《比较法研究》2010年第1期,第82页。

⑥ 参见郑蕴、徐崇利《论国际投资法体系的碎片化结构与性质》,载《现代法学》2015年第1期。应该说明的是,该文作者认为这是一个客观的体系结构,而且具有其独特优势,对其客观定性有助于正确认识和解决国际投资法体系的正当性危机。

对去政治化是不可行的，政治方法应在国际投资制度中发挥作用。①

美国和加拿大是近年来国际投资条约的改革与转型的主要先锋，通过修订自己的双边投资条约范本，并在缔约实践中切实推动接受新的范本，两个国家的条约实践确实产生了很大影响。② 正如前述学者总结的那样，这些新的美加投资条约制定了更加细致的投资保护条款，对一些以往较为模糊的规则作出了更加明确的界定；同时为调整投资与其他事项（如贸易、环境、人权等）之间的关系，增加了若干新的专门规则与机制，使投资条约涵盖的利益愈加全面，③ 将这些条约发展成为一个复杂的规则体系。

欧盟虽然出于自身权限的原因是国际投资条约的改革与转型的后来者，但是以其投资法院制度建议在激进程度上超越美加，对此本书将专章讨论。

实际上，与美国和欧盟相比，加拿大近年来签署和正式生效的投资条约数量更多，例如它在2014年缔结了七部投资条约，数量居于世界第一。这或许是因为加拿大在国际投资流量中的地位稍逊于美国和欧盟，使其更容易与别国达成妥协。因此，本书以加拿大与巴拿马之间于2013年4月1日生效的自由贸易协定（FTA）的第九章"投资"（以下简称"加巴协定"）为例，说明投资条约的细致、全面与复杂的变化趋势是何种具体表现。④

加巴协定共38条，包括投资定义、国民待遇、最惠国待遇、最低待遇标准、履行要求、转移、征收等传统的保护投资义务。同时，

---

① See José E. Alvarez, Why Are We "Re-Calibrating" Our Investment Treaties, World Arbitration and Meditation Review, Vol. 4, No. 2, 2010, pp. 144–154.

② 下文将述及的学者观点，即认为晚近中国投资条约出现"美国化"或"NAFTA化"，是这一影响的佐证。

③ 美国在解释其2012年范本时明确地表示，"符合公共利益"是修订范本的宗旨和目标，http://www.state.gov/r/pa/prs/ps/2012/04/188199.htm。

④ http://www.international.gc.ca/trade-agreements-accords-commerciaux/agr-acc/panama/chapter-chapitre-9.aspx?lang=eng.

在一些问题上对有关规则进行了澄清,通过细致的规定限制了义务范围,例如:

在第 1 条中,将"源于货物或服务贸易合同的金钱请求权"排除"投资"定义之外,这一限制将单纯贸易行为排除在条约保护范围之外,要求受保护的经济活动与东道国之间具有持续性的关联。

针对仲裁庭对公平公正待遇的宽泛解释,第 6 条"最低待遇标准"规定,"公平公正待遇和充分的保护与安全不要求给予超出习惯国际法关于外国人最低待遇标准之上的待遇",以及"违反本协定的另一规定或独立的国际条约的规定不构成违反公平公正待遇"。

附件"征收"专门就间接征收的认定作出限制性规定,要求:"判定是否存在间接征收时以事实为依据,依个案审查并考虑各种因素,包括:Ⅰ措施的经济影响,但是,仅仅对投资的经济价值造成的消极影响一个因素不足以认定间接征收;Ⅱ措施违背明显、合理、以投资为依据的预期之程度;Ⅲ措施的性质"。

与传统的专门投资条约不同,作为自由贸易协定的一个章节,加巴协定明确规定,"在本章和其他章节不符的情形下,其他章节优先"。更为突出的是,加巴协定对投资保护与健康、安全和环境措施、跨国公司社会责任作出专门规定,这在传统 BIT 中十分罕见。

其中,第 16 条"健康、安全和环境措施"规定,"通过放宽国内健康、安全或环境措施促进投资是不适当的",如果一缔约方认为另一缔约方提供了此种促进措施,可要求进行讨论。该条款规定了双方进行讨论的义务,但没有关于结果的强制性规定。第 17 条"公司社会责任"要求,每一缔约方应"鼓励在其境内或受其管辖之企业,在企业内部管理中自愿接受国际承认的公司社会责任标准"。因此,两个条款规定的都是软义务,主要意义似乎在于表明条约协调与其他公共利益之间关系的意愿,为仲裁庭解释其他条款时提供某种上下文的指导。

加巴协定的第 19 条至第 36 条详细规定了国际仲裁机制。且不论传统的欧洲式双边投资条约中的简单规定,即使与较为详细的 NAF-

TA下的国际投资仲裁程序相比，加巴协定的条款数目更多，规定的细致化程度更高。新的规则主要体现了对国际投资仲裁的公法性质和对公共利益的影响的考虑，回应对该机制"商事化"的批评。[①] 例如，在仲裁员资格条件方面，"仲裁员应在国际公法、国际贸易或国际投资规则或国际贸易条约或国际投资条约的争端解决方面具有经验和专门知识"。在仲裁机制的透明度方面，规定了非当事方提交"法庭之友意见书"的程序、公开举行听证会和公布裁决与其他文件的强制性义务。

除投资章节本身外，加巴两国还签署了"环境合作协定"和"劳工合作协定"作为自由贸易协定的附属协议。在两个协定中，两国承诺，不为促进贸易和投资而降低环境保护标准或减轻劳动保护要求。

总之，加巴协定比传统的投资条约规则更丰富、更细致，试图平衡保护投资和东道国公共利益，充分体现了美、加、欧等主要发达经济体近年来国际投资条约的发展变化。

二 差异：我国晚近投资条约的突出特点

根据中国商务部公布的信息，从1982年与瑞典签署的第一个双边投资条约开始，至2015年底，我国缔结并正式生效的双边投资条约共计104部。[②] 其中，2012年5月签署并于2014年5月生效的《中华人民共和国政府、日本国政府和大韩民国政府关于促进、便利和保护投资的协定》（以下简称"中日韩协定"）因为是由中日韩三国缔结，有时被称为"三边协定"（Trilateral investment agreement）。[③] 此外，我国还在近年来缔结的一些自由贸易协定纳入了投资章节，使

---

① 关于"商事化"问题，参见蔡从燕《国际投资仲裁的商事化与"去商事化"》，载《现代法学》2011年第1期，第152—162页。

② http://tfs.mofcom.gov.cn/article/Nocategory/201111/20111107819474.shtml。

③ 韩秀丽：《后危机时代国际投资法的转型——兼谈中国的状况》，载《厦门大学学报》2012年第6期，第22页；UNCTAD, World Investment Report 2012, p. 85。

这些协定也可以被视为投资条约,不过它们目前暂时历史较短且数量不多。因此,双边投资条约无疑是我国缔结的投资条约的主体。

相应地,研究者通常以双边投资条约为代表概括我国投资条约的发展历史,并作出了几种略为不同但实质差异不大的阶段划分,在此可以几位学者的论述为例略作说明。蔡从燕将我国双边投资条约的发展分为三个阶段,其中第一阶段趋于保守,第二阶段为1998年至2005年,表现特征是趋于自由。而自2006年开始,在吸取阿根廷频繁被诉的教训和美国等国投资条约改革的经验的基础上,我国投资条约发展进入一个新阶段,蔡从燕称之为"再平衡和美式化"的一代。[1] 韩秀丽则以接受投资仲裁管辖的范围为标准,将我国双边投资条约划分为四代。其中,1989年之前的第一代仅仅规定特设(ad hoc)仲裁庭有权审理有关征收补偿额的争端;1990年我国虽然签署了《解决国家与他国国民之间投资争议公约》(ICSID公约),但到1998年之前的第二代双边投资条约依然"留权在手",即仅赋予仲裁庭有限的管辖权;1998年以后的第三代双边投资条约普遍赋予仲裁庭对所有投资争端的管辖权,而以2010年《中国投资保护协定范本》(草案)为基础,[2] 我国的第四代投资条约似乎与美国走上殊途同归的道路,试图平衡投资者与东道国利益。[3] 显然,两位学者虽然将我国投资条约划分了不同的代际,但都认为其最新一代具有平衡或再平衡以及"美式化"的特点。

贝尔格则将我国双边投资条约划分为三代。其中1998年之前的

---

[1] See Cai Congyan, China – US Negotiations and the Future of Investment Treaty Regime: A Grand Bilateral Bargain with Multilateral Implications, Journal of International Economic Law, Vol. 12, No. 2, 2009, pp. 457 – 506.

[2] 关于该范本的详细解读,参见温先涛《〈中国投资保护协定范本〉(草案)论稿》,载《国际经济法学刊》2011年第4期,第169—204页,2012年第1期,第132—161页,2012年第2期,第57—90页。

[3] 韩秀丽:《后危机时代国际投资法的转型——兼谈中国的状况》,载《厦门大学学报》2012年第6期,第21—23页。

第一代主要借鉴欧洲式双边投资条约,但以限制性为特点即注重管理外资;第二代是指1998年至今的部分投资条约,虽然仍然借鉴欧式条约,但侧重于促进外资,采用的合法化模式(legalisation);[①]第三代是2007年至今的投资条约,部分借鉴了以《北美自由贸易协定》为代表的美国式双边投资条约,[②]以"NFATA化"为特点。[③]这样,虽然使用了不同的词语,但贝尔格与前述两位学者相同,也认为晚近中国投资条约呈现出"美式化"。不过,一个显著差异是,贝尔格认为第三代并未完全取代第二代BIT。那么,贝尔格的这一观点是否反映了事实呢?

为此,本书以2010年《中国投资保护协定范本》(草案)为节点,根据中国商务部公布的信息考察了2011年至2015年我国缔结的国际投资条约。这些条约包括:

— 《中华人民共和国政府和乌兹别克斯坦共和国政府关于促进和保护投资的协定》(2011年4月签署,同年9月生效,以下简称"中乌协定");

— 中日韩协定;

— 《中华人民共和国政府和加拿大政府关于促进和相互保护投资的协定》(2012年9月签署,2014年10月生效,以下简称"中加协定");

— 《中华人民共和国政府与智利共和国政府自由贸易协定关于投资的补充协定》(2012年9月签署,以下简称"中智协定");

— 《中华人民共和国政府和坦桑尼亚联合共和国政府关于促进和

---

① 贝尔格用"合法化"一词表示制度化的一种特殊形式,是通过扩充规则、规范和决策程序,从而影响参与者的期望、利益和行为,并表明政府愿意受到国际法的约束。

② 关于欧式与美式双边投资条约的区别,参见余劲松主编《国际投资法》,法律出版社2014年第4版,第222页。

③ See Axel Berger, Investment Rules in Chinese Preferential Trade and Investment Agreements: Is China Following the Global Trend towards Comprehensive Agreements, German Development Institute, 2013, pp. 7 – 8, 31.

相互保护投资的协定》(2013年3月签署，2014年4月生效，以下简称"中坦协定")；

– 《中华人民共和国政府和冰岛政府自由贸易协定》第八章"投资"（2013年4月签署、2014年7月生效，以下简称"中冰协定"）；

– 《中华人民共和国和瑞士联邦自由贸易协定》第九章"投资促进"（2013年7月签署，2014年7月生效，以下简称"中瑞协定"）。

此外还有2012年8月大陆与台湾地区缔结的《海峡两岸投资保护和促进协议》，不过由于该协定不同于一般的国际投资条约，而是适应两案关系的特点表现为"一种'低标准'的特殊样态"[①]，本书认为不宜将其与其他中国投资条约相比较，故而排除在外。

在进行比较的七部条约中最为全面、细致和复杂的是中加协定，规定了35条和六个附件，作为也是加拿大参加的一部条约与前述加巴协定有诸多相同或类似之处，例如：限制了受保护的"投资"的定义范围，如排除"源于货物或服务贸易合同的金钱请求权"；以与加巴协定类似的方式限制了间接征收的认定；第33条"一般例外"规定了涉及文化产业、环境措施、金融审慎措施、国家安全、竞争法等七类例外。

中加协定也限制性解释了公平公正待遇，但是与加巴协定略有差异。中加协定采用的用语是"被普遍国家实践证明为法律的国际法最低待遇标准"，即以"普遍国家实践证明为法律"代替了"习惯国际法"一词。一方面，该两种不同表述并没有实质性差别，因为具备国家实践和法律确信的国际法规范实际上就是习惯国际法。另一方面，毕竟我国传统上对"最低待遇标准"持谨慎态度，此前仅在与墨西哥缔结的双边投资条约中接受这一表述，而在同期缔结的中乌协定和

[①] 徐崇利：《〈海峡两岸投资保护和促进协议〉之评述》，载《国际经济法学刊》2013年第1期，第1—23页。

中坦协定都没有采纳，因此中加协定现有用语是中方的谨慎立场与加拿大对作为习惯国际法的最低待遇标准的偏好之间的相互妥协。

中加协定规定的国际投资仲裁程序也十分详细，包括一些以往投资条约较少规定的内容，例如：多项诉请提请仲裁的前提条件，包括投资者提起仲裁的三年除斥期、弃权条款等；与加巴协定基本相同的仲裁员资格条件要求；详细的合并仲裁规则；非当事方提交"法庭之友意见书"的程序；听证会和文件公开（但比加巴协定的强制性程度略低）；争议涉及东道国金融谨慎措施时的特殊程序等。

以上列举的中加协定规定都体现了投资条约越来越细致的变化趋势，该协定在细致程度上超出了我国截至2015年缔结的所有投资条约，可以视为我国投资条约顺应上节所述之变化趋势或者说"美式化"的代表。但是，加巴协定第16条、第17条以及环境合作和劳工合作两个附属协定或类似规则没有被中加协定采纳，表明即使是这一"美式化"代表在规则的全面程度上与加拿大双边投资协定范本或加巴协定相比也有差距。

中智协定包括32条以及四个附件，细致程度低于中加协定。在将公平公正待遇与最低待遇标准相联系、规定间接征收的认定标准等限制仲裁庭解释的自由裁量权方面，两个协定制定了相似的规则。中智协定规定，其涵盖的投资应是"具有投资性质的资产，这些性质包括资本或其他资源的投入、对收益或利润的预期、风险的承担"。因此，虽然与中加协定一样细化了"投资"的定义，但两个条约略有差别。更为明显的差异体现在国际仲裁规则方面，中智协定的相关条款多数比中加协定更为简短，例如中智协定没有对仲裁员应有国际公法知识的资格限制条件，没有关于法庭之友和加强仲裁程序的透明度的相关规定；中智协定第20条"合并审理"仅有一款，而中加协定的第26条"合并"长达八款。不过，与我国其他投资条约相比，中智协定的一个独特之处在于，它的第18条"初步异议"纳入了"明显缺乏法律依据的诉请"与"法律上不成立的诉请"两个防止滥诉的被申请人异议。①

中日韩协定有 27 个条款和一个附件，也基本体现了细致与复杂化的发展趋势，但程度上更低于中智协定，不包括诸如最低待遇标准、仲裁员的国际公法知识的资格条件要求、合并审理等内容。

中加协定、中智协定和中日韩协定虽然签署于 2010 年之后，但与 2010 年《中国投资保护协定范本》（草案）具有明显差别。相比之下，该范本要简单得多。真正以该范本为基础缔结的是中乌协定与中坦协定，它们都有 18 个条款，内容基本上与范本一致。值得一提的是，中坦协定第 10 条 "健康、安全和环境措施" 在此前我国投资条约（包括 2010 年范本）中从未出现，尤其该条第 1 款与加巴协定第 16 条十分相似："缔约双方认识到放宽国内健康、安全或环境措施来鼓励投资的做法是不恰当的。因此，缔约一方不得放弃或贬损有关措施或承诺放弃或贬损有关措施，以鼓励投资者在其领土内设立、并购、扩大或保留投资。"

分析表明，如果以 "美式化" 或 "NAFTA 化" 来表示近年来美加投资条约代表的更细致、全面和复杂的发展趋势，上述五部中国投资条约确实体现了这一趋势，可以用 "美国化" 予以概括。不过，五部条约对该趋势的追随程度存在显著差别，中加协定的复杂性两倍于中坦协定。而与加巴协定相比，即使中加协定也不够复杂。

然而，余下的两部条约即中冰协定和中瑞协定展示了完全不同的图景，它们似乎对上述趋势无动于衷。中冰协定只有三个条款，仅将两国在 1994 年缔结的双边投资条约并入本协定之中。中瑞协定以 "投资促进" 作为标题，仅以两个简单条款规定了投资促进事项，有关投资保护的义务仍然由两国于 2009 年签署的双边投资条约调整。中冰和中瑞两个双边投资条约都属于传统的欧洲式投资条约，内容简单，篇幅较短，可以视为 "旧式" 的投资条约。如果有关缔约方有此意愿，中冰协定和中瑞协定实际上都是他们 "顺应趋势" 地修订

---

① 关于该两异议，详见本书下文专章分析。

旧约的机会。显然，他们并未作此选择，即便是对20世纪的中冰双边投资条约。

由此可见，在草拟"美式化"影响下的2010年《中国投资保护协定范本》（草案）之后，我国缔结的投资条约也没有一概"美式化"，传统的欧洲式双边投资条约仍有一席之地。不仅如此，如果采用2006年或2007年这样的代际划分时间点，"美式化"的色彩将被继续稀释，因为我国在这个时期与法国、西班牙等西欧国家重新签订的双边投资条约都是"旧式"的投资条约。

虽然说一个国家与别国谈判和缔结投资条约时，总是不可避免地需要作出妥协，因而一国的不同投资条约有所差别并不令人意外。然而，如前述七部中国投资条约那样显著的差异并不多见。毋庸讳言，差异是晚近中国投资条约的突出特点。

三 多样：国际投资条约改革趋势的具体表现

如果我们用另一个视角来看前述七部中国投资条约，它们无疑也是加拿大、瑞士、冰岛等国的投资条约的一部分，表明这些国家的投资条约实践也没有完全跟随细致、全面和复杂的趋势。

首先，比较中加协定与加巴协定，两者总体上类似但有若干细节差异，既证明加拿大是晚近国际投资条约改革趋势的积极实践者，也表明加拿大能够接受细致程度并不相同的投资条约。

其次，中冰协定和中瑞协定的特点是不涉及投资保护，继续将其交由以前缔结的"旧式"双边投资条约来调整。综观冰岛和瑞士两国的投资条约实践，可以发现其他类似例证。由于两国与挪威、列支敦士登共同组成了欧洲自由贸易联盟（EFTA），近年来通常是由EFTA与第三国签订自由贸易协定。这些自由贸易协定中的投资章节基本上以促进投资自由化为宗旨，以准入前国民待遇为核心规则，间或辅之以简明的条款规定公平公正待遇和全面的安全与保护，但不包括另外两项传统双边投资条约的核心条款，即征收补偿和国际投资仲裁程序，也就是说，将保护投资的任务留给专门的双边投资条约。这方面的典型例子有 2010 年 6 月签署的 EFTA 与乌克兰的自由贸易协定、2013 年 6 月签署的 EFTA 与中美洲国家的自由贸易协定（最初包括巴拿马和哥斯达黎加，2015 年危地马拉加入，洪都拉斯正在进行加入谈判）以及 EFTA 与波黑的自由贸易协定。① 它们与同为自由贸易协定的加巴协定形成鲜明对比。

那么，EFTA 成员国缔结的双边投资条约是怎样的呢？瑞士是应该主要关注的国家，因为它是国际投资条约的积极参与者，缔结了超过 120 个条约，在数量上仅次于德国和中国。其中，瑞士—埃及双边投资条约于 2010 年 6 月签署，2012 年 5 月生效。该条约仅有 14 个条款，仍属于传统的简短精干的欧洲式双边投资条约。从内容上看，它虽然包含了几个近年来出现的澄清模糊条款、限制仲裁庭自由裁量权的规定，例如：（像中智协定那样）通过规定投资应具有的特征限制受保护的"投资"定义范围、最惠国待遇条款不适用于争端解决机制等。但是，它没有澄清公平公正待遇和间接征收认定的规则，没有细致的仲裁程序（如合并审理、公众参与等），也没有规范投资与环境、劳工之间的关系。显然，瑞士作为一个积极参与缔约实践的发达国家，不可能不了解投资仲裁实践中发生的争议、美国和加拿大投资条约的新变化，它只是有意识地作出了自己的选择。

瑞士—埃及双边投资条约并非特例，在其他国家缔结的投资条约中不难找到类似的例子，如 2012 年 4 月签署的喀麦隆—土耳其双边投资条约、② 2013 年 11 月荷兰与阿拉伯联合酋长国缔结的双边投资条约等。③ 诚然，这些条约与十年或二十年前的欧洲式双边投资条约相比已经更为详细，包括一些针对投资仲裁实践中出现的问题而新增的规定，因此也体现了国际投资条约改革与发展。但是，事物总是不断发展的，这些条约中的些许变化似乎难以引人注目。与备受关注的

---

① http：//www.efta.int/free-trade/free-trade-agreements.
② http：//unctad.org/sections/dite/iia/docs/bits/Turkey_Cameroon%20BIT.pdf.
③ http：//wetten.overheid.nl/BWBV0006303/geldigheidsdatum_13-03-2014.

美国、加拿大以及稍晚的欧盟所倡导的更细致、全面和复杂的投资条约相比，它们之间的差距之大需要用两种不同类型的条约来概括，而无法都归于"美式化"的标识之下。

奥地利与哈萨克斯坦在2010年1月缔结的双边投资条约值得一提。①这部由29条组成的条约同样呈现出更细致的表象，但其实质是加强而非限制投资保护规则，例如：明确规定："最惠国待遇适用于争端解决机制"；不加限定地保留保护伞条款；不限制公平公正待遇和间接征收的认定；仅在要求缔约方"不应为促进投资而放宽环境与劳动保护标准"这一点上与加巴协定相似。

2015年三月至五月间，巴西分别与莫桑比克、安哥拉和墨西哥签署双边投资条约，采纳的是巴西从2013年开始制定新的投资条约范本。②这些名为"合作与投资促进协定"的条约与传统的双边投资条约具有很大差异。投资保护不是它们关注的重点：公平公正待遇和投资者—东道国争端解决机制被完全删除；虽然规定了征收与补偿、国民待遇和最惠国待遇，但都以"与国内法律相符"作为限制条件。正如它们的名称所昭示的，条约主要规定的是促进缔约双方在促进投资方面开展合作的事项，如机制安排、预防争端以及国家间争端解决机制等。因此，如果说前述美国、加拿大与瑞士的投资条约本质上相同而只是在细致程度上有明显区别，与之相比，此类巴西条约的宗旨、目标、原则和内容完全不同。尤其是这些巴西条约排除了投资者直接提出国际法诉请的机制，其实际效用将与传统的双边投资条约有本质差别，可能意味着投资条约走上截然不同的发展道路。加之巴西向来不是投资条约的主要实践者，此类巴西条约的实际影响尚有待

---

① http：//www.parlament.gv.at/PAKT/VHG/XXIV/I/I_01333/imfname_224254.pdf.

② 由于巴西官方语言为葡萄牙语，UNCTAD也未将这三个条约收入其数据库，此处的介绍系基于非政府组织International Institute for Sustainable Development（IISD）的相关报道，see IISD, Side‐by‐side Comparison of the Brazil‐Mozambique and Brazil‐Angola Cooperation and Investment Facilitation Agreements, http：//www.iisd.org/library/side‐side‐comparison‐brazil‐mozambique‐and‐brazil‐angola‐cooperation‐and‐investment。

观察。

从以上不同条约的介绍我们可以看出,更加细致、全面和复杂固然是晚近部分投资条约的变化趋势,该趋势虽然颇具影响,但尚不能反映当今国际投资条约的全貌,改革趋势下的多样性才是准确和完整的界定,具体而言:

首先,针对国际投资仲裁实践暴露出来的问题和影响,晚近各国投资条约都作出了应对,在此意义上,改革是晚近投资条约发展的总体趋势。但是这一结论的实际价值不足,因为事物总是处于发展变化之中,法律亦是如此。对于我们来说,关键问题不是要不要应对实践中出现的问题,而是如何应对。就此而言,不同国家缔约实践的不同反应才是应该予以关注的对象。

其次,细致和复杂都具有相对性,比较的样本不同会导致不同的结论。由于投资条约的适用范围不可能包罗万象,"全面"也只能是相对而言。例如,中加协定相比较于瑞士—埃及双边投资条约是复杂的,但是与加巴协定相比却是简单的。瑞士—埃及双边投资条约和加巴协定之间的差异如此之大,似乎以"简单"和"复杂"两个相对立的词来分别概括其总体特征,比都用"美式化"的标签更为符合实际。虽然进一步澄清投资条约规则、加强法律的确定性是应有的价值取向,但是理论期待和现实状况还是应该分别予以说明。

再次,传统的影响仍然清晰可见。晚近美加、瑞士和巴西的投资条约之间的差异并非无源之水,而是历史的延续。美加两国所代表的美式双边投资条约的特征历来就是比欧式条约更加复杂,当今美加投资条约是在这一传统特征的基础上更进一步;瑞士的条约实践则继续体现了对传统欧式条约模式的偏好,巴西更加激烈地排斥国际投资仲裁机制同样不让人感到意外。

真正意义上的转变或许将由欧盟带来。荷兰、奥地利等欧盟成员国原本像瑞士一样继续青睐传统欧式双边投资条约,但这可能由于欧盟获得缔结投资条约的专属权限而改变,因为欧盟似乎更倾向于美加投资条约的细致、全面和复杂,并以投资法院建议独树一帜。

欧盟对投资条约发展的重要影响揭示了当今投资条约实践参与主体的多样性，以及此种多样性给晚近投资条约发展带来的重大影响。欧盟、EFTA、东盟等区域经济一体化组织已经成为重要的投资条约缔约方。由于这些区域经济组织缔结的投资条约通常是自由贸易协定的投资章节，它们在缔约实践中的活跃又进一步增强了投资条约类型的多样性。

条约类型的多样性主要体现在两种主要类型的并存，其一是以双边投资条约为代表的传统的专门投资条约，其二是置于全面调整缔约国之间经济贸易关系框架下的自由贸易协定之投资章节。后者虽然在数量上还远不能与双边投资条约相比，但是其经济重要性日趋显著，甚至有超过双边投资条约的势头，例如以欧盟为代表的区域经济一体化组织签订的自由贸易协定、美国积极主导下缔结的《跨太平洋伙伴关系协定》（TPP）、欧美正在谈判中的《跨大西洋贸易与投资伙伴协定》（TTIP）等。

自由贸易协定之投资章节模式同样呈现出多样性。在表现形式上，它们可能是协定中的一个独立章节，如前述中瑞协定和中冰协定；或者是在自由贸易协定框架下的一项独立协定，如中智协定；甚至可以是中日韩协定那样完全独立的条约，但被公认为中日韩自贸区建设的一部分。因此，虽然由于此类模式最受人关注因而最具代表性的是 NAFTA 第 11 章"投资"，将其称为"自由贸易协定投资章节"模式更为准确，但人们也常常直接用相关自由贸易协定指称为投资条约。在缔约方意图使该协定发挥的功能方面，自由贸易协定投资章节可以完全纳入双边投资条约中的投资保护规则，进而替代双边投资条约，NAFTA 是其典型代表；也可以像上述 EFTA 签署的自由贸易协定那样，侧重于投资自由化，以准入前国民待遇为核心规则，仅简要规定传统的投资保护标准，从而不能取代双边投资条约而是与其各司其职。

以上从条约规则、条约类型和参与缔约主体三个维度的分析表明，多样性是晚近国际投资条约实践的更为全面因而适当的概括。更加细致、全面和复杂或者说"美式化"确实能够概括部分重要经济体的缔约实践，但断言其必然成为各国共同选择似乎为时尚早。不可否认，两种概括侧重不同而各具价值，多样性强调对客观事实的准确映照，"美式化"实际上体现的是支持者眼中未来条约发展的价值取向。但是，不宜简单地将价值取向与客观事实不加说明地叠加，否则易产生对现状的不准确认识。

诚然，人们或可争辩，两种概括的视角不同，分别为对当下的静态描述和向未来的动态发展，而发展趋势强调的是动态视角，则应为更加细致、全面和复杂。不过，回顾自2004年美加修订其各自双边投资条约范本以来的缔约活动发展，对两国主导下的投资条约变化与发展，其他国家不可能一无所知，因而是有关国家有意识的选择导致了多样性的产生，多样性不仅仅是静态描述，也是过去十几年实践的动态发展。至少，不宜将这段时间的投资条约发展趋势界定为更加细致、复杂和全面。

四　协调：多样性对我国投资条约提出的体系性要求

现在是未来发展的起点，未来投资条约的发展趋势将在当今多样性的基础上呈现怎样的态势？更加细致、复杂和全面是不是这一意义上的发展趋势，从而将来被大多数国家接受？本书无意在此断然言之。一方面，考虑到多样性如前所述是各国有意识选择的结果，如果没有新的变量出现，多样性仍会在相当一段时期内存在并在此意义上被视为发展趋势。另一方面，这种新变量或许已经产生，它便是晚近才成为投资条约缔约主体的欧盟。如果欧盟采取接近美加的立场，将不仅直接取代不少欧盟成员国目前坚持传统双边投资条约模式的立场，而且很有可能影响注重与欧盟在经济政策上协调一致的EFTA成员国。

于我国而言，更为重要的是多样性在某种程度上就是不确定性，恰恰说明决定性力量的缺乏。因此，各国都可以对未来投资条约发展施加更大的影响。随着我国经济总体实力的增强特别是逐渐成为资本净输出国，我国理应更加积极地影响多样性的发展，而不是相对消极地顺应某一趋势。具体而言，在体系性维度上，我国缔约实践应该注意两个方面的问题。

（一）加强中国投资条约规则的一贯性

从投资条约的发展历史来看，作为资本输出国的欧美主要经济体一直发挥着主导作用：德国是双边投资条约的首创者和积极推动者，美国自1980年代以来形成具有自己特色的双边投资条约范本，并凭借强大的经济实力极大影响了投资条约的发展，从而形成了传统的双边投资条约中欧洲式和美国式两大类型；在近十年来投资条约的新发展中，美国和加拿大发挥着引领作用，以至于学者将这种发展称为"美式化"或"NAFTA化"。由于我国自改革开放以来在投资条约实践中的积极参与，更由于我国不断壮大的经济实体，中国实践成为国际投资条约发展的重要内容，受到越来越多的国际关注。[1] 然而，当论及国际投资规则制定时尚无人提及"中国类型"或"中国化"，表明中国实践的影响似乎还不能与我国的经济实力相匹配。产生这一现象的原因是多方面的，例如我国是投资条约实践的后来者，历史上主要是规则的接受者而非制定者；又如从政治和经济的角度来看，我国经历了从单纯的资本输入国向资本输出和输入双向大国的转变，目前似乎还在适应资本净输出国的角色。这种角色转变在法律层面上表现为我国晚近投资条约如前文所述差异较大，未能向国际社会清楚地表明我国在国际投资规则方面的明确和一贯立场。

我国投资条约实践偏重于实用性，这样做的优点在于容易与缔约另一方通过协商达成妥协，有助于谈判获得成果，因为妥协与让步是谈判的应有之义。这导致我国缔结的投资条约更倾向于缔约另一方的条约模式，[2] 内容更接近缔约另一方的立场，虽然这并不意味着我国

---

[1] 例如，近年来在国际学术期刊上发表的相关论文为数不少。

[2] See Axel Berger, Investment Rules in Chinese Preferential Trade and Investment Agreements: Is China Following the Global Trend towards Comprehensive Agreements, German Development Institute, 2013, p. 11.

全盘接受对方立场。但是中加协定和中冰协定所代表的我国投资条约之间过大的差异，使人难以辨识在投资规则有关问题上的中国立场，自然不可能像"言必称美国"一样在讨论这些问题时"言必称中国"，从而使我国在规则制定方面的影响力至少没有达到应有的程度。[①]

因此，在国际投资条约多样性发展的大背景之下，我国若希望在国际投资规则制定中发挥更大影响与获得更多话语权，应努力保持投资条约规则的一贯性。在国际投资关系中角色的变化造成一段时期内我国立场的犹疑，是可以理解和接受的现实，但现在应该到了突破主观观念的桎梏而确立我国应有立场之时。

(二) 妥善处理相关投资条约之间的关系

多样性发展的一个后果是两国之间的国际投资可能同时受到双边投资条约和自由贸易协定两个有效条约的调整，甚至可能因为两国与第三国共同签署一个更大范围的协定，从而导致更多投资条约适用于该投资关系，例如我国既与东盟又单独与新加坡缔结自由贸易协定。由此出现如何处理这些条约之间关系的问题。对此值得借鉴的做法之一是 EFTA 的实践，即不同类型条约承担各自职能，规定各自不同规则。

由于我国近年来开始致力于商签自由贸易协定，且多数含有投资章节，因此上述问题在我国条约实践中也时有发生，对此相关条约作出了不同的处理。

其中，中智协定的处理最为明确和清晰。其附件四"终止《双边投资协定》"规定：第一，原 1994 年双边投资协定以及"由此产生的权利和义务"在中智协定生效之日终止。第二，就中智协定生效之前的"任何行为、事实、停止存在的情形、争端或请求"，双边投资

[①] 我国投资条约曾经有过的一个一贯性是拒绝投资自由化规则，即使在被视为"美式化"的过程中也是如此。但是，我国在中美双边投资条约谈判中宣布接受准入前国民待遇和负面清单，表明这一立场也已改变。

协定对中智协定生效之前进行的投资继续有效。这样,该附件明确地划分了两部条约的适用范围。

前述 EFTA 实践在我国与其两个成员国之间的投资条约即中瑞协定和中冰协定中基本得到遵循。两个协定的"投资"章节都不涉及传统的投资保护规则,因而也不会起到替代双边投资条约的作用。虽然两个有效条约同时适用于缔约方之间的投资,但适用范围并不重叠,两部条约之间的关系非常明确。

与条约之间关系得到明确处理的上述例证相比,中国与新西兰缔结的自由贸易协定(签订于 2008 年且含有投资章节)与双边投资条约(1989 年生效,有效期 15 年)之间的关系似乎有待澄清。该自由贸易协定的投资章节与传统双边投资条约极为类似,包括投资待遇标准与投资仲裁机制等,但协定没有明确规定它与 1989 年双边投资条约之间的关系。后者的第 17(2)条像该类条约关于条约效力的通常规则一样,规定除缔约方以书面通知终止之外,条约继续有效。截至 2016 年初该条约仍被置于我国商务部有关双边投资协定的网页上,且未说明是否终止;而 UNCTAD 对中国投资条约的统计注明该条约仍然有效。这些迹象表明两部条约似乎同时有效,至少对于投资者而言,两条约之间的关系缺乏明确性,应该予以澄清。

中日韩协定的情形最为复杂。该协定第 25 条规定:"本协定的任何条款均不影响缔约一方与缔约另一方达成的、在本协定生效日存在且有效的任何双边投资协定下的权利和义务,包括给予缔约另一方投资者的待遇的相关权利和义务"。而且,第 25 条还特别注明:"各方确认,当缔约一方投资者与缔约另一方发生争议时,本协定的任何条款不得解释为阻止投资者依赖该缔约双方达成的、投资者认为比本协定更优惠的双边投资协定"。一方面,这些规定表明缔约各方有意澄清新旧投资条约之间的关系,且给予投资者最优惠待遇的意旨十分明确,这一点应该优于缺乏明确性的中国—新西兰自由贸易协定。但另一方面,仔细分析第 25 条的规定可以发现,它的适用可能又带来新的不确定性。

首先，第25条仅表明，如果原来的双边投资条约继续有效，则投资者可以依赖于更优惠的条约规定；它并不直接说明旧约是否继续有效，该问题应依据旧约本身的规定。基于与前述中国—新西兰双边投资条约相同的理由，1989年生效的中国—日本双边投资条约和2007年生效的中国—韩国双边投资条约应该继续与中日韩协定同时有效。此外，中日韩协定第25条的存在似乎也暗示两部旧约仍然有效。

其次，在新旧条约同时有效的情形下，由于几部条约分属不同代际的中国投资条约，它们的规定差异显著，对中日韩协定第25条的不同理解可能造成其适用的不确定性。

以间接征收规则为例，像晚近美加投资条约一样，中日韩协定对间接征收的认定新增了若干限制性规定。如果某韩国投资者基于中日韩协定针对中国提出仲裁请求，同时以中韩双边投资条约的间接征收规则更为优惠为由，要求适用后者，仲裁庭将如何裁决？这将取决于如何理解中日韩协定第25条。

从第25条的用语来看，该条款显然不阻止投资者根据原有双边投资条约提出仲裁请求，适用原条约的规定。但是，是否允许投资者根据本协定提出仲裁请求时援引旧约的规则，这一点并不明确。如果答案是肯定的，基于中日韩协定设立的仲裁庭将适用中韩双边投资条约的规定，使中日韩协定的间接征收规则成为一纸空文。该协定中其他体现晚近投资条约新发展的规则也可能面临同样命运，最终使得协定本身的价值大打折扣。因此，在不排除仲裁庭可能得出肯定性结论的前提下，本书倾向于否定的回答。

然而，即使不允许依据中日韩协定提出请求的投资者援引旧约的规定，本协定的价值同样可能被削弱。首先投资者无疑可以在旧约框架下依据旧约的规定提出仲裁请求，让中日韩协定的新规则无用武之地。其次，在排除中日韩协定对其不利的规则适用的同时，投资者还可以基于旧约的最惠国待遇条款要求适用中日韩协定对其更优惠的规则。这样产生的最终效果与允许投资者根据中日韩协定提出仲裁请求时援引旧约的规则实际上并无二致。

总之，中国—新西兰自由贸易协定和中日韩协定的上述处理方式使得新旧两部投资条约同时有效，不利于法律的稳定性和一致性。中日韩协定第 25 条还使该协定新增的体现投资条约新发展的规定无法发挥作用，带来了更多的不确定性。因此，在此后投资条约处理类似问题时，我国宜持有明确和一贯立场，最好采用中智协定的做法，以避免了两部条约同时适用的情形。

第二章

国际投资仲裁中平行程序的规制

一 备受关注的国际投资仲裁平行程序问题

20世纪九十年代以来,国际投资仲裁案件数量激增,① 部分裁决对相同或类似问题作出不同甚至相互冲突的决定,引发激烈争论和批评,平行程序成为一个备受关注的问题。学者们讨论平行程序问题时常常提及的案件有劳德(Lauder)案与CME案、阿根廷作为被申请人的系列仲裁案、两个SGS案等。

美国国民劳德是荷兰公司CME的控制人,因该公司在捷克投资的一家电视台与捷克政府产生纠纷。劳德依据美国—捷克双边投资条约在伦敦仲裁院提起申诉,而CME依据荷兰—捷克双边投资条约在斯德哥尔摩仲裁院提起申诉。捷克拒绝了事实合并审理的建议,② 最终由不同仲裁员组成了两个相互独立的仲裁庭。两案针对的是捷克政府影响同一投资的相同措施,申请人所提出的诉请、涉及的法律问题和条约条款均十分类似,争端方向两个仲裁庭提交的证据也基本相同。两个仲裁庭在前后十天之内分别作出自己的裁决。2001年9月3日的劳德案裁决判定,本案争端应视为劳德与其捷克投资伙伴之间的商业纠纷,双边投资条约没有规定捷克在此情形下介入争端的义务,

---

① 关于1987—2014年期间ISDS案件每年和累积数量, see UNCTAD, World Investment Report 2015: Reforming International Investment Governance, United Nations: New York and Geneva, June 2015, p. 114.

② 即虽然依据不同的双边投资条约分别设立两个法律上相互独立的仲裁庭,但指定相同的仲裁员,对两个案件进行事实上的合并审理。关于合并仲裁及事实合并,详见下文。

捷克未违反任何条约义务。CME 案仲裁庭在 9 月 13 日作出裁决，多数仲裁员认定捷克违反了若干条约义务，需支付 2.7 亿美元的赔偿。针对同一事实，两个仲裁庭作出完全相反的裁决，使这两个案件成为平行程序问题的典型案例，并引发激烈争论。①

第二组典型案例是 21 世纪初针对阿根廷提起的系列仲裁请求。一位曾多次代表阿根廷政府参加这些仲裁的学者总结了至 2004 年底阿根廷被诉的 34 个案件，指出其中 30 个 ICSID 仲裁的若干共同点：第一，涉及同一事实背景，即阿根廷在 2001 年至 2002 年遭遇的经济危机；第二，涉及三大项政府措施，有 22 项申诉针对的是阿根廷政府对公共服务系统的调整，是主要的争议措施，另分别各有四项申诉针对金融与货币措施和对某些产品出口的征税；第三，30 个案件仅基于阿根廷缔结的六项 BIT，其中 13 个案件涉及与美国的双边投资条约、7 个涉及与法国的双边投资条约、4 个涉及与英国的双边投资条约；第四，其中至少三组案件是同一个阿根廷公司（但不是仲裁程序申请人）的不同股东提起申诉，即 Gas Natural 和 LG&G、Sempra 和 Camuzzi、CMS 和 Total SA。② 另一学者论述平行程序问题时也以阿根廷系列案作为实例，指出在这些案件中阿根廷都以国家危急情况作为抗辩理由，但是仲裁庭作出不同裁决。③

学者研究提及的第三类案例则以两个 SGS 案为代表。④ SGS 公司依据

---

① 对两案不同裁决提出激烈批评的论文为数不少，如：Susan D. Franck, The Legitimacy Crisis in Investment Treaty Arbitration: Privatizing Public International Law through Inconsistent Decisions, Fordham Law Review, Vol. 73, 2005。但是也有学者认为此种裁决差异是正常的（"far from unnatural"）。See Thomas Wälde, Introductory Note to Svea Court of Appeals: Czech Republic v. CME Czech Republic B. V., International Legal Materials, Vol. 42, 2003。

② Carlos Ignacio Suarez Anzorena, Multiplicity of Claims under BITs and the Argentine Case, in: F. Ortino, A. Sheppard & H. Warner (ed.), Investment Treaty Law: Current Issues Volume 1, British Institute of International and Comparative Law, 2006, pp. 37 - 43.

③ 许敏：《论国际投资仲裁中的多重程序——以 ICSID 仲裁案件为例》，载《云南师范大学学报》（哲学社会科学版）2014 年第 5 期，第 103 - 105 页。

④ See August Reinisch, The Issues Raised by Parallel Proceedings and Possible Solutions, in: Michael Waibel et al. (eds.), The Backlash against Investment Arbitration, Kluwer Law International, 2010, p. 115.

两个不同的双边投资条约分别起诉巴基斯坦和菲律宾,两案案情类似,均涉及申请人与被申请人之间因合同履行而产生的争议,核心争点都是投资条约的保护伞条款的解释和适用问题。在 SGS 诉巴基斯坦案的仲裁庭主张严格解释保护伞条款并驳回 SGS 的诉请之后,该裁决被作出相反裁决的 SGS 诉菲律宾案仲裁庭进行了明确批评。此外,学者还常常提及关于最惠国待遇能否适用于争端解决条款的一系列争议裁决。

仔细分析可以发现,虽然同样在学者关于平行程序问题的讨论范围之内,但是从每组中各个案例彼此之间的关系来看,实际上三类案例有着较为明显的差异。劳德案和 CME 案审查的是对同一投资造成影响的同一东道国措施,两案的争端事实无疑具有同一性,不同的是申请人和法律依据,但是两个申请人之间有密切的关联关系。阿根廷系列案的特点是一项普遍适用的措施对若干不同外国投资者造成影响。一方面,尽管这些案件的申请人不同,受到影响的投资不同,相应的争议事项不完全相同,但是其主要争议事实及相关法律问题均涉及同一问题,即阿根廷经济危机是否构成国家危急情况。另一方面,这些申请人之间没有像劳德和 CME 公司那样的密切关联,他们或者(至少在与所涉仲裁有关的各方面)彼此之间毫无关联关系,或者仅限于同一阿根廷公司的股东。而在两个 SGS 案或者有关最惠国待遇适用的案例之间,主要争端事项各不相同,其共同点在于处理一个类似的法律问题。

另外值得注意的是,在讨论上述问题时,有的学者使用"平行程序"一词,[①] 有的则冠之以"多重程序"。[②] 因此,对上述问题的分析首先需要界定,何为国际投资仲裁中的平行程序。

[①] 例如,朱明新:《国际投资仲裁平行程序的根源、风险以及预防——以国际投资协定相关条款为中心》,载《当代法学》2012 年第 2 期;Campbell McLachlan Q. C. et al., International Investment Arbitration: Substantive Principles, Oxford University Press 2007, p. 79.

[②] 例如,许敏:《论国际投资仲裁中的多重程序——以 ICSID 仲裁案件为例》,载《云南师范大学学报》(哲学社会科学版) 2014 年第 5 期;Carlos Ignacio Suarez Anzorena, Multiplicity of Claims under BITs and the Argentine Case, in: F. Ortino, A. Sheppard & H. Warner (ed.), Investment Treaty Law: Current Issues Volume 1, British Institute of International and Comparative Law, 2006, pp. 37–43.

二　国际投资仲裁平行程序的界定

在研究国际法院与法庭（包括国际投资仲裁但并非主要关注对象）管辖竞合方面颇具影响的沙尼将平行诉讼程序界定为两个国际司法机构同时审理一个争端；相对应的是连续诉讼程序，即针对一个已经作出裁决的争端在另一个国际法庭提出新的诉讼。[①] 平行程序是多重程序的一个特殊表现形式，即同时在一个以上的国际法院或法庭悬而未决。[②] 沙尼还指出，国际常设法院曾判定，平行程序应当在具有相同法律秩序的法庭进行，即分别适用国内法和国际法的两个程序不能产生管辖权竞合。[③] 因此，如果参照沙尼对平行程序的界定，国际投资仲裁平行程序应该是同时在一个以上的国际法庭审理一个争端，其中至少一个法庭是国际投资仲裁庭，平行程序与多重程序是涵盖范围不同的两个概念。

赖尼希也明确地将平行程序视为多重投资争端程序的一个子类。[④] 但是，在其论文标题使用"平行程序"一词的同时，两个小节标题用的却是"多重程序"。论文研究的对象则主要是不同投资者提起的一个以上国际投资仲裁程序，不论它们是否同时进行。参照前述沙尼的界定，这篇以"平行程序"为题的论文实际上研究的是在国际投资仲裁范围内的多重程序。

雷曼德斯和玛达莱那则将平行程序界定为同一争端或两个密切关联的争端被同时提交给多个投资仲裁庭或者一个国内法院和一个投资

[①] 尤瓦·沙尼：《国际法院与法庭的竞合管辖权》，韩秀丽译，法律出版社 2011 年版，第 21 页。

[②] 同上书，第 199 页。

[③] 同上书，第 32 页。

[④] August Reinisch, The Issues Raised by Parallel Proceedings and Possible Solutions, in: Michael Waibel et al. (eds.), The Backlash against Investment Arbitration, Kluwer Law International, 2010, p. 115.

仲裁庭。① 与其类似的是，麦克拉兰等关于条约仲裁庭面对的平行程序问题的讨论，既涉及两个条约仲裁程序，也包括条约仲裁与相同当事人在不同法律体系下的程序（国内法院或商事仲裁）之间的关系。②

与前述以国际仲裁"平行程序"为题的论文和著作不同，考夫曼·科勒等在讨论合并仲裁问题时，关注的是由相同或相关情形引起的多重程序。③

国内学者的讨论同样存在使用不同表达的情况。有学者以阿根廷系列仲裁案为例进行的研究使用的是"多重程序"一词，并将其界说为"由相同或不同的裁决者根据相同事件或措施提起的针对同一东道国的诉求引起的程序"。④ 其与赖尼希类似，研究对象事实上主要是投资仲裁程序之间的关系。与这一"多重程序"界说相比，另一位学者所研究的"平行程序"甚至范围更广——他将平行程序的表现形式归纳为两类：第一种类型是"国内与国际救济程序的同时或先后进行"；第二种类型是"不同国际救济程序的同时或先后进行"，包括"不同国际法庭之间的平行程序、不同国际仲裁庭之间的平行程序以及国际法庭和国际仲裁庭之间的平行程序"。⑤

上述学者论著表明，国际投资仲裁的研究者多用"平行程序"一

---

① Bernardo M. Cremandes & Ignaciao Madalena, Parallel Proceedings in International Arbitration, Arbitration International, Vol. 24, No. 4, 2008, pp. 507–508.

② Campbell McLachlan QC et al., International Investment Arbitration: Substantive Principles, Oxford University Press 2007, p. 117.

③ Gabrielle Kaufmann - Kohler et al., Consolidation of Proceedings in Investment Arbitration: How Can Multiple Proceedings Arising from the Same or Related Situations Be Handled Efficiently? Final Report on the Geneva Colloquim held on 22 April 2006, ICSID Review - Foreign Investment Law Journal 2006.

④ 许敏：《论国际投资仲裁中的多重程序——以 ICSID 仲裁案件为例》，载《云南师范大学学报》（哲学社会科学版）2014 年第 5 期，第 103 页。

⑤ 朱明新：《国际投资仲裁平行程序的根源、风险以及预防——以国际投资协定相关条款为中心》，载《当代法学》2012 年第 2 期，第 143 页。

词概括上节所述之现象，然而参照沙尼的界定，可以说他们研究的实际上是多重程序问题。对此，我们或许不能简单地认为研究者们混淆了两个概念，至少赖尼希的论文是在明确区分两个概念的情况下仍然进行此种"名不副实"的论证。本书认为，考虑到人们关注和研究国际投资仲裁平行程序或多重程序的缘由，或者说规制平行程序或多重程序的缘由，此种概念的混淆或许可以理解。

沙尼强调，反对多重诉讼的种种理由（稀缺司法资源的占用、诉讼费用的增加、相互矛盾裁决造成法律确定性的减少等）涉及真正的竞合程序，而不包括仅仅相关的程序。如果两组程序涉及不同的当事方、不同的事实或不同的法律诉求，反对多重程序的主张就失去大部分的说服力，因为争端的每个当事方有权出庭的观念已经被广泛接受。① 而且，对同一法律体系内的竞合程序通常会严格规制，但对于体系间多重程序似乎有更大程度的容忍，由更加灵活的规则予以规制。②

国内司法规制多重诉讼的缘由可以归纳为两个方面的考虑，一是避免司法资源的浪费，二是防止冲突裁决对一致性的损害。有学者考查了这两个方面的考虑在国际投资仲裁中的重要性，认为它们有着明显不同：从司法资源的角度来看，一个国家作为被告承担多个程序的费用，确实有节省资源的需要，但是不同的原告不会累计考虑成本，原告方作为跨国企业更多考虑公平而非效率问题，处理不同程序的仲裁庭也不是一个，因此费用在国际投资仲裁中是次要的考虑。相比节省司法资源而言，冲突裁决才是更尖锐的问题，是多重程序不被接受的真正原因。"如果没有冲突裁决，笔者认为多重程序是当事方自由选择的结果，其存在是可以接受的。"③

---

① 尤瓦·沙尼：《国际法院与法庭的竞合管辖权》，韩秀丽译，法律出版社 2011 年版，第 198 页。
② 同上书，第 223 页。
③ 许敏：《论国际投资仲裁中的多重程序——以 ICSID 仲裁案件为例》，载《云南师范大学学报》（哲学社会科学版）2014 年第 5 期，第 106 页。

赖尼希将上节列举的三类案例归纳为多重程序带来的三种不同类型的风险：第一，两个 SGS 案和有关最惠国待遇适用于争端解决条款的系列案件涉及对相同法律标准的不同解释；第二，阿根廷系列案涉及对同一事实（国家危急情况）的不同认定；第三，劳德案和 CME 案是对同一争端的冲突裁决。如果说第一种类型或许可以用不同双边投资条约的不同条款规定来解释，第二种类型的不同认定则较为难以理解，而第三种情形更是几乎无法理解。尽管严格来说，在涉及同一争端的意义上，只有第三种类型的冲突裁决才由平行程序所造成，但保证一致性和可预见性显然是中心问题所在，三种情形下的裁决不一致现象都会影响人们对于国际投资法律的信任。[1]

尽管上述学者分析的角度各有不同，但其共同之处在于承认多重程序并非绝对不可容忍，不同国际投资仲裁庭的裁决不一致才是他们希望解决的问题。然而，如果像沙尼所强调的那样严格遵照真正竞合程序的标准，对造成不一致裁决的投资仲裁多重程序进行规制的理论说服力可能大打折扣——阿根廷系列案将显然不在应该规制的多重程序范围之内，即使涉及同一争端的劳德案和 CME 案是否构成平行程序也会引起争论，因为两个申请人在法律上具有不同身份。

易言之，在当前国际投资条约体系下，以条约为基础的投资仲裁间严格意义上的平行程序实际上很少存在。从整个国际法发展的角度来看，沙尼指出，多重程序在近二十年来开始成为国际法领域中逐渐受到关注的问题，是因为一方面国际争端解决机制在较大程度上实现了制度化发展，各国在更大程度上接受了国际法庭的强制性管辖权，这使得国际法的有效性得到改善，是值得肯定和支持的国际法发展和进步。另一方面，国际法的这一进步仍然受制于国际法的根本弱点，由于没有一个中央立法机构，不同的国际争端解决机构依据不同的国

---

[1] August Reinisch, The Issues Raised by Parallel Proceedings and Possible Solutions, in: Michael Waibel et al. (eds.), The Backlash against Investment Arbitration, Kluwer Law International, 2010, p. 117.

际条约获得特有的属物及属人管辖权,这种划定管辖权的分散方法导致不同国际法庭管辖权范围可能发生重叠,一个争端可能由一个以上的司法机构管辖,这种管辖竞合导致多重程序的产生。① 这一分析不仅同样适用于作为国际法的一个分支的国际投资条约,而且管辖权划分的分散性在该分支中或许表现得更为明显。迄今为止各国未能达成全面的多边投资条约,数量众多的双边投资条约构成当前国际投资条约的主体,国际法的碎片化在国际投资条约领域表现得尤为突出。② 国际投资仲裁的管辖权基础来源于这些条约,不同申请人的仲裁请求分别以不同的条约规定为法律依据,跨国公司的内部架构还可以方便他们分别以股东和公司的不同身份提起申诉而不必发起严格意义上的平行程序。

因此,如果仅仅针对严格意义上的平行程序开展研究,无法满足克服国际投资仲裁裁决不一致的需要,而且这是一个十分迫切的需要,因为不一致裁决极大地影响了人们对投资仲裁制度的信心,以至于怀疑该制度的合法性。

另一方面,劳德案和 CME 案是最早引发争论且最受质疑的两个不一致裁决,尽管存有争议,两案确实在很大程度上符合平行程序的标准,也常常被学者视为平行程序。由此,有关的学者讨论发端于以平行程序为对象、以避免冲突裁决为目标,其后顺应实践的发展与需要,将更为常见的造成不一致裁决的其他多重程序纳入研究范围,后者甚至成为主要研究对象。

国际投资仲裁是以条约为基础的争端解决机制,修订有关条约规则自然是规制多重程序的主要方法,已有投资条约是否包含相关规则以及如何改进因此成为研究者们关注的问题。由于投资仲裁间的多重程序是晚近出现的现象,已有投资条约极少对此专门作出规定。但

---

① 参见尤瓦·沙尼《国际法院与法庭的竞合管辖权》,韩秀丽译,法律出版社 2011 年版,第 6 页、第 9 页。
② 参见郑蕴、徐崇利《论国际投资法体系的碎片化结构与性质》,载《现代法学》2015 年第 1 期。

是，在投资仲裁机制产生之时，它作为一种国际争端解决机制与国内司法程序之间的关系便已经是一个需要解决的问题，因此ICSID公约第26条专门就用尽当地救济作出规定。双边投资条约则通常规定了岔路口条款或弃权条款，以不同方式要求投资者在国内司法程序和国际投资仲裁之间作出选择，而不允许同时诉诸两个程序。如果不考虑平行程序是否限于相同法律秩序的理论界定，岔路口条款或弃权条款可以视为规制平行程序的规则，因此该两条款也成为学者讨论平行程序时不愿回避的内容。鉴于两个条款针对的确实是平行进行的程序，或许更可以理解学者为何以"平行程序"而非"多重程序"为题进行研究。

此外，两个密切相关的诉讼也可能在国际投资仲裁和其他国际司法机制（尤其是人权法院）同时进行。俄罗斯政府对尤科斯石油公司所采取的措施引起的一系列争端是这一方面最受关注的案例。2005年2月，尤科斯公司的三个股东Hulley公司、YUL公司和VPL公司分别依据《能源宪章条约》（ECT）提出仲裁请求，这三个法律上各自独立的仲裁案从一开始就是由一个仲裁庭审理，因而未产生平行程序问题。但是与此同时，尤科斯公司及其控制人分别在俄罗斯国内法院和欧洲人权法院提出申诉，因此俄罗斯在投资仲裁中依据《能源宪章条约》的岔路口条款提出管辖权异议并主张，根据该条款的规定，该条约之附件ID中列出的缔约方（包括俄罗斯）对于将争端提交国际仲裁的同意是有条件的，即申请人此前未将争端提交给东道国的法院或行政法庭或双方同意的其他程序，欧洲人权法院的申诉属于此种"其他程序"。虽然俄罗斯的此项异议被仲裁庭驳回，但该案表明，在国际投资仲裁和其他国际司法机制同时进行的程序也可能触发岔路口条款的适用，因此不出意外也在学者对平行程序的研究范围之内。

综言之，如果进行严格的理论界定，国际投资仲裁平行程序应该是指同一争端在两个条约仲裁程序中悬而未决。即使考虑两个申请人的密切关联而将劳德案和CME案视为平行程序，此类导致不一致裁决的案例在实践中也极为少见，因而出于国际投资仲裁实践和理论研究的需要，学者们没有严格区分"平行程序"和"多重程序"两个概念，而是将研究视野拓展到与投资仲裁相关的各类多重程序，同时似乎约定俗成地使用了"平行程序"一词。因此，本书也不打算偏离此种习惯做法，以"平行程序"之名讨论规制多重程序的诸种方法。

三 国际投资条约对平行程序的规制

本书研究的是国际投资仲裁中仲裁庭如何处理和解决平行程序问题，例如：它应该中止自己的审理以尊重另一司法机构的管辖权，还是坚持自己管辖权的优先地位？它应该如何对待其他司法机构的裁决？对于以条约为基础的投资仲裁而言，仲裁庭处理上述问题的法律依据无疑是条约条款本身以及条约所规定的其他适用法律，如可适用的国际法规则。①

因此，本节将首先讨论投资条约中直接规制平行程序的条款，包括岔路口条款、弃权条款、平行程序条款以及合并仲裁。仲裁庭有义务在依据习惯国际法规则进行解释的基础上适用这些条款，依其规定决定自己的管辖权。其次，仲裁庭可以行使自由裁量权主动采取若干方法以解决平行程序所带来的问题，下节将讨论这些方法及其国际法依据，如先例、未决诉讼（lis pendens）、既判力（res judicata）和礼让等。此外，由于平行程序不被接受的根本原因是冲突裁决，易言之，规制平行程序的主要目的是避免冲突裁决，因而上诉机制虽然并不直接防止平行程序的出现，但基于其纠正冲突裁决的功能，学者在讨论平行程序时也会将其列为可能的解决方法之一。② 最后，如果投资者在先后发起的多重程序中提出相同诉请，ICSID 新增的仲裁规则

---

① 例如，中国—加拿大 BIT 第 30 条"准据法"便规定："仲裁庭应根据本协定、可适用的国际法规则处理争端涉及的问题，在适当时，仲裁庭应考虑东道国缔约方的法律。"

② See August Reinisch, The Issues Raised by Parallel Proceedings and Possible Solutions, in: Michael Waibel et al. (eds.), The Backlash against Investment Arbitration, Kluwer Law International, 2010, pp. 118.

第 41 (5) 条程序或晚近投资条约规定的类似快速审查程序可以让仲裁庭快速驳回相关诉请，减少平行程序与冲突裁决的可能。本书将专章对上诉机制和快速审查程序进行讨论。

(一) 岔路口条款、弃权条款与平行程序条款

1. 岔路口条款

岔路口条款在许多投资条约中都有规定，也为我国双边投资条约所偏爱。例如，2010 年中国商务部制定的《中国双边投资保护协定范本》（草案）便规定了岔路口条款，根据范本第 13 条第 3 款，若投资者已经将争议提交东道国法院或国际仲裁，对其中之一的选择应是终局的。[1] 根据该规定，投资者就像是站在一个岔路口，面前有东道国国内法院和国际投资仲裁两条道路，他一旦选择其中一条就不能再回头走另外一条，因而此类规定被形象地称为"岔路口条款"。

岔路口条款的初衷非常清楚，就是为了避免争端被重复提交给国内法院和国际仲裁，避免重复程序和司法资源的浪费。然而，在国际投资仲裁实践中，仲裁庭通常严格解释岔路口条款，使得投资者能够非常容易地规避该条款的要求。仲裁庭在解释岔路口条款时，通常借鉴未决诉讼和既判力规则的要求，将相同当事方、相同诉讼标的和相同诉讼事由作为该条款适用的前提。正如学者所指出的，该"三重同一性"要求很容易被规避：首先，投资者可以"肢解诉求"；其次，投资者可以在东道国国内法院以其控股的当地公司名义起诉，再以自己的名义提起国际仲裁；再次，在两个程序中被诉方也可能不同。因此，"外国投资者通过变更诉求、变更诉因、变更申请人、变更申诉对象等一系列手段，可以轻易绕过'岔路口条款'，使之形同虚设，达到获得双重救济之目的"[2]。

杰宁（Genin）诉爱沙尼亚案是这方面的典型例证。该案申请人

---

[1] 参见温先涛《〈中国投资保护协定范本〉（草案）论稿（三）》，载《国际经济法学刊》2012 年第 2 期，第 59 页。

[2] 温先涛：《〈中国投资保护协定范本〉（草案）论稿（三）》，载《国际经济法学刊》2012 年第 2 期，第 67 页。

系美国国民杰宁，是一家依照爱沙尼亚法律设立的金融机构 EIB 的主要股东。由于该金融机构被爱沙尼亚有关当局吊销许可，它一方面在当地法院提出恢复许可的申诉，另一方面杰宁则在 ICSID 提出仲裁请求，要求损害赔偿。爱沙尼亚援引所涉双边投资条约的岔路口条款，提出管辖权异议。对此，仲裁庭认为，首先两个程序的当事方不同，其次争端不同，虽然引起 ICSID 争端的某些事实是在国内法院程序中要解决的问题，但"投资争端"本身不是国内程序要解决的问题，因此驳回了基于岔路口条款的异议。

针对岔路口条款"形同虚设"的现实，有观点认为，投资条约应该不再采用此类条款；① 另有学者提出建议，进一步细化岔路口条款的规定，明确地将针对相同的案件事实、由投资者或者其控制的当地企业提起的诉讼纳入条款适用范围。②

值得注意的是，在雪佛龙公司（Chevron）诉厄瓜多尔案中，仲裁庭承认，在国际仲裁中提出国家违反双边投资条约的诉请与国内法院诉讼相比不可能满足"三重同一性"要求，因为国内法律体系下通常不能直接对国家违反条约提起申诉。"严格适用'三重同一性'要求将剥夺岔路口条款的全部或大部分实际效用。"仲裁庭指出，该项要求来自于未决诉讼和既判力规则，并不清楚其是否应该用于此处相同"争端"的认定。③ 不过，仲裁庭认为其无须回答这一问题，而是依据本案所涉岔路口条款的具体规定拒绝了被申请人的异议。因此，仲裁庭的以上表述仅具有附带意见（obiter dicta）的性质。

---

① 陈安主编：《国际投资法的新发展与中国双边投资条约的新实践》，复旦大学出版社 2007 年版，第 230 页。

② 徐崇利：《国际投资条约中的"岔路口条款"：选择"当地救济"与"国际仲裁"权利之限度》，载《国际经济法学刊》2012 年第 2 期。

③ Chevron Corporation & Texaco Petroleum Company v. The Republic of Ecuador, PCA Case No. 2009 – 23, Third Interim Award on Jurisdiction and Admissibility, Feburary 27, 2012, para. 4. 76 – 77.

在三个尤科斯股东诉俄罗斯案中，俄罗斯提及雪佛龙案裁决的上述意见，认为它说明，严格依赖于诉请的法律依据的限制性解释将剥夺岔路口条款的效力范围。但是，仲裁庭强调，被申请人也承认适用岔路口条款时"三重同一性"要求的权威性，因而拒绝该项异议。①

不过，另一方面也应该承认，岔路口条款的存在确实可能促使投资者不敢选择国内司法程序。虽然国内程序一般会比国际仲裁的花费更小，但出于对国内司法程序的公正性的担忧，将公正置于更优先地位的投资者宁愿选择更加耗时、费用更高的国际仲裁。② 因此，为缓解这一担忧，加强投资者选择国内司法程序的意愿，有些岔路口条款采取了略为灵活的立场，例如 2004 年中国—拉脱维亚双边投资条约第 9 条第 2 款规定，投资者可选择将争议提交东道国国内法院或者 ICSID 仲裁，"对上述两种程序之一的选择应是终局的"，但是如果在国内法院对争议事项作出判决前，投资者根据国内法撤诉的，仍可以将争议提交 ICSID 仲裁。投资者在先选择了国内法院程序后，还有机会通过撤诉来重新选择国际仲裁，这在一定程度上减轻了他所面临的前述困难。同时，该岔路口条款对国内法院是否已作出判决的区别规定说明，多重裁判结果是此类条款重点防范的对象。不过，此种岔路口条款的作用也随之接近于弃权条款。

2. 弃权条款

在处理国内司法程序与国际仲裁之间的关系方面，传统的欧洲国家双边投资条约通常规定岔路口条款，而美国、加拿大等国偏好使用另一类规则即弃权条款。此类条款又被称为"不得回转"③或

---

① Hulley Enterprises Limited (Cyprus) v. The Russian Federation, PCA Case No. AA 226, Final Award, July 18, 2014, para. 1267.

② 陈安主编：《国际投资法的新发展与中国双边投资条约的新实践》，复旦大学出版社 2007 年版，第 230 页。

③ 卢近勇、余劲松、齐春生主编：《国际投资条约与协定新论》，人民出版社 2007 年版，第 90 页。

"禁止掉头"①（no u-turn）条款，在美加两国双边投资条约范本及NAFTA等中都有规定。该条款可以概括为：作为提请国际仲裁的前提条件之一，投资者及其在东道国所投资或控制的企业必须书面表示，放弃在东道国国内法院或行政法庭或其他争端解决程序针对被指控措施启动或继续程序，但不涉及金钱赔偿的禁令救济除外。

在废物处理公司（Waste Management）诉墨西哥案中，② NAFTA第1121条所规定的弃权条款成为争议焦点，仲裁庭对弃权的范围和内容进行了详细阐释。它指出，弃权声明应该与仲裁请求一起向ICSID秘书长提交，声明应该清楚、明白和无条件地载明对权利的放弃；自提交之日起，投资者便不再能针对被诉措施启动或继续其他有关程序；声明只要是书面作成、向ICSID和争端缔约方提交即可，NAFTA规则并不要求其得到认证或公证。本案的主要争议在于申请人在墨西哥国内提起的诉讼仍在继续，他在弃权声明中附带限制并主张，弃权不适用于指控被申请人违反NAFTA第11章之外的法律（包括墨西哥国内法）的争端解决程序。对此，仲裁庭予以拒绝，因为在不同法院和仲裁庭提出的不同诉求是由同一措施引起，投资者有获得双重损害赔偿的可能性。由于申请人未符合弃权条款的要求，仲裁庭拒绝了管辖权。申请人任命的仲裁员则发表了不同意见，强调两个程序的诉请是不同的，并行的国内程序只是与支撑NAFTA诉请的事实基础的一部分相关。此后，申请人又重新在NAFTA提起申诉，并提交了符合要求的弃权声明，墨西哥则主张第一次仲裁结果已经不再允许新的申诉。这次仲裁庭驳回了墨西哥的异议，认为NAFTA规定的不是岔路口条款，此前诉诸国内司法程序并不影响将来提起国际仲裁

---

① 温先涛：《〈中国投资保护协定范本〉（草案）论稿（三）》，载《国际经济法学刊》2012年第2期，第68页。

② Waste Management, Inc. v. United Mexican States, ICSID Case No. ARB (AF) /98/2, Arbitral Award, June 2, 2000.

的可能性，只要在提起仲裁时符合弃权条款要求即可。①

废物处理公司案的两次裁决表明，弃权条款确实能够在实践中发挥作用，因为它以被诉措施为标准判断是否存在平行程序，比"形同虚设"的岔路口条款更加有效，同时也给予投资者选择争端解决程序时更多的机会。因此，弃权条款似乎有取代岔路口条款之势。②

另一方面，无论是弃权条款所要求的放弃诉讼请求，还是前述岔路口条款允许的在国内法院撤诉，都可能会面临有关国家诉讼撤诉制度对原告撤诉权的限制。有评论指出，由于我国诉讼法规定是否准许撤诉由法院裁定，即使外国投资者担心中国法官的中立性而申请撤诉，法院为了不让与国际仲裁也不大可能准许撤诉，因此弃权条款"未能与这一具有中国特色的制度问题相衔接"。③

3. 平行程序条款

总体上来看，岔路口条款和弃权条款还是各具特色，各国的投资条约可能做出不同选择。鉴于两类条款仍然存在某些不足，晚近条约实践在它们的基础上又有了一些新的发展。

值得注意的一个例子是中加协定，它受到两国双边投资条约不同传统的影响，将岔路口条款和弃权条款结合起来予以规定。首先，该协定第 21 条规定，针对被诉措施，投资者必须书面放弃"其根据第三国与争端缔约方之间的任何协定享有的启动或继续争端解决程序的权利"。这里防范的是投资仲裁与其他国际争端解决程序之间的平行程序，尤其是类似于劳德案与 CME 案的情形。其次，第 21 条的附录分别规定了诉请涉及中国措施时的岔路口条款和涉及加拿大措施时的

---

① Waste Management, Inc. v. United Mexican States, ICSID Case No. ARB (AF) /00/3, Mexico's Preliminary Objection concerning the Previous Proceedings, Decision of the Tribunal, June 26, 2002, para. 29 – 30.

② 王稀:《国际投资仲裁中股东诉权问题研究》，载《世界贸易组织动态与研究》2013 年第 5 期，第 88 页。

③ 温先涛:《〈中国投资保护协定范本〉（草案）论稿（三）》，载《国际经济法学刊》2012 年第 2 期，第 69 页。

弃权条款：针对中国措施，如果投资者已经在国内法院提起诉讼，必须在法院作出判决前撤诉的情况下投资者才能提起仲裁；针对加拿大措施，投资者和其拥有或控制的加拿大企业应放弃启动或继续依据任一缔约方法律在任何行政法庭或法院进行的程序或其他争端解决程序，如果该程序与加拿大被指控的措施有关。但根据加拿大法律在行政法庭或法院寻求禁止性、宣示性或其他类似救济（不涉及赔偿金支付）的程序除外。

加拿大与欧盟签署的自由贸易协定CETA也做出了有益的尝试。首先，CETA投资章节采纳加拿大的传统做法，规定了弃权条款，要求投资者撤回或停止在国际国内法院或仲裁庭就本投资仲裁中被诉措施提出申诉，放弃启动该类程序的权利。如果仲裁请求涉及投资者控制的东道国企业遭受的损害，弃权要求同时适用于该企业和投资者，除非东道国已剥夺投资者对该企业的控制权或以其他方式妨碍该企业作出声明。此外，如果仲裁庭基于程序或管辖权等原因驳回申诉或投资者在仲裁庭组成后12个月内撤回申诉，该弃权声明失去效力，投资者可再诉诸其他程序。与加拿大双边投资条约范本的规定相比，CETA的弃权条款更细致，增加了使投资者免受弃权的不合理影响的内容。其次，CETA的"不同国际协定下的程序"条款专门针对投资仲裁与另一国际法庭之间的平行程序作出规定："若同时根据本章和其他国际协定提出诉请，并且存在重复赔偿的可能，或另一国际诉请可能对根据本章提出的诉请的解决产生显著影响，则本章仲裁庭应在听取争端当事方意见后立即中止本程序，或以其他方式确保根据其他协定进行的程序在仲裁庭的决定或裁决中得到考虑。"该条款以可能"产生显著影响"作为适用的条件，主要涵盖不同申请人针对同一事实（如与尤科斯公司有关的平行程序）尤其是像阿根廷系列案那样针对同一项普遍适用措施的平行程序，可以弥补弃权条款的不足。

（二）合并仲裁

合并仲裁是指两个或两个以上正在不同仲裁庭进行的程序合并成

为一个程序。① 早在 NAFTA 之中便已经有了合并仲裁的规定,而且迄今为止投资仲裁实践中真正的合并仲裁也是发生在 NAFTA 体制下。2002 年至 2004 年,针对美国对加拿大软木进口采取的反倾销和反补贴措施,先后有加福木业(Canfor)等三家加拿大公司在 ICSID 分别提出仲裁请求。2005 年 5 月应美国的请求,依据 NAFTA 第 1126 条设立合并仲裁庭,要求业已设立的加福公司案和天柏公司(Tembec)案仲裁庭暂停审理。合并仲裁庭在发布的合并令中对第 1126 条进行了系统的分析,裁定支持美国提出的合并审理请求。②

仲裁庭详细阐释了第 1126 条规定的合并的前提条件,其中两点尤为重要。第一,关于分别提起的诉请具有共同的事实或法律问题。这些问题是为处理诉请所需要裁定的法律或事实问题。几个诉请需要解决共同的问题,而不是仅仅援引同一 NAFTA 条款或者仅仅涉及同一事实。当然,事实问题和法律问题常常交织在一起。那么,需要一个还是多个法律或事实问题作为合并的依据?由于三种语言的 NAFTA 官方文本(英语、法语和西班牙语)分别使用了不同的单复数,应该需要考虑条约的宗旨和目的,而该规定的主要目的是程序经济,因此几个单独的仲裁之间存在一个共同的法律或事实问题都满足此宗旨和目的。不过,这里不仅是量的问题,而且是质的问题,需要进一步确定合并解决某一问题是否有利于公平和高效地处理诉请,这一点取决于案件的具体情形,不能一概而论。申请人天柏公司提出,共同的法律或事实问题应对裁决的作出产生实质性影响,虽然这一主张与前述关于质的阐述没有本质上的不同,但是由于第 1126 条没有规定

---

① Gabrielle Kaufmann - Kohler et al., Consolidation of Proceedings in Investment Arbitration: How Can Multiple Proceedings Arising from the Same or Related Situations Be Handled Efficiently? Final Report on the Geneva Colloquim held on 22 April 2006, ICSID Review - Foreign Investment Law Journal 2006.

② Canfor Corporation v. United States of America & Tembec et al v. United States of America & Terminal Forest Products Ltd. v. United States of America, Order of the Consolidation Tribunal, September 7, 2005.

"实质性"一词,仲裁庭还是决定不支持该主张,以避免限缩第1126条所赋予的自由裁量权。最后,虽然不能基于单纯的预期认定存在共同的事实或法律问题,但是如果一个问题已经在一个以上单独仲裁中被提起并可以相当程度地确定它也会出现在另一单独程序,仲裁庭可以考虑该预期问题。此做法符合第1126条的宗旨,否则合并将会为等待单独程序而受到拖延。

第二,关于"有利于公平和高效地处理诉请"。效率是一个客观标准,需要比较有无合并时的不同情形,需要考虑时间、费用和避免矛盾裁决三个因素。时间指的是单独仲裁已经花费的时间以及解决案件可能延迟的时间;费用包括所有当事方的费用;避免矛盾裁决需要考虑单独仲裁庭是否会对共同的法律或事实问题作出矛盾裁决。关于时间因素,NAFTA对合并没有时间限制,但是基于程序经济原则,通常单独仲裁程序进行得越充分,裁定合并的可能性便越小。对单个申请人而言,单独仲裁可能比合并仲裁在时间上更有效率;但是对于被申请人国家来说,合并的效率更高。因此,仲裁庭在决定合并与否时要兼顾各方利益,而不能仅仅因为合并会花费单个申请人更多的时间而拒绝合并。在避免矛盾裁决方面,虽然不是必须遵循先例,但程序经济也要求避免矛盾裁决。这不仅针对像劳德案和CME案那样的当事人相同的案件,当事人不同的案件也可能对相同的事件或措施提出相同的法律问题,如果多个程序处理这些问题,可能出现矛盾的结果。仲裁庭认为其他因素在此无须过多考虑,例如诉请的数量等。它还指出,在决定是否合并时无须考虑保密性的担忧,除非个别情况下合并有损于程序公正原则和效率;鉴于当今投资仲裁中增加透明度的总体趋势,保密性问题需要谨慎对待;同一程序的当事方有竞争关系并非合并程序的独有现象,单独仲裁中同样存在,没有人真的以此为由要求停止程序,况且仲裁庭拥有足够选择来采取措施以保护机密信息。

关于仲裁合并之后程序应该从何开始,被申请人美国主张应重新开始,申请人加福公司主张应从各单独仲裁中止之处继续。加福公司认为，如果单独仲裁庭已经作出管辖权决定，合并后不应迫使该案申请人再就此提交意见，但不影响其他申请人在尚未处理管辖权问题时陈述自己的意见。仲裁庭强调，自己拥有决定程序从何开始的自由裁量权，并将此类比于替换仲裁员的情形，当然仲裁庭会在与当事方协商的情况下行使自由裁量权。

加福公司案是迄今为止并不多见的适用合并仲裁条款的案例，对于理解和把握合并仲裁条款的解释、适用与改进颇具价值。正如该案合并仲裁庭所指出的，合并仲裁的明显益处在于避免不同仲裁庭作出不同裁决，主要目的则是为了免除国家为同一措施进行多次辩护的困境。因此，学者均将合并仲裁视为解决平行程序的一个重要方法，不少国家也在缔约实践中予以采纳。另一方面，学者也指出申请人对合并可能有的若干担忧，例如合并决定与申请人意愿之间可能的矛盾、申请人未参与合并仲裁庭成员的任命、保密性问题等。[1] 因此，一些投资条约（如 CETA）进一步细化了合并仲裁规则,[2] 其中包括适当考虑申请人意愿的内容，例如允许申请人撤回被合并审理的诉请，且不妨碍其将诉请提交给条约之外的争端解决机制。

加福公司案实现合并仲裁的前提条件是三个案件都是基于同一条约即 NAFTA 而产生，但是如果不同投资者根据不同条约针对同一东道国的措施（如同阿根廷系列案那样）提起申诉，合并将缺乏法律依据，诸多问题无法解决，例如合并仲裁庭应该基于哪个条约设立、能否命令基于其他条约设立的仲裁庭停止程序等。在当前以双边投资条约为主体的国际投资条约体系下，合并仲裁的作用因此不能高估。不过，实践中发展出的"事实合并"在一定程度上解决了上述法律难题。

事实合并指的是由相同仲裁员组成法律上不同的仲裁庭，审理不

---

[1] 例如，刘俊霞：《浅析国际投资仲裁合并——以 Canfor 案为视角》，载《新疆社科论坛》2011 年第 4 期，第 43—44 页。

[2] 关于 CETA 中合并仲裁的新规则，详见本书第七章。

同的仲裁案件，对每一个案件单独作出裁决，但是这些不同案件的裁决将保持一致。事实合并避免了基于不同条约的程序缺乏合并的法律依据的困难，有效地实现了防止冲突裁决的实际效果，无疑具有积极意义。不过，事实合并显然依赖于当事方尤其是不同申请人的同意。

在 ICSID 的事实合并实践中，卡木兹（Camuzzi）案①和森帕能源（Sempra）案②是成功的例子。两案的申请人都是两家阿根廷天然气公司的股东，申诉针对的是阿根廷政府对该公司所采取的措施，但卡木兹案申请人依据的是比利时—卢森堡经济共同体与阿根廷之间的双边投资条约，森帕能源案依据的是美国—阿根廷双边投资条约。2003年3月4日，两案申请人和被申请人阿根廷同意设立一个仲裁庭审理两案，其中两个申请人共同任命一个仲裁员。③

四 投资仲裁庭可采取的其他解决办法

（一）未决诉讼与既判力

未决诉讼和既判力是国内法中常用的规制平行程序的规则，前者针对两个同时进行的程序，后者适于用两个先后进行的程序。适用两者其中之一将排除另一规则的适用，即两个规则不能同时适用。在国际法中，它们也通常被视为国际法原则——尽管对其属于习惯国际法还是一般法律原则有着不同看法，但国际司法机构普遍承认它们在国际法上的约束力，视其为国际法原则。④ 两者之中，既判力是一个更为普遍接受的规则，因为正如前文所述，人们或许可以在一定程度上

---

① Camuzzi International S. A. v. The Argentine Republic, ICSID Case No. ARB/03/2.
② Sempra Energy International v. The Argentine Republic, ICSID Case No. ARB/02/16.
③ 不过两案的最终结果不尽相同：卡木兹案未作出裁决，依当事方协议中止至今。而森帕能源案虽作出裁决，却经由撤销程序被撤销；后申请人再次提出申诉，新案在2015年7月依照当事方协议终止。虽然两案后续发展并非 ICSID 事实合并的直接后果，但一定程度上或许形成消极影响。
④ August Reinisch, The Issues Raised by Parallel Proceedings and Possible Solutions, in: Michael Waibel et al. (eds.), The Backlash against Investment Arbitration, Kluwer Law International, 2010, pp. 121.

容忍平行程序,但冲突裁决是不被接受的。应该注意的是,国际法上的既判力规则仅适用于相同法律制度即另一个适用国际法的国际法庭的判决,而不适用于国内法院判决。这是因为国内法上的合法性不能成为违反国际法的辩护理由。作为国际社会普遍承认的国际法原则,这一点被明文规定于《维也纳条约法公约》第 27 条之中:"国家不得援引其国内法规定为理由而不履行条约"。《国家对国际不法行为的责任条款草案》第 3 条也规定:"在把一国的行为定性为国际不法行为时须遵守国际法。这种定性不因国内法把同一行为定性为合法行为而受到影响。"类似的,学者研究表明,未决诉讼不应当阻止不同法律秩序下法庭的平行程序,这一点得到国际判例法的支持。[1]

通常未决诉讼和既判力规则适用的前提是当事方、诉讼标的(the object)和诉讼事由(cause of actions)都相同。然而这个"三重同一性"的要求在国际投资仲裁中很难满足——不同的股东、股东及其所控制的公司都是不同的法人,根据不同投资条约提起的仲裁请求在法律上来说也是不同的请求,尽管这些请求的法律基础是规定在不同投资条约中类似的待遇标准。劳德案与 CMS 案是一个非常典型的例子。两个案件无疑涉及同一争端,但是由不同法人依据两个不同双边投资条约提起的仲裁。因此,两个仲裁庭分别拒绝了有关未决诉讼和既判力规则的主张。先作出裁决的劳德案仲裁庭认为,被申请人援引的异地未决诉讼原则在此不能适用,因为所有其他法院和仲裁程序涵盖不同的当事方和不同的诉讼事由。[2] CME 案仲裁庭则裁定,出于多个原因不能适用既判力原则:劳德先生是 CME 传媒有限公司的控股人,本案申请人则是属于该传媒公司的一家荷兰公司;两个仲裁是基于不同的双边投资条约,它们给予的投资保护相似但并不

---

[1] 参见尤瓦·沙尼《国际法院与法庭的竞合管辖权》,韩秀丽译,法律出版社 2011 年版,第 308 页。

[2] Ronald S. Lauder v. The Czech Republic, Award, September 3, 2001, para. 171.

相同；虽然两个案件涉及对捷克境内同一投资的干预，但本仲裁庭不能判定其与另一仲裁庭面对的事实和情形是否有所不同。① 正如本书此前所述，对国际投资仲裁中平行程序如何产生的分析表明，实践中几乎不可能出现当事方、诉讼请求和诉讼事由三个要素完全相同的情形，因而传统的未决诉讼和既判力原则无力阻却平行程序的发生。

因此，有学者主张，在进行同一性判断时，宜将争议问题和事实作为审查的焦点，而在当事方和诉讼事由方面采用更为宽松的标准，尤其考虑投资者的公司结构。具言之，在判断当事方是否相同时，应考虑股东与公司、不同股东之间的经济联系，刺破公司面纱；尽管不同投资条约的用语有差异，但诸如公平公正待遇、最惠国待遇等核心条款总体上具有相同含义，因而在没有特殊差别的情形下，不同投资条约中相同或类似条款可以视为同一法律基础。② 这些建议在学理上的价值不容忽视，但是实践中仲裁庭似乎不大愿意以此种偏离未决诉讼和既判力原则传统要求的方式拒绝管辖权，迄今也确无此种实例。与之相比，如果希望仲裁庭行使自由裁量权避免平行程序，礼让作为一种较为缓和的方法或许更容易被接受。

（二）行使礼让

在不能满足未决诉讼和既判力规则严格的适用条件的情况下，仲裁庭可在自由裁量范围内中止程序，等待在另一个国际司法机构进行的平行程序作出裁决。仲裁庭行使礼让在 ICSID 仲裁中的著名案例是较早的 SPP 诉埃及案。③ 该案仲裁庭在拒绝了被申请人的管辖权异议

---

① CME Czech Republic B. V. v. The Czech Republic, Final Award, March 14, 2003, para. 432.

② August Reinisch, The Issues Raised by Parallel Proceedings and Possible Solutions, in: Michael Waibel et al. (eds.), The Backlash against Investment Arbitration, Kluwer Law International, 2010, pp. 122 – 123.

③ Southern Pacific Properties (Middle East) Limited v. Arab Republic of Egypt, ICSID Case No. ARB/84/3.

后宣布中止程序，等待法国法院作出判决，后者事关双方当事人是否有着将仲裁提交国际商会仲裁院的合意。仲裁庭认为："在两个不相关联和相互独立的法庭的管辖权涉及同一争端时，没有任何国际法规则妨碍任一法庭行使其管辖权。但是，为国际司法秩序之利益，任一法庭可以在其自由裁量范围内并作为礼让决定中止管辖权行使，等待另一法庭之裁决。"① 最终，仲裁庭在法国法院作出否定性判决后才重新启动程序。

不过，国际司法机构基于礼让中止行使自己的管辖权的实例非常罕见，② 正如 SPP 案裁决所言，行使礼让完全是仲裁庭的自由选择。我们有理由认为，或许多数仲裁庭不愿作出此种选择；毕竟，仲裁庭这样做承担了被认为越权的风险，尤其考虑到投资条约明确规定了它的管辖权。此外，SPP 案的情况比较特殊，它发生于国际投资仲裁案件为数不多的 20 世纪 80 年代，所涉及的平行程序事实上满足前述未决诉讼和既判力规则所要求的三个同一性标准。如果法国法院判决支持国际商会裁决，申请人并没有继续 ICSID 仲裁的利益需求，仲裁庭也完全可以适用既判力规则。

（三）先例的适用

毋庸置疑，国际法体系下没有严格的遵循先例规则（stare decisis），但是包括仲裁庭在内的国际司法机构通常会遵从在先的裁决。有学者将此视为行使礼让的一个方面。③ 这种相对的遵循先例的确是国际投资仲裁活动固有和重要的组成部分——援引先例是仲裁中双方当事人和仲裁庭阐述自己主张的主要内容，对已有裁决的研究正是基于其先例的作用。在偏离先例时，仲裁庭往往以案件情形不同为由作出不同裁决，或者只是在附带意见中提出。另一方面，在认为有必要时，仲裁庭也可能对先例进行明确乃至激烈地批评。虽然遵循先例有

---

① SPP v. Egypt, Decision on Jurisdiction I（Nov. 27, 1985）, 3 ICSID Reports 112, 129.
② 已知的另一个著名例子是 Mox 工厂案，但该案是与投资无关的国家间争端。
③ 参见尤瓦·沙尼《国际法院与法庭的竞合管辖权》，韩秀丽译，法律出版社 2011 年版，第 355 页。

利于法律的稳定性和一致性，但争议也是正确的法律解释和适用的发展途径之一。无论如何，从实在法的角度而言，由于没有严格遵循先例规则，如何对待先例是在仲裁庭裁量范围之内的自由选择。上述仲裁庭对待先例的不同态度在关于最惠国待遇能否适用于争端解决条款问题的诸多裁决中得到了生动地体现。

第三章

最惠国待遇适用于争端解决事项问题

一 概述

当前的国际投资条约体系主要由数量众多的双边投资条约组成，它们也是国际投资仲裁适用的主要法律依据。① 这些双边投资条约——尤其是在晚近投资条约多样化发展之前的传统双边投资条约——呈现出"大同小异"的特点。一方面，这些条约的总体结构基本相似，都规定了"投资"和"投资者"的定义、对外国投资的若干待遇标准、投资者—东道国争端解决机制等，投资待遇标准也大多包括最惠国待遇、国民待遇、公平公正待遇、征收和补偿、自由汇兑和转移等。② 另一方面，毕竟缔结双边投资条约的国家众多且国情差异明显，上述规则在这些条约中又有着这样或那样的差别。自然，随着一国对待国际投资和国际投资规则的态度和立场发生变化，它在不同时期缔结的双边投资条约也有差异，我国的双边投资条约的发展便是这方面的典型例证。例如，中国双边投资条约都包括最惠国待遇规则和投资者—东道国争端解决机制，但是该投资仲裁机制的规定在不同时期的条约中具有很大差异，尤其在可提交国际仲裁的事项范围方

---

① 虽然基于 NAFTA 和 ECT 提起的仲裁案件也为数不少且备受关注，但总体数量上还是不能与基于双边投资条约的仲裁相比。

② See UNCTAD, Key Terms and Concepts in IIAs: A Glossary, Series on Issues in International Investment Agreements, 2004, available at http://www.unctad.org/en/docs/iteiit20042_en.pdf, p.13.

面：最初的条约仅允许将就征收补偿额发生的争端提交仲裁（如1986年中国—英国双边投资条约）；稍后个别条约规定，此外还可以在经争端双方同意的前提下将其他争端提请仲裁（如1988年中国—日本双边投资条约）；再到1998年之后的条约普遍同意将任何就投资产生的争端提交仲裁。[①] 一些前东欧社会主义国家缔结的双边投资条约也有类似情形。当然，不同投资条约的仲裁机制规则也可能存在其他差异。

由于上述差异的存在，在投资仲裁实践中，投资者主张，他可以基于其母国与东道国间的投资条约（以下"基础条约"）中的最惠国待遇条款，要求适用该东道国与第三国缔结的投资条约（以下"第三方条约"）中的某投资仲裁规则，因为该规则是对投资者更优惠的待遇。作为被申请人的东道国则主张投资者没有满足基础条约的投资仲裁规则要求，特别是其中规定的提起仲裁的先决条件，因而提出管辖权异议。于是仲裁庭需要裁定，最惠国待遇条款能否适用于投资仲裁规则或者说争端解决事项。这是一个关系到仲裁庭是否拥有管辖权的重要问题，在近十几年来的国际投资仲裁中引起了激烈争论，产生了不少不同裁决。在分析这些裁决之前，对最惠国待遇和投资争端解决机制的历史发展作一简要回顾有利于更好地理解相关裁决和争论。

(一) 最惠国待遇

最惠国待遇的起源可以追溯到11世纪地中海地区城邦国家之间的贸易活动，后来为各国友好通商航海条约所采纳，成为国际贸易条约的核心规则。到1947年《关税与贸易总协定》（GATT）将最惠国待遇规定在第1条之中，使其成为多边贸易法律体系的一项基本原则，正如学者所言，它是"国际贸易赖以进行的柱石""GATT/WTO法律制度的基础"以及"贯穿于WTO多边贸易各个领域的一条总的

---

① 参见余劲松、詹晓宁《论投资者与东道国间争端解决机制及其影响》，载《中国法学》2005年第5期，第176页。

指导思想"。① 最惠国待遇的作用在于消除对各国经济活动参与者的国籍歧视，创造公平竞争的市场条件。由于国际贸易与国际投资都是跨国经济活动的表现形式，彼此之间关系密切，基于同样的经济学原理都需要最惠国待遇，并且都受到传统的友好通商航海条约的影响，因此最惠国待遇原则在20世纪50年代末兴起的双边投资条约中也成为"核心要素"。②

鉴于最惠国待遇成为国际经济条约中的核心条款，联合国国际贸易法委员会在1978年制定了《最惠国条款（法）最后草案》，虽然它最终未能成为有效的法律文件，但其对最惠国待遇条款的定义和解释被广为接受。根据该草案，最惠国待遇是"给惠国给予受惠国或者与该国有确定关系的人或物的优惠，不低于该给惠国给予第三国或者与该第三国有同样关系的人或物的待遇"，而最惠国条款就是"一国据以对另一国承诺在约定关系范围给予最惠国待遇的一种条约约定"。③

因此，最惠国待遇被公认为"专属于条约法上的制度"，④ 是通过国际条约约定的权利与义务，并非国际习惯法。而为数众多的双边投资条约尽管都包含有最惠国待遇条款，但其具体表述又有大小不一的差异。⑤ 因此，最惠国待遇条款适用的基本出发点是必须基于条约

---

① 关于最惠国待遇原则的源流、在当今国际贸易体制中的地位以及与之相关的种种误解和澄清，详见赵维田《世贸组织（WTO）的法律制度》，吉林人民出版社2000年版，第51—82页。

② See UNCTAD, Most-Favoured-Nation Treatment, Series on Issues in International Investment Agreements, 1999, http://www.unctad.org/en/docs/psiteiitd10v3.en.pdf, p. 1.

③ 联合国国际法委员会1978年《最惠国条款（法）最后草案》第4条、第5条。关于该草案，参见 International Law Commission, Most-Favoured-Nation Clause, Journal of World Trade Law 1970, pp. 548-558。

④ 余劲松主编：《国际投资法》，法律出版社2014年第4版，第246页。

⑤ See OECD, Most-Favoured-Nation Treatment in International Investment Law, Working Papers on International Investment Nr. 2004/2, http://www.oecd.org/dataoecd/21/37/33773085.pdf, pp. 3-5.

约定。如果某一事项没有被最惠国待遇条款明文规定适用或排除适用，便需要根据《维也纳条约法公约》第31条和第32条，以及它们体现的习惯国际法的条约解释规则作出判定。其中，第31条第1款规定："条约应以其用语按其上下文并参照条约之目的及宗旨所具有之通常含义，善意解释之"，因此约文解释方法是首要方法；而第32条的"准备工作"以及"缔约情况"都是"解释之补充材料"，是当依据第31条解释而含义仍属不明或难解或结果显然不合理时使用的方法，与第31条规定的解释准则相比不具备同样的权威性。[①] 简言之，最惠国待遇的解释和适用应以有关条约条款的具体用语为基础，以条约解释规则为指导。

（二）投资争端解决机制

投资者与东道国之间的投资争端如何解决是国际投资法的核心问题，因而解决这种争端的国际仲裁机制是国际投资条约的重要内容。从外国投资者的角度而言，由于涉及其与东道国政府之间的争议，投资者担忧东道国国内法院的中立性和公平性，希望将投资争端交给中立的国际仲裁解决。就东道国而言，接受国际仲裁机制可以向外界表达其保证良好的外国投资环境的承诺。对于国际投资条约而言，其所规定的包括最惠国待遇在内的各项实体性义务就是通过投资者—东道国争端国际仲裁机制来得到有效的促进和保证实施的。但是另一方面，21世纪初以来国际投资仲裁的案件数量不断增加，一些国家频繁被诉所产生的经验教训引起各国政府的关注，实践中国际投资仲裁机制暴露出的不足之处导致人们质疑机制的正当性。[②] 因此，本书赞同余劲松教授的观点："现在的问题不是要不要建立这样的机制，而是如何完善这个机制，通过实体的和程序的规定，使国家主权的行使

---

① 关于条约的解释方法，详见[英]布朗利著：《国际公法原理：第5版》，曾令良等译，法律出版社2002年版，第687—691页。

② 关于国际投资仲裁正当性危机问题，参见陈安主编《国际投资法的新发展与中国双边投资条约的新实践》，复旦大学出版社2007年版，第165—182页。

和投资者权利的保护这二者之间达到平衡。"①

一般而言,东道国倾向于在其司法或行政机构中依照其国内程序法和实体法——即通过当地救济(local remedy)——解决投资争端。用尽当地救济是传统国际责任法律中公认的习惯国际法规则。② 但ICSID公约第26条规定:"除非另有约定,双方同意根据本公约交付仲裁,应视为同意排除任何其他补救办法而交付上述仲裁。缔约国可以要求用尽当地行政或司法补救办法,作为其同意根据本公约交付仲裁的一个条件。"虽然该规定原则上肯定东道国有权要求外国投资者用尽当地救济,但实际作用是,如果东道国是ICSID公约缔约国,同意将投资争端提交ICSID仲裁机制——例如在投资条约中作出承诺,但在条约中没有明确要求用尽当地救济,则对依据该条约提起的仲裁请求,该国不能以未用尽当地救济为理由提出管辖权异议。

卡尔沃主义是一项与用尽当地救济原则相关的学说,产生自并曾经为拉美国家所奉行。卡尔沃主义的基本原则之一是,"外国人对于投资或其他商事争端,只能在当地法院寻求救济",此该主义的"直接目的是,既反对外交保护也反对国际仲裁及其他国外法庭对投资争议的管辖"。③ 因此,卡尔沃主义及其在投资协议中的具体表现即卡尔沃条款从根本上排斥国际投资仲裁规则。不过,当阿根廷从奉行卡尔沃主义逐渐转向接受国际投资仲裁之时,其所缔结的双边投资条约纳入了一个折中性质的"软卡尔沃条款":④ 在允许外国投资者将投资争端提请国际仲裁的同时,该条款规定一个等待期限,即投资者应

---

① 余劲松、詹晓宁:《论投资者与东道国间争端解决机制及其影响》,载《中国法学》2005年第5期,第180页。

② 关于用尽当地救济原则,参见余劲松主编《国际投资法》,法律出版社2014年版,第353页。

③ 同上书,第354页。

④ See Raúl Emilio Vinuesa, Bilateral Investment Treaties and the Settlement of Investment Disputes under ICSID: The Latin American Experience, Law and Business Review of Americas 2002, pp. 508–509.

该先将争议提交东道国国内法院审理,如果在 18 个月的期限后法院未作出判决,或者即使作出判决但争议仍然存在,即无论法院作出终审判决与否,未解决的争端可提交国际仲裁。正是这样的条款在马菲基尼(Maffezini)诉西班牙案[①]中引起了关于仲裁庭管辖权的争议,从而拉开了近二十年来国际投资仲裁界最为激烈的争论的帷幕,即最惠国待遇条款能否适用于争端解决事项。

二 争议的发端:马菲基尼案与普拉玛案

(一)马菲基尼案

本案中,阿根廷人马菲基尼因其在西班牙的投资与该国发生争议,依据阿根廷—西班牙双边投资条约(以下简称"阿—西条约")向 ICSID 提起仲裁。该条约包含有前述之"软卡尔沃条款",被申请人西班牙据此提出管辖权异议,因为马菲基尼没有用尽该条款规定的国内救济。马菲基尼确实没有在东道国即西班牙国内法院提起申诉,但是他主张,西班牙与智利签订的双边投资条约仅仅要求在提起国际仲裁请求前争端方进行协商,因而对投资者是比阿—西条约更加优惠的待遇,根据阿—西条约的最惠国待遇条款,申请人可以援引该优惠待遇,不需先行诉诸国内法院程序。西班牙对马菲基尼的主张的辩驳主要集中在两点:首先,阿—西条约的最惠国待遇条款虽然使用"本条约项下的所有事项"这一用语来界定该条款的适用范围,但该"事项"指的是投资所享有的实体性待遇,不包括程序性待遇或者说管辖权问题。其次,最惠国待遇原则禁止歧视,申请人需要证明存在歧视,即要求将争议提交东道国国内法院是比提交给国际仲裁更差的待遇。

仲裁庭首先分析了若干其他双边投资条约规定的最惠国待遇,其中有的最惠国待遇条款(如英国缔结的双边投资条约)明文规定其

[①] Emilio Agustin Maffezini v. The Kingdom of Spain, ICSID Case No. ARB/97/7, Decision on Objections to Jurisdiction, January 25, 2000.

适用于争端解决，有的虽然没有类似的明确规定，但是规定其适用于"本条约项下的所有权利"或者（像阿—西条约这样）"本条约项下的所有事项"。仲裁庭认为，当今的投资争端解决机制与对外国投资者的保护之间存在密不可分的关系，国际仲裁对于维护投资条约赋予的权利至关重要，且与实体性投资待遇存在紧密联系。因此，即使缺乏明文规定，最惠国待遇条款使用的"事项"一词也应该包括争端解决机制，因而该条款适用于程序事项。

不过，仲裁庭意识到，基于最惠国待遇合法享有权利与利益应该区别于破坏性的"选购条约"（treaty shopping）行为。它因而提出，一个原则是，适用最惠国待遇条款将受限于"公共政策的考虑"。至于什么是"公共政策的考虑"，仲裁庭没有界定，而是设想了四种本案中不存在的情形，即：第一，像 ICSID 公约所允许的那样，缔约方将用尽当地救济作为仲裁同意的条件；第二，条约规定的仲裁机制包括岔路口条款；第三，条约规定了特定仲裁机构，如 ICSID；第四，条约规定了一个"高度组织化的、含有详尽程序规则的仲裁机制"，如 NAFTA。这些特别要求和规定体现了缔约方的确切意图（precise will），因此不能通过最惠国待遇条款的适用予以改变。

仲裁庭认为，本案所涉及的 18 个月等待期规则并不反映重要的公共政策。它通过回顾所涉条约的谈判历史，指出西班牙期望允许投资者直接将争议提交国际仲裁，但阿根廷希望要求用尽国内救济，而现有之 18 个月等待期作为一个不同于传统的用尽当地救济的规则被接受，体现了缔约双方的妥协；并且，此后两国尤其是西班牙的条约实践都包括允许投资者直接提起国际仲裁请求的规则。最终，仲裁庭支持申请人提出适用最惠国待遇的主张。

概言之，马菲基尼案裁决运用文义解释方法认可"所有事项"这一用语的宽泛性，又运用目的解释方法，将争端解决机制视为当今国际投资条约中赋予投资者待遇、实现条约保护投资的宗旨的重要内容，最终得出争端解决机制属于所涉最惠国待遇条款规定的"所有事项"的结论。它基于条约解释的习惯国际法规则对最惠国待遇条款的解释具有其合理性。

或许马菲基尼案仲裁庭已经意识到或许它始料未及，无论如何，在该案对最惠国待遇适用的解释鼓舞下，在此后的一系列案件中投资者依据最惠国待遇条款试图规避条约中特定的仲裁规则要求。不同案件的仲裁庭对此作出了不同裁决，不同裁决又在学者中引起了激烈争论。作为处理此类问题的第一案，马菲基尼案裁决是仲裁庭和学者讨论都无法回避的，不过对该案裁决的分析和指责，既有切中要害之处，也有某些有意或无意的不准确理解。在分析不同的裁决和意见之前，有必要先澄清若干对马菲基尼裁决的"误解"。

有些学者指责马菲基尼裁决推翻了阿—西条约中的用尽当地救济要求。① 这种指责对该案所涉仲裁条款的理解并不准确。正如前文所述，马菲基尼裁决本身就将用尽当地救济列为四种"公共政策的考虑"之一，它所体现的缔约方确切意图不能通过适用最惠国待遇而被规避。仲裁庭不会作出自相矛盾的裁定。事实上，阿根廷学者维路萨系统分析了该国双边投资条约实践，指出此类18个月等待期条款是具有折中性质的"软卡尔沃条款"，并非传统的用尽当地救济规则。② 对于这一点，之后的西门子（Siemens）诉阿根廷案仲裁庭作了更为详细的说明。③ 因此，此类条款虽然规定投资者诉诸国内救济，但并不要求"用尽"国内救济，事实上在18个月的期限通常也不可能用尽国内救济。另一个方面需要说明的是，尽管"18个月等待期"此后成为对该类条款的通用描述，但这只是一个并不十分准确的习惯用

---

① Bernardo M. Cremades, Disputes Arising out of Foreign Direct Investment in Latin America: A New Look at the Calvo Doctrine and Other Jurisdictional Issues, Dispute Resolution Journal 2004, p. 82.

② Raúl Emilio Vinuesa, Bilateral Investment Treaties and the Settlement of Investment Disputes under ICSID: The Latin American Experience, Law and Business Review of Americas 2002, pp. 508 – 509.

③ Siemens A. G. v. The Argentine Republic, ICSID Case No. ARB/02/8, Decision on Jurisdiction, August 3, 2004.

语。该条款并不等同于单纯的等待期,而是要求在18个月里将争议提交国内法院审理,只是不要求审理产生结果而已。综言之,与用尽当地救济和等待期规则相比,该条款介于两者之间。

另一个对马菲基尼案裁决的批评是,它主要回答了被申请人提出的第一点辩驳,即"所有事项"的解释,而忽略了第二点辩驳,没有分析是否构成歧视的问题。例如,库茨曾指出,马菲基尼仲裁庭不加分析地直接认定,第三方条约中允许直接提起国际仲裁的规定比18个月等待期的要求更优惠,表明仲裁庭"对投资争议国际仲裁优越性的固有信念"。[1] 我们无法确定这个并未被裁决明确表示的信念是否为仲裁庭所持有,并且是否构成歧视也是此后案例中的争点之一。但是库茨的批评一定程度上与如何理解该18个月等待期条款相关。如果该条款(像岔路口条款那样)要求投资者只能在国内救济和国际仲裁之间二选一,那么歧视的认定或许涉及比较两种救济途径的优劣或者说国际仲裁优越性的信念问题;但该条款不是这种要求,而只是必须在18个月后才能提起国际仲裁,并且不管国内法院程序的结果如何,因此它和第三方条约相关规定的差异主要是允许提起国际仲裁的时限长短。从这一角度而言,仲裁庭确实无须深入分析,便会倾向于认定时间短则更优惠。

实际上,如果马菲基尼仲裁庭坚定明确地表示,它的任务就是对本案争议作出裁决,裁决是基于本案所涉条款的具体规定,结论仅针对本案,或许裁决不会遭到如此之多的批评。但作为涉及最惠国待遇能否适用于争端解决事项问题的首个案例,或许仲裁庭创立"先例"的"虚荣心"作祟,促使它进一步提出了"公共政策的考虑"一说并举例说明,尽管它表示这实际上与本案情形无关。然而,言多必失。首先,所谓"公共政策的考虑"并未出现在条约规定之中,仅仅是仲裁庭的推测,并无坚实的法律依据。其次,多尔查和迈耶一针

---

[1] Juergen Kurtz, The MFN Standard and Foreign Investment - An Uneasy Fit?, Journal of World Investment & Trade 2004, p. 880.

见血地指出,仲裁庭列举的四个例证本质上是缔约方明示作出的特别约定。① 而 18 个月等待期要求不也是具有同样性质吗？有何理由区别对待？因此,马菲基尼裁决提出的"公共政策的考虑"在此后案例中很快被抛弃,但是此后十余年不同裁决的发展表明,这一说法暗示了争论的本质：在最惠国待遇和关于仲裁条款的特别约定之间,仲裁庭选择哪一边？

（二）普拉马案

马菲基尼案裁决以约文解释为基础,根据最惠国待遇条款的"所有事项"用语裁定该条款适用于争端解决机制,同时它所"创造"的"公共政策考虑"限制体现了仲裁庭对该裁定被推而广之的隐约忧虑。这一忧虑很快被实践所证实,在此后诸多仲裁案件中,投资者依据最惠国待遇条款要求引入其他投资条约中的"更优惠待遇",希望借此规避基础条约中的限制并确立仲裁庭的管辖权。当所涉及的限制规定是 18 个月等待期之时,仲裁庭在较长的时间里遵循了马菲基尼裁决的做法。但是当涉及其他限制性规定时,仲裁庭多倾向于拒绝接受投资者的主张,在此类案件中,普拉马案裁决尽管不是最早、却是最具代表性的一个,因而此后学者常常将涉及最惠国待遇是否适用于争端解决机制的争议裁决概括为马菲基尼派与普拉马派。②

普拉马案中,申请人是一家塞浦路斯公司普拉马,声称其在保加利亚的投资因该国政府采取的间接征收措施而遭受损害,因而分别依据《能源宪章条约》和保加利亚—塞浦路斯双边投资条约（以下简称"保—塞条约"）向 ICSID 提出仲裁请求。③ 该案仲裁庭裁定,自

---

① Rudolf Dolzer & Terry Myers, After Tecmed: Most - Favored - Nation Clauses in Investment Protection Agreements, ICSID Review - Foreign Investment Law Journal 2004, p. 54.

② See Michael Waibel, Investment Arbitration: Jurisdiction and Admissibility, University of Cambridge Faculty of Law Legal Studies Research Paper Series No. 9/2014, available at http://www.law.cam.ac.uk/ssrn/, p. 2.

③ Plama Consortium Limited v. Republic of Bulgaria, ICSID Case No. ARB/03/24, Decision on Jurisdiction, February 8, 2005.

己拥有基于《能源宪章条约》的管辖权,但没有基于保—塞条约的管辖权。拒绝后一管辖权的原因在于该条约规定,投资者只能向一个适用 UNCITRAL(联合国国际贸易法委员会)仲裁规则的特设仲裁庭提出关于征收补偿额的争议的仲裁请求。但普拉马主张,依据保—塞条约的最惠国待遇条款,可以通过援引保加利亚—芬兰双边投资条约的仲裁条款使管辖权成立。

仲裁庭首先使用了约文解释方法,指出所涉最惠国待遇条款使用的是"待遇"一词,不能确定争端解决事项是不是在该词的通常含义之内;该条款分别规定了"投资"和"投资者"所享有的待遇,但两者的不同用语也未体现特别含义。仲裁庭认为约文解释的结论不具有特别重要性。

仲裁庭继续考察了上下文:一方面,最惠国待遇条款明文规定了关于区域贸易协定的例外,根据"明示其一即排除其他"(expressio unius est exclusio alterius)原则或可推断,包括争端解决在内的其他所有事项在该条款的适用范围之内。但另一方面,该区域贸易协定例外使用了"特权"(privileges)一词,这可以看做是表明,最惠国待遇关涉到的是实体性保护。因此仲裁庭认为,上述上下文不足以证明申请人提出的主张体现了缔约方的意愿。

保—塞条约的前言表示条约的宗旨与目的是"为投资创造有利条件",申请人援引了马菲基尼裁决中"争端解决机制与投资保护密不可分"的论断,仲裁庭虽然承认一般而言该论断无可争辩,但认为它在法律上仍不足以推断出,保—塞条约的缔约方图使最惠国待遇条款的适用范围涵盖缔约方缔结的其他条约中的仲裁同意。而且,保加利亚双边投资条约的嗣后实践也有不同表现。虽然在 20 世纪 90 年代之后保加利亚签署的诸多双边投资条约规定了更为自由的争端解决条款,但正是由于对争端解决条款的修订不能达成一致,导致 1998 年保—塞条约的修订谈判未获成功。该谈判表明保—塞条约的缔约方并没有打算让最惠国待遇适用于其他双边投资条约中的争端解决条款。仲裁庭继续强调,保—塞条约缔结之时,向外国投资提供有限保护和极具限制性的争端解决条款是此时保加利亚的共产党政府偏好的双边投资条约类型。因此仲裁庭认为，在缔结保—塞条约时，缔约双方有意识地对投资者—东道国争端解决机制作出限制性规定，并且无意通过最惠国待遇条款予以扩展。

为本案裁决之目的，仲裁庭的分析到这里实际上已经可以得出结论了，但它意犹未尽，继续使用很大篇幅进行了一般性讨论。仲裁庭强调，争端方的仲裁同意是仲裁的前提条件，国内法和国际法公认的原则是仲裁同意必须明确无疑（clear and unambiguous），而通过最惠国待遇条款援引其他条约的争端解决规则与这一原则不符。仲裁庭认为，《美洲自由贸易区协议》的谈判体现了国家在这个问题上的意愿：2003年11月该协议的草案明确表示，谈判各方注意到马菲基尼裁决对最惠国待遇条款的宽泛解释，将本协议最惠国待遇条款的适用范围明文限于"投资的开业、收购、扩张、管理、计划的实施、经营以及销售或其他投资安排方面"，谈判各方的共识和意愿是该条款不涵盖协议规定的国际争端解决机制，并且"不能合理推出与马菲基尼案相类似的结论"。仲裁庭又详细讨论了已有的马菲基尼案及其他有关裁决。在它看来，马菲基尼裁决的后果不是争端解决规则的协调，而是投资者从不同条约任意挑选规则的混乱局面。仲裁庭为马菲基尼裁决中"公共政策的考虑"的渊源感到困惑，但赞同它背后的担忧。仲裁庭提出，解决这种担忧的办法应该是"一个原则加上一个例外"："基础条约的最惠国待遇条款不能通过援引将其他条约中规定的争端解决条款部分或全部地并入，除非基础条约的最惠国待遇条款确切无疑地表明缔约方打算将它们并入"。换句话说，仲裁庭眼中的原则是最惠国待遇条款不能适用于争端解决事项，它所说的例外是最惠国待遇条款明确地规定此种适用，而诸如"本条约项下所有权利"、"所有事项"之类的条款用语不在此列。

由此可见，确有充分理由将普拉马裁决视为拒绝最惠国待遇适用于争端解决机制的代表：它涉及的是将仲裁庭管辖权属事范围限于征收补偿问题的规定，在此类裁决中具有代表性；从裁决内容本身来看，它不愿意以条约规定不同为由回避与马菲基尼案裁决的不同，而是旗帜鲜明地阐明自己的原则性立场。

三 有关仲裁实践的发展

截至 2014 年底，就最惠国待遇是否适用于争端解决事项作出裁决的已知仲裁案件有 30 个，详见下表：

案件	MFN 用语	事项	裁决日期与结果
Maffezini 诉西班牙	所有条约涵盖事项	18 个月等待期	2000.1，支持
Tecmed 诉墨西哥	仲裁庭不予考虑	管辖属时范围	2003.5，拒绝
Siemens 诉阿根廷	待遇	18 个月等待期	2004.8，支持
Salini 诉约旦	待遇	合同争议管辖权（属事范围）	2004.9，拒绝
Plama 诉保加利亚	待遇	管辖权限于征收补偿（属事范围）	2005.2，拒绝
Camuzzi 诉阿根廷	所有条约涵盖事项	18 个月等待期	2005.6，支持
GasNatural 诉阿根廷	所有条约涵盖事项	18 个月等待期	2005.6，支持
Berschader 诉俄罗斯	所有条约涵盖事项	管辖权限于征收补偿（属事范围）	2006.4，拒绝*
InterAguas 诉阿根廷	所有条约涵盖事项	18 个月等待期	2006.5，支持
Telefonica 诉阿根廷	所有条约涵盖事项	18 个月等待期	2006.5，支持
NationalGrid 诉阿根廷	列举投资活动类型	18 个月等待期	2006.6，支持
AWG 诉阿根廷	所有条约涵盖事项/待遇	18 个月等待期	2006.8，支持
Vivendi 诉阿根廷	所有条约涵盖事项/列举投资活动类型	18 个月等待期	2006.8，支持
Telenor 诉匈牙利	待遇	管辖权限于征收补偿（属事范围）	2006.9，拒绝
RosInvest 诉俄罗斯	待遇/列举投资活动类型	管辖权限于征收补偿（属事范围）	2007.10，支持
Wintershall 诉阿根廷	待遇	18 个月等待期	2008.12，拒绝
Renta4 诉俄罗斯	公平公正待遇	管辖权限于征收补偿（属事范围）	2009.3，拒绝*
谢业琛诉秘鲁	公平公正待遇	管辖权限于征收补偿（属事范围）	2009.6，拒绝

续表

案件	MFN 用语	事项	裁决日期与结果
Austrian Airlines 诉斯洛伐克	待遇	管辖权限于征收补偿（属事范围）	2009.10，拒绝*
Impregilo 诉阿根廷	所有条约涵盖事项	18 个月等待期	2011.6，支持*
Hochtief 诉阿根廷	待遇	18 个月等待期	2011.12，支持*
ICS 诉阿根廷	列举投资活动类型	18 个月等待期	2012.2，拒绝
Daimler 诉阿根廷	待遇	18 个月等待期	2012.8，拒绝*
Teinver 诉阿根廷	所有条约涵盖事项	18 个月等待期	2012.12，支持*
KILIC 诉土库曼斯坦	待遇	诉诸国内法院	2013.7，拒绝
Koza 诉土库曼斯坦	明文规定适用于争端解决	指定仲裁机制	2013.7，支持*
ST-AD 诉保加利亚	本条款涵盖所有事项	管辖权限于征收补偿（属事范围）	2013.7，拒绝

说明：标明"*"的裁决结果表示在是否适用最惠国待遇条款问题上存在异议。

（一）UNCTAD 提出的"管辖权"与"可受理性"区分论

从上表可以看出，支持最惠国待遇适用于争端解决事项的裁决主要涉及 18 个月等待期条款，而当申请人试图借助最惠国待遇条款扩大仲裁庭管辖权的属事和属时范围时，多数仲裁庭则予以拒绝。有鉴于此，UNCTAD 在其 2010 年出版的"国际投资条约问题丛书（二）"之《最惠国待遇》中，试图借助"管辖权"与"可受理性"问题之分来归纳不同裁决之间可能存在的"规律"[①]：18 个月等待期被界定为可受理性要求（admissibility requirements），是作为提出仲裁请求前提条件的程序性要求，因而区别于确定属事与属时范围的管辖权要求（jurisdictional requirements）。

当今国际司法制度中的可受理性与管辖权之分体现在《国际法院规则》第 79 条之中。该条规定了两种初步异议：对管辖权的异议

[①] See UNCTAD, Most-Favoured-Nation Treatment, Series on Issues in International Investment Agreements II, 2010, pp. 66–83.

(objection to jurisdiction)和对可受理性的异议（objection to admissibility）。中文文献对"admissibility"的表述并不完全一致，有"可受理性"①"受理可能性"②等译法。第 79 条规定的两种异议概念的区分在理论和实践上也并不十分明确。有人将管辖权异议界定为管辖权是否"存在"（the existence of jurisdiction）的问题，由国家同意决定，可受理性异议则涉及是否可以"行使"管辖权（the exercise of jurisdiction）的条件。③ 有人主要从效果的角度来区分，成功的管辖权异议将结束程序，而可受理性异议将导致程序中止。也有人认为，"关于管辖权基础的文书要件是否充足，或关于同意赋予管辖权的异议"都是管辖权异议，而"其他依据一般国际法和诉讼程序一般原则而提起的抗辩"是可受理性异议。④ 在国际法院的实践中，用尽当地救济和当事人适格（jus standi）问题曾被界定为可受理性抗辩。不过，学者也指出，同样内容的异议在不同案件中可能属于不同类型。⑤

然而就投资仲裁而言，无论 ICSID 公约还是 UNCITRAL 规则都没有明确提及"admissibility"。ICSID 公约第 41（2）条及其仲裁规则第 41（1）条所规定的初步异议涉及的是"jurisdiction"和"competence"问题。朔伊尔在其著名的《ICSID 公约评论》一书中也完全不提"admissibility"一词，而是将上述关于管辖权和可受理性异议讨论所涉及的问题都放在管辖权的范畴里；他大体上认为"jurisdiction"和"competence"两词可以互换，或者鉴于公约第 41（1）使用的是"competence"一词，"jurisdiction"可以涵盖于"competence"的概念

---

① 例如邵沙平主编《国际法院新近案例研究（1990—2003）》，商务印书馆 2006 年版，第 568 页。

② 例如 [日] 杉原高嶺《国际司法裁判制度》，王志安、易平译，中国政法大学出版社 2007 年版，第 205 页。

③ 朱丹：《论〈罗马规约〉对国家"不愿意"管辖的判断标准及我国的担忧》，载《中国刑事法杂志》2013 年第 3 期，第 107 页。

④ [日] 杉原高嶺：《国际司法裁判制度》，王志安、易平译，中国政法大学出版社 2007 年版，第 206—207 页。

⑤ 同上书，第 207 页。

之下。① 相应的，实践中不同仲裁庭也看法各异，有的认为借此引入了可受理性问题；有的认为鉴于未明确提及"admissibility"，就没有必要作出这种划分。实际上，在投资仲裁中通常不会有专门审查可受理性问题的程序，有关问题既可能与管辖权也可能与实质问题一起审查。此外，由于在管辖权和可受理性之间的界限模糊，致使这种区分（在 ICSID 公约未明文规定的情况下）本身的意义受到质疑；不过，有仲裁庭认为即使如此，也应该分清所涉问题属于哪一类型。②

有鉴于此，UNCTAD 以管辖权和可受理性之分对不同仲裁裁决的解释似乎缺乏足够坚实的法律依据，一些仲裁庭认为 18 个月等待期也属于管辖权问题，尤其在 2010 年（UNCTAD 提出该区分论）之后，涉及 18 个月等待期的仲裁实践看起来向着相反方向发展。

（二）涉及 18 个月等待期的裁决的发展变化

1. 西门子案

马菲基尼案之后，作出最惠国待遇是否适用于争端解决事项的裁定的第一案是西门子案，这次涉及的同样是 18 个月等待期条款，只不过在另一项阿根廷（与德国）的双边投资条约（以下简称"阿—德条约"）中。该条约的最惠国待遇条款规定是："缔约方赋予另一缔约方国民或公司在其境内与投资有关活动的待遇，不得低于赋予其本国公民、公司或第三国公民、公司的待遇。"

由于马菲基尼案仲裁庭此前裁决支持最惠国待遇的适用，被申请人阿根廷的辩驳首先试图论证本案所涉最惠国待遇条款与马菲基尼案不同。

本案仲裁庭在确认阿—德条约的宗旨和目标也是保护外国投资之后，重点分析了最惠国待遇条款的用语：该条款中"活动"与"待遇"的用语有着普遍性的通常含义；针对该条款的议定书将"活动"

---

① Christoph Schreuer, The ICSID Convention: A Commentary, 2nd ed., Cambridge University Press, 2009, pp. 531-532.

② Michael Waibel, Investment Arbitration: Jurisdiction and Admissibility, University of Cambridge Faculty of Law Legal Studies Research Paper Series No. 9/2014, pp. 7-9.

界定为"特别是但不限于投资的管理、使用和受益",该界定不支持阿根廷有关"最惠国待遇仅适用于商业的和经济的活动"的观点;该条款规定了若干适用的例外,表明缔约方意图限制条款在某些方面的适用时会作出明文规定,因而例外规定本身也证明了"活动"与"待遇"等用语含义的普遍性。因此,依约文、目的以及系统解释方法,本案最惠国待遇条款的适用范围不限于商业和经济活动;即使"待遇"一词的涵盖范围或许略窄于(马菲基尼案的)"所有事项",仍足以涵盖争端解决事项。

利用马菲基尼裁决提出的"公共政策的考虑",阿根廷主张,18个月等待期规则是"用尽当地救济的温和版",是"其仲裁同意的关键要素,关乎敏感的经济和外交政策问题"。正如本书此前对18个月等待期规则性质的分析,西门子案仲裁庭强调该规则并不要求(任何一级)法院的终审判决,只要规定期限一到投资者就能寻求国际仲裁,因而并非传统国际法的用尽当地救济规则。此外,即使在同期签订的阿根廷双边投资条约中,也有一些并未纳入18个月等待期规则,表明它算不上是"敏感的经济和外交政策问题"。

综言之,面对与马菲基尼案几乎相同的法律问题,西门子案仲裁庭作出了基本一致的裁决,并毫不讳言这种一致性。

2. 天然气公司案等

天然气公司(Gas Natural)案中,能否依据阿—西条约中的最惠国待遇条款规避18个月等待期要求再次成为主要争点之一,只是这次的被申请人是阿根廷。[①] 仲裁庭作出了与马菲基尼案、西门子案基本相同的推理和结论:争端解决机制是"投资保护的重要——也许是最重要的——的因素";争端解决事项没有被明文排除于最惠国待遇条款适用范围之外;18个月等待期规则不等同于用尽当地救济,也不是所有阿根廷双边投资条约都有规定,因而不支持阿根廷有关"公

[①] Gas Natural SDG, S. A. v. The Argentine Republic, ICSID Case No. ARB/03/10, Decision on Jurisdiction, June 17, 2005.

共政策的考虑"的辩驳。

英特阿瓜斯（InterAguas）案再次涉及阿—西条约的最惠国待遇和18个月等待期条款，①仲裁庭继续遵循了马菲基尼等前案推理和结论。不过这次仲裁庭需要考虑和回应普拉马案的不同裁决。仲裁庭主要通过强调个案情形的不同来避免裁决的冲突：首先，两案面对的最惠国待遇条款的用语不同，阿—西条约中的"所有事项"一词意味着比普拉马案所涉条款更宽的适用范围；其次，基于保加利亚同一时期双边投资条约的惯用模式、缔约双方此后未能就修订相关条款规定达成一致等事实，普拉马案仲裁庭可以获知缔约方的意图，但是这些事实证据在本案中并不存在；再次，两案申请人希望回避的仲裁条款要求性质不同，而且普拉马案裁决还表示，因为马菲基尼案涉及的18个月等待期规则缺乏实际意义，所以该案的裁决或可理解。但是，对普拉马案裁决中一个关键的基础性主张即"仲裁协议必须明确无疑"，英特阿瓜斯案仲裁庭明确地拒绝接受，因为有关争端解决程序的规则和其他条约条款一样需要解释，既不能过窄也不能过宽地予以限定。

在此后的AWG案和维旺迪公司（Vivendi）案中，由与英特阿瓜斯案相同的仲裁员组成的仲裁庭也作出了完全相同的推理和裁决。争议分别涉及阿—西条约和阿根廷—英国双边投资条约（以下简称"阿—英条约"）中措辞不同的最惠国待遇条款，后者规定的是对于"投资的管理、维持、使用、享有和处置"给予最惠国"待遇"。尽管如此，仲裁庭都支持有关申请人提出的规避18个月等待期的主张，并且指出，无论所涉条约的最惠国待遇条款采用的用语是"所有涵盖事项"还是"待遇"，结论都是一样的。②

---

① Suez, Sociedad General de Aguas de Barcelona S. A., and InterAguas Servicios Integrales del Agua S. A. v. The Argentine Republic, ICSID Case No. ARB/03/17, Decision on Jurisdiction, May 16, 2006.

② Suez, Sociedad General de Aguas de Barcelona S. A., and Vivendi Universal S. A. v. The Argentine Republic, ICSID Case No. ARB/03/19, and AWG Group Ltd. v. The Argentine Republic, UNCITRAL Arbitration Rules, Decision on Jurisdiction, August 2, 2006.

3. 国家电网公司案

国家电网公司（National Grid）案涉及的是阿—英条约，① 该案裁决值得注意的是仲裁庭对条约解释方法的理解和适用。它指出："关于缔约方意愿，维也纳公约和国际法院的立场是'重要的是约文本身所表示的缔约方意愿，因为约文是对较近的缔约方共同意愿的最好指南'。公约没有针对不同条款设立不同的解释规则。同样的解释规则适用于所有条约条款，无论争端解决还是最惠国待遇条款。"

仲裁庭注意，不同最惠国待遇条款的用语有差异，马菲基尼案中是"本条约项下所有事项"，本案所涉条款使用的是"待遇"。要确定"待遇"的实质内容，仲裁庭认为须考虑缔约方的嗣后实践和双边投资条约下投资者保护的上下文。关于嗣后实践，一方面，1991年起英国双边投资条约范本明确规定，"为避免疑义"，最惠国待遇适用于争端解决事项，这表明了英国对于其签署的投资条约的理解；但是另一方面，在西门子案之后，阿根廷与巴拿马的外交换文作出关于其1996年投资条约中最惠国待遇条款的"解释性声明"，表示其适用范围没有涵盖争端解决条款，并且双方一贯是如此意愿。因此，仲裁庭无法从阿根廷与英国的缔约实践确定阿—英条约中缔约方的共同意愿。

由于仲裁庭也认为，争端解决是投资待遇的重要内容，因此它支持马菲基尼案裁决，认为其考虑更为平衡；而作出不同裁决的萨利尼案和普拉马案所涉及的问题完全不同，显然，有些申请人的主张企望超出最惠国待遇条款适当的适用范围；但是像普拉马案那样的例子"不能褫夺个案中最惠国待遇条款合法的文义与宗旨"。最终，仲裁庭裁定，最惠国待遇条款中的"待遇"一词允许投资者直接寻求国际仲裁而不用首先诉诸国内法院。

从2000年到2008年，在投资者主张依据最惠国待遇规避18个

---

① National Grid Plc v. Argentina, Ad hoc – UNCITRAL Arbitration Rules, Decision on Jurisdiction, June 20, 2006.

月等待期的最初9个案例中,裁决均予以支持,似乎形成了一致的案例法。然而,2008年年底的温特斯豪(Wintershall)案裁决第一次背离此种"一致性"。

4. 温特斯豪案

本案与西门子案一样,涉及的是阿—德条约中最惠国待遇条款的解释与适用。① 但是与西门子案仲裁庭相反,本案仲裁庭认为,"待遇"一词不包括争端解决程序;18个月等待期是阿根廷在条约中对ICSID仲裁的接受的组成部分,投资者应该原封不动地接受;除非最惠国待遇条款明白确切地规定,应该避免基于假定的缔约国意图给条约添加内容。仲裁庭批评西门子案裁决对最惠国待遇条款的解释,认为其更像是创造而非发现用语的含义。仲裁庭还认为,即使最惠国待遇条款使用的是"所有事项"用语,可能也不足以使其涵盖双边投资条约的争端解决规则。

温特斯豪案裁决第一次在涉及18个月等待期时背离此前的马菲基尼案裁决,而是遵循了普拉马派的意见,并且这种遵循不因最惠国待遇条款用语的不同而改变。在涉及18个月等待期的案例中,温特斯豪案裁决最初被视为一个例外,并在随后数年里保留了这种例外地位,因为该问题没有出现在期间的新裁决中。正是在这种实践背景下,UNCTAD提出了管辖权与可受理性的区分论。然而,在2011年6月开始的约两年时间里连续产生6个仲裁裁决,就基于最惠国待遇能否规避18个月等待期的要求展开了激烈争论;不仅这些不同案件作出不同裁决,而且几乎每一裁决都致使一位仲裁员发表异议,从而将争议再次推向高潮。在这几个裁决中,戴姆勒(Daimler)诉阿根廷案最具代表性。②

---

① Wintershall Aktiegesellschaft v. Argentine Republic, ICSID Case No. ARB/04/14, Award, December 8, 2008.

② Daimler Financial Services AG v. Argentine Republic, ICSID Case No. ARB/05/1, Award, August 22, 2012.

5. 戴姆勒案

本案申请人是德国戴姆勒金融服务公司，依据的是阿—德条约。仲裁庭由申请人任命的美国人布劳（Brower）法官、被申请人阿根廷任命的西班牙人贝洛（Bello Janeiro）教授和首席仲裁员法国人杜佩（Dupuy）教授组成。

本案不仅适用条约与前述西门子案相同，主要争议也涉及最惠国待遇条款适用问题，而且两案中的当事双方各自任命的仲裁员也完全一样。但与西门子案裁决支持最惠国待遇条款的适用不同，这次戴姆勒案仲裁庭反对这一适用，并基于自己无管辖权而驳回了申请。发生这一变化的一个重要原因是，原本在西门子案中支持适用的贝洛教授在本案中转变了立场，并为该转变专门发表意见予以说明，而另一位前西门子案仲裁员布劳法官坚持了原来立场，针对本案仲裁庭反对适用的多数意见，发表了个人异议。基于这些原因，在关于最惠国待遇是否适用于 18 个月等待期规则的论争问题上，戴姆勒案裁决是了解和分析相关立场的最好样本。

仲裁裁决首先分析了 18 个月等待期规则的性质。它指出，所有国际条约本质上表达的是缔约国接受特定法律规范约束的同意，因此同意是所有条约承诺的基石。自国内法院或仲裁程序借鉴而来的可受理性异议与投资者—东道国争端解决中基于双边投资条约的管辖权裁决并无关联。在国内程序中，可受理性要求是为保证法庭程序的有效性和完整性而设计的司法规则，它们不是扩大法院管辖权，而是通过指出某些事项来简化法院审查，尽管这些事项在法院管辖权范围内，但是基于这样或者那样的原因不宜在特定时间或以特定方式裁决。18 个月等待期规则使用"shall"这个词语，表明它是具有法律约束力的义务。投资条约规定的所有争端解决条款都具有管辖权性质，它们是两个国家的主权协议的反映而不是仲裁员的创造，它们设定了国际投资仲裁庭在缔约国同意的范围内行使管辖权的条件，这与国内立法授予法院管辖权极为相似。如果不能满足所规定的要求将导致无管辖权的决定。18 个月等待期规则作为东道国同意仲裁的条约规定的前置条件，仲裁庭不能视之为"可受理性"事项而予以放弃。

随后，仲裁庭从多个角度对最惠国待遇条款能否适用于争端解决条款展开详细分析。

第一，关于同类原则（ejusdem generis），争端双方都援引了该原则支持本方观点，联合国国际法委员会对1978年《最惠国条款（法）最后草案》的评注也肯定该原则的适用，因此该原则是解释和适用最惠国待遇条款的公认准则。不过，这里作为比较对象的基础条约和所援引的第三方条约，无论从相关争端解决条款还是两个条约整体上来看，它们所调整的事项本质上都是相同的，争端解决条款调整的事项与条约整体调整的事项具有清晰的逻辑联系，因此基于同类原则本身，不能将争端解决条款断然排除在最惠国待遇条款适用范围之外。但是，同类原则只是限定了最惠国待遇条款适用的外延，却没有告诉我们，缔约方意图将该条款实际上适用于哪些特定事项，因为正如前述国际法委员会评注所言，国家所受约束以其所承担义务为限。

本书认为，仲裁庭有关同类原则的分析是令人信服的，就这里所争议的问题即能否依据双边投资条约的最惠国待遇条款援引另一双边投资条约的争端解决规则而言，同类原则难以成为反对适用的依据。

第二，关于本案所涉最惠国待遇条款使用的"待遇"一词，它是只包括实体性待遇，还是也包括程序性保护呢？由于条约本身未专门给出定义，也没有证据显示缔约方有意使其具有特殊意义（在《维也纳条约法公约》第31条第四款的意义上），因此需分析该词的通常含义。对"待遇"一词，有仲裁裁决作出了相当宽泛的解释，学者对前述问题展开了激烈的争论，但这里的关键不是一般性讨论"待遇"可以或者"应该"如何解释，而是本案所涉之条约的缔约方意图赋予它何种含义。为此，必须求助于"当时法原则"（principle of contemporaneity）。在缔结阿—德条约的1991年，条约之诉和合同之诉的区分尚未彰显，争端解决条款被理解为主要与国际投资合同相关，最惠国待遇与投资者—东道国争端解决机制之间的关系这一条约问题尚未产生。1992年世界银行的《外国直接投资待遇指南》（以下简称《指南》)第三部分"待遇"的规定表明,该词虽然包含了投资者在国内司法中享有公正和有效程序的权利这一公认的习惯国际法义务,但不涉及国际(与"国内"相区别)争端解决。《指南》只在另一完全独立部分述及投资者—东道国争端解决。因此,这说明当时"待遇"和国际争端解决被视为不同事项。

不过,鉴于《指南》的软法性质,仲裁庭指出,上述分析虽然倾向于表明当时缔约方无意将国际仲裁视为"待遇",但仲裁庭并不打算基于对"待遇"这一相当宽泛的词语的孤立审查得出确切结论,而是因为条款的若干其他要素也指向这一理解。裁决的这一说明实际上是针对布劳法官的异议而为。

布劳法官的异议从三个方面反驳了仲裁庭对"待遇"的分析。首先,裁决的解释路径错误。它主要依据的是《指南》这一与所涉条约关联甚小的文件,而跳过了《维也纳条约法公约》第 31 条所要求的解释步骤;虽然公约第 32 条允许使用像《指南》这样的补充资料,但应该是在依第 31 条解释而意义仍属不明之时,而裁决根本没有适用第 31 条。与此相关的是,裁决没有适当考虑此前至少 9 个仲裁裁决作出如下认定的事实:待遇一词的含义足够宽泛以涵盖争端解决并允许规避 18 个月等待期。其次,仅就标题而言,《指南》本身的标题便包括"待遇"一词,为何《指南》中的"争端解决"部分不在"待遇"涵盖范围内?更重要的是,就《指南》所列举的待遇内容而言,公平公正待遇早已被公认包含争端解决事项。再次,同一最惠国待遇条款也适用于"与投资有关的活动",这些活动包括"投资的管理、使用、享有和处置",它们的通常含义便涵盖投资者通过争端解决机制保护其权益。

第三,阿—德条约的最惠国待遇条款中的"在境内"一词将该条款义务限定在东道国境内,因而不适用于在东道国境外的待遇,而国际投资仲裁通常发生在东道国境外。即使假设"待遇"一词包括争端解决,本案所涉最惠国待遇条款的用语也将国际仲裁排除在适用范围之外。仲裁庭认为这一点"非常重要"。

对此，布劳法官提出异议，认为最惠国待遇条款提供的诉因是投资者遭受较差待遇，而本案所涉"较差待遇"便是首先诉诸国内法院的18个月要求，是发生在东道国境内的行为。因此，裁决关于"待遇"应在东道国境内的讨论于本案无关。

本书认为，虽然聚焦于案件所涉特定条款本身的用语是正确做法，但"在境内"一词的解释是否如裁决所言"非常重要"值得商榷。首先，从本案所涉条款用语来看，"在境内"紧跟于"投资"一词，似乎表明它是用来限定"投资"而非"待遇"。按照中文的表述习惯，它指的是"在境内的投资"，中国—德国双边投资条约的中文本便是如此表述，似乎可以说明中国的理解。其次，借鉴中—德条约的表述，除前述中文本外，该条约的德文本中，"在境内"一词处于助动词之后、"待遇"之前，似乎也说明它不是用来限定"待遇"的；而条约英文本的最惠国待遇条款却根本没有使用"在境内"一词。同一条约、同等作准的三个文本关于"在境内"的规定各不相同。再者，也可以主张，条约的定义条款将"投资"限定为在缔约方境内投入的资产，如果最惠国待遇条款中的"在境内"仅用以限定"投资"，该限定便没有必要。因此，对"在境内"一词的解释不能推导出确定性的结论，不宜赋予其过多的重要性。

第四，像许多双边投资条约一样，阿—德条约分别针对投资和投资者在与投资有关的活动方面给予最惠国待遇。裁决认为这种分别规定只是相互补充，并不意味着不同待遇标准。无论如何，它们都使用了一般术语"待遇"且有领土限制。这种分别规定并不构成最惠国待遇适用于国际争端解决条款的证据。

第五，所涉最惠国待遇条款没有使用"所有事项"一词的事实支持仲裁庭在分析"待遇"和"在境内"上的结论。同时，裁决也不认为使用了"所有事项"就等于将争端解决条款纳入最惠国待遇适用范围。它赞同贝茶德（Berschader）案裁决，鉴于投资条约的属时和属事范围不能通过最惠国待遇条款加以扩展，"所有事项"便不能简单地理解为所有事项，那么又如何能确定争端解决就不属于此类不被"所有事项"涵盖的事项？

第六，关于"明示其一即排除其他"原则，双边投资条约仅明文列举关税同盟、区域经济一体化、避免双重征税条约等例外，并不等于缔约国意图将国际争端解决纳入最惠国待遇条款适用范围，因为：首先，这些明示例外都是发生在东道国境内的待遇，证明了最惠国待遇条款适用的地域限制，自然也没有必要对发生在东道国境外的争端解决规定例外。其次，这些明示例外涉及的都是对投资的直接待遇，而不是因这些待遇而产生的争议的解决。人们不能忽视这一差别，就像不能以橙子的存在来证明苹果不存在一样。投资条约没有明确将投资者—东道国争端解决规定排除在最惠国待遇条款范围之外，更有可能的原因是在马菲基尼案之前国家从未意识到最惠国待遇条款还能如此适用。

布劳法官对此提出异议，一是如前所述，所涉"较差待遇"是发生在东道国境内的行为，二是明示例外所涉事项，如经济一体化安排，通常都包括争端解决机制。

第七，关于待遇的比较，待遇上的差别不能简单等同于"较差待遇"，申请人希望援引的阿根廷—智利双边投资条约第10条虽然允许直接诉诸国际仲裁，但同时规定了岔路口条款，与基础条约下在国内法院和国际仲裁可能有的两次救济机会相比，何者更优？仲裁庭认为，虽然程序不同，但至少基础条约的规定最终可以同等保护投资者权利，甚至可能更快捷或者耗费更低。

布劳法官的异议认为，仲裁庭应该回答的问题是，与允许投资者选择规避18个月要求相比，必须遵守该规定是不是"较差待遇"？国内法院和国际仲裁的费用比较与回答该问题无关。有选择好过没有选择。

第八，关于条约的宗旨与目的，裁决指出自己遵循的是综合解释方法，而不是分三步对通常含义、上下文和宗旨与目的机械地进行分析。缔约方是将投资条约作为一个整体加以接受，意味着所有条约条款都符合其宗旨与目的。因此这里真正的问题是，申请人的主张是否为缔约方同意所允许。

第九，对于如何认识嗣后国家实践，仲裁庭多数与布劳法官之间产生激烈争论。裁决认为国家实践作为补充资料可以证实其依据《维也纳条约法公约》第31条得出的前述结论，布劳法官则在异议中对此严词批评，针对这些批评裁决也直接展开辩驳。

首先，裁决指出，在缔结基础条约前后（即1990年至1994年间），阿根廷的双边投资条约中有些也有18个月等待期规则，有些则没有。如果意图允许申请人的主张，那么阿根廷在其后的条约中继续纳入该规则将毫无意义，因为最惠国待遇条款使它自始便已丧失实际效用，这与有效解释原则不符。而"当时法原则"如前所述可以合理解释阿根廷的条约实践。布劳法官则在异议中反驳这一推理，认为在后条约中的18个月规则仍有意义，投资者可选择遵从该规则。反过来，裁决认为布劳法官的"选择"辩驳是"无诚意的"，因为异议坚持主张允许投资者直接诉诸国际仲裁是更优惠待遇。

其次，就德国而言，仅有极少的德国双边投资条约包含18个月规则。如果接受申请人的主张，则意味着缔结基础条约时德国便同意对阿根廷投资者不适用18个月规则，从而允许该规则的不对等适用。然而，该规则以及整个条约都是在双边和对等基础上得以制定的。这也说明，与阿根廷一样，德国没有让最惠国待遇条款适用于争端解决规则的意图。

再次，在依据"当时法原则"进行解释之后，裁决继续分析，"在境内的待遇"能否因演进解释方法而如申请人所主张的那样扩大了适用范围。裁决指出，此种扩大并非产生自国家实践而是仲裁裁决，而仲裁裁决也对此立场分裂。布劳法官的异议强调，涉及18个月规则时多数仲裁庭支持最惠国待遇的适用。裁决则指出，尽管如此，反对适用的裁决在推理和结论两个方面都严厉批评了异议所持主张。关于国家实践，裁决列举了若干国家对仲裁庭扩大解释的反应，如在条约中明文排除此种适用等。布劳法官的异议认为这些例子不足以说明已经形成了一致的国家实践，相反，那些没有类似明文规定的条约可能意味着允许最惠国待遇适用于争端解决。裁决则坚持国家同意是仲裁基础，国际法不会将沉默解释为同意。

如前所述，在激烈争论之下，现仲裁庭多数裁决得以形成的关键是仲裁员贝洛教授立场的转变。在专门为这一转变发布的意见书中，该仲裁员指出，他在西门子案中为了保证仲裁庭内部机制的顺利运行支持了最终裁决，实际上有过不同意见，但由于某些程序原因没有正式发表异议。① 他在本案决定支持仲裁庭主席的观点，与其形成多数意见。他指出，原则上仲裁员有着转变立场和观点的充分自由，在其他知名仲裁员身上也发生过类似情形。而促使他转变立场的原因主要有两个：一些国家在此后缔约实践中对最惠国待遇适用于国际投资仲裁条款的明确抵制；有关仲裁裁决在该问题上的不同立场和争论。他认为西门子案裁决在此问题上缺乏细致深入的分析，当时对该裁决的基础和后果也没有充分衡量，而此后有关裁决中反对适用的分析更具有说服力。

对贝洛教授提及的两位知名仲裁员立场的转变，布劳法官提出反驳，认为他们支持相关不同裁决的原因正是坚持特定立场。针对贝洛教授转变立场的实质性原因，布劳法官认为其未在裁决分析之外提出更多的理由，所述之国家实践与本案所涉条约的解释无关，在涉及18个月规则时支持最惠国待遇适用的裁决也占多数。

6. 基里克案

基里克（Kilic）案涉及的是土库曼斯坦—土耳其双边投资条约中的仲裁条款，② 它要求投资者在诉诸国际仲裁之前将争议提交东道国国内法院，且法院未在一年内作出终审判决。这一规定与阿根廷 BIT 中的 18 个月等待期规则极为相似。

仲裁庭首先确定，类似于要约与承诺，投资者只能接受或者不接

---

① 然而，他没有直接说明在什么具体法律问题上有不同意见。同时，他对其他仲裁员在程序上的做法似乎有些不满。

② Kilic Insaat Ithalat Ihracat Sanayi Ve Ticaret Anonim Sirketi v. Turkmenistan, ICSID Case No. ARB/10/1, Award, July 2, 2013.

受投资条约中给出的仲裁的要约,而不能单方面地变更其中的条件。本案基础条约中诉诸国内法院的要求是仲裁的前提条件,满足该条件构成管辖权要求。仲裁庭批评了有些仲裁庭将此类条件视为可受理性问题的裁决,而是赞同戴姆勒案的裁定,认为对管辖权的限制都是管辖权问题。基于此,本案裁决认为应该作出拒绝管辖的决定。申请人任命的仲裁员帕克(Park)教授对此提出异议,主张该条件仅仅是实施已经作出的仲裁同意的条件,即可受理性问题,因而可以暂停程序等待申请人满足该条件。

在最惠国待遇适用问题上,仲裁庭强调最惠国待遇的实体性权利和仲裁条款的程序性质的区分,支持仲裁条款将会因为最惠国待遇适用而自始丧失实际效用和不对等适用的主张,拒绝了申请人的请求。不过,针对支持适用的其他裁决,裁决只是以所涉最惠国待遇条款的用语不同为由不作评论。

7. 小结

能否基于最惠国待遇条款规避双边投资条约中的18个月等待期规则,是引起争论的源头。在马菲基尼案第一次作出肯定性裁决之后,它在较长时间内曾得到遵从,与普拉马派裁决形成对峙。但是从2008年温特斯豪案开始,到2013年的基里克案共有七个仲裁裁决涉及18个月等待期问题,其中四个裁决拒绝、三个裁决支持最惠国待遇的适用,而且2011年和2012年的四个裁决(既有支持也有拒绝适用)中都出现了异议。这说明在2008年或至少2011年之后,在最惠国待遇能否适用于18个月等待期问题上,出现较大争议。值得注意的是,七个案件共有17位仲裁员参与(三位仲裁员被任命一次以上),其中支持适用的有5位,反对适用的有12位。因此,从仲裁员的角度来看,可以说仲裁员的立场更倾向于反对适用,似乎在与普拉马派走向融合。与此相关的是,18个月等待期或类似规则(如基里克案)被这些反对适用的仲裁员视为管辖权问题,因而应像管辖权属事或属时范围一样对待。

(三) 涉及管辖权问题的裁决实践

如前所述，普拉马案裁决在其所代表的那一派立场中并不是最早的，只是在其之前的泰克麦德（Tecmed）案和萨里尼（Salini）案仲裁庭尚不愿以激烈言辞批评马菲基尼案裁决，而是以个案情形不同为由作出不同裁决。

1. 泰克麦德案

本案申请人是西班牙公司泰克麦德，针对墨西哥的申诉依据的是墨西哥与西班牙的双边投资条约。[①] 申请人希望将被申请人在基础条约生效前的行为纳入审查范围，因此基于基础条约的最惠国待遇规则，要求引入墨西哥—奥地利双边投资条约中有关条约效力溯及既往的规定。为此，本案成为首个援引马菲基尼案裁决的投资仲裁案。但是，仲裁庭既不分析第三方条约是否确实含有追溯适用的规定，也不讨论基础条约中最惠国待遇条款的具体规定，而是直接认定，条约适用的期限问题是条约的核心内容，决定了缔约方是否接受该条约，因此必须由缔约方专门约定，最惠国待遇原则的适用不能减损此类规则。

仲裁庭的论述援引了马菲基尼案裁决，它无意反对马菲基尼案关于最惠国待遇适用于程序事项的解释，而是接受该案裁决提出的"公共政策的考虑"，并为其增加了一个可能情形。

2. 萨里尼案

本案涉及的是意大利申请人萨里尼与约旦因为一份水坝建设合同而发生的争议。[②] 除该合同是否构成"投资"的问题外，本案的另一个主要争点是争议可否提交给 ICSID 仲裁，因为该合同规定，有关合同的争端应交由东道国法院解决，除非争端双方同意国际仲裁，并且意大利与约旦签署的双边投资条约也明文规定承认此类合同的争端解

[①] Tecnicas Medioambientales Tecmed S. A. v. United Mexican States, ICSID Case No. ARB (AF) /00/2, Award, May 29, 2003.

[②] Salini Construttori S. p. A. and Italstrade S. p. A. v. The Hashemite Kingdom of Jordan, ICSID Case No. ARB/02/13, Decision on Jurisdiction, November 29, 2004.

决条款。申请人主张基于基础条约的最惠国待遇条款援引约旦与英美等国的双边投资条约,后者规定投资合同争议可以提交国际仲裁。

本案裁决深入细致地讨论了马菲基尼案裁决。首先仲裁庭认为,马菲基尼案裁决允许申请人利用最惠国待遇条款规避用尽当地救济要求。其次,仲裁庭为马菲基尼案裁决可能带来的"选购条约"的风险感到担忧,并且认为,虽然该案仲裁庭已经注意到这一点并提出了"公共政策考虑"以限制该风险,但是实际上难以起到作用。

仲裁庭强调,本案的具体情形并不相同:首先,本案基础条约的最惠国待遇条款规定的是对"投资者的投资及其收益"的"待遇",不是(马菲基尼案中)"本条约项下的所有权利或所有事项";其次,申请人未证明缔约双方的共同意图是使最惠国待遇条款适用于争议解决事项,相反,条约的明文规定体现了合同之诉在 ICSID 管辖权之外的缔约双方共同意图。因此,仲裁庭驳回申请人有关最惠国待遇的诉请,但是基于别的理由确立了自己对争议的管辖权。

虽然萨里尼案仲裁庭表面上以案件具体情形和条约用语不同作为理由,作出与马菲基尼案不同的裁决,但是通过对"选购条约"表示忧虑和分析马菲基尼案裁决时使用的批评性表达,仲裁庭实际上对最惠国待遇适用于争议解决事项持有保留态度。从裁决结论来看,同样涉及使用"待遇"一词的最惠国待遇条款,萨里尼案裁决与西门子案裁决不同,否定了最惠国待遇的适用。因此,学者指出,在萨里尼案裁决与马菲基尼案和西门子案裁决之间存在"不可调和的差异"。[①]

不过,无论如何,泰克麦德案和萨里尼案裁决都没有明确地反对马菲基尼案裁决。因此,稍晚一些的普拉马案裁决因其旗帜鲜明的反对意见才被视为与马菲基尼派相对立的裁决的代表,在此之后,持有类似立场的仲裁庭便大多援引普拉马案裁决,而常常忽略更早一些的

[①] See John W. Boscariol & Orlando E. Silva, The Widening of the MFN Obligation and Its Impact on Investor Protection, International Trade Law & Regulation 2005, p. 66.

泰克麦德案和萨里尼案。

3. 贝茶德案

贝茶德案涉及前苏联与比利时和卢森堡之间的双边投资条约,[①] 该条约只允许将有关征收补偿的争端提交国际仲裁。针对申请人提出的适用最惠国待遇以规避这一限制的主张,重述已有裁决在最惠国待遇适用问题上的不同立场之后,仲裁庭虽然不赞同限制性解释投资条约的仲裁条款,但是在试图凭借最惠国待遇条款推导出仲裁同意问题上,同意普拉马案裁决的立场,即应该非常谨慎地衡量缔约方意图。仲裁庭认为,正是对最惠国待遇能否适用于争端解决条款缺乏明确一致的认识,促使英国在其双边投资条约中明文规定可以适用,也使得我们不大能一般性假设投资条约缔约方意图使其适用。就本案所涉最惠国待遇条款使用的"所有条约涵盖事项"一词,虽然该词本身有着清楚的通常含义,但是从上下文来看,首先所涉待遇应该是缔约方境内的待遇,其次最惠国待遇并非真的能够适用于所有条约涵盖事项,如条约中仅涉及两个缔约国之间关系的条款、定义条款等,再次最惠国待遇条款特别提及第4条"公平公正待遇"、第5条"征收"以及第6条"转移自由"。仲裁庭认为,根据《维也纳条约法公约》所规定之准则对文本的解释不能得出确切结论,所涉最惠国待遇条款的通常含义不清,促进和保护投资的宗旨与目的是过于一般化的表述,没有缔约之准备工作或嗣后实践可供参考。因此,根据条约文本和其他相关事实(主要指前苏联在国际投资仲裁上的一贯立场)合理地解释缔约方意图,可以认为前苏联无意将最惠国待遇适用于仲裁条款。

4. 挪威电信案

本案涉及申请人挪威电信公司(Telenor)与匈牙利之间的争端,基础条约是匈牙利—挪威双边投资条约。[②] 像其他前东欧社会主义国

[①] Vladimir Berschader and Moise Berschader v. The Russian Federation, SCC Case No. 080/2004, Award, April 21, 2006.

[②] Telenor Mobile Communications AS v. Republic of Hungary, ICSID Case No. ARB/04/15, Award, June 22, 2006.

家签署的投资条约一样，本案基础条约只允许将关于征收补偿额的争议提交国际仲裁，因此申请人主张适用条约第 4 条规定的对于"投资及其收益"的最惠国待遇，以援引第三方条约中宽泛的仲裁条款。但仲裁庭"全心全意地赞同普拉马案仲裁庭作出的对原则的分析和陈述"，具体而言：第一，"待遇"的通常含义仅涵盖实体性权利，除非根据条约用语或上下文可以得出相反结论；第二，像普拉马案仲裁庭指出的那样，宽泛解释最惠国待遇的效果是投资者"选购条约"，在诸多条约中寻找一个足够宽泛的争端解决条款，将原本在基础条约的争端解决条款之外的争议也涵盖在内；第三，宽泛解释也会造成不确定性和不稳定性；第四，条约缔约方怎样在与其他国家缔结的条约中拟定争端解决条款尤其值得重视，如果某些条约规定所有争议都可提交国际仲裁，而该国签署的另一些条约只允许特定的事项交付仲裁，恰恰说明在后者中该国"意图将仲裁庭管辖权限于该特定事项而不能通过援引最惠国待遇条款予以扩大"。

此后，谢业琛诉秘鲁案、[1] 奥地利航空公司诉斯洛伐克案[2] 和 ST-AD 诉保加利亚案[3]以类似方式处理了同一问题。虽然所涉最惠国待遇条款的用语不尽相同，但三个仲裁庭都裁定，不能基于该条款扩大仲裁庭管辖权的属事范围。

5. 罗斯投资公司案

罗斯投资公司（RosInvest）诉俄罗斯案同样涉及将可提交国际仲裁事项限于征收补偿金额的前苏联与英国之间的双边投资条约。[4] 申

---

[1] Tza Yap Shum v. The Republic of Peru, ICSID Case No. ARB/07/6, Decision on Jurisdiction and Competence, June 19, 2009.

[2] Austrian Airlines v. The Slovak Republic, UNCITRAL Ad Hoc Arbitration, Final Award, October 9, 2009.

[3] ST-AD GmbH v. The Republic of Bulgaria, PCA Case No. 2011-06 (ST-BG), Award on Jurisdiction, July 13, 2013.

[4] RosInvestCo UK Ltd v. The Russian Federation, SCC Case No. V79/2005, Award on Jurisdiction, October 2007.

第三章　最惠国待遇适用于争端解决事项问题　　79

请人主张，根据最惠国待遇，仲裁庭管辖权不仅及于征收补偿金额，而且包括是否构成征收以及征收合法性的认定，因为俄罗斯—丹麦双边投资条约允许将"与投资有关的任何争议"提交仲裁。

仲裁庭认为，所涉最惠国待遇条款用两款分别针对投资和投资者作出规定，由于用词不同，两款的适用范围也不相同。将关于征收的争端提交哪个争端解决机制影响了投资者的程序权利，在条款所列举的投资活动类型范围之内。仲裁庭的根本性观点是，最惠国待遇条款的适用确实扩大了所涉仲裁条款的范围并因此与后者规定的限制相冲突，但这是最惠国待遇条款适用的正常结果，该条款的性质和意图正是通过引入另一条约赋予的保护来扩大本条约没有接受的保护；如果说这一效果在涉及实体保护时被广为接受，那就没有理由在涉及像仲裁条款这样的程序规则时不予接受。此外，仲裁庭认为有关最惠国待遇例外的规定支持自己的结论，不能简单地推测缔约方在拟定这一规定时"忘记"了仲裁。

在基于最惠国待遇扩大仲裁管辖权属事范围方面，本案仲裁庭作出了迄今为止支持适用的唯一裁决。虽然仲裁庭表示其任务是解决所面临的争端而非一般性讨论最惠国待遇适用问题，强调本案所涉条款与其他裁决适用的条款不同，但是如果接受其关于最惠国待遇的性质和目的的一般性表述，肯定该待遇适用于争端解决似乎是合乎逻辑的结论。

6. 柯查案

柯查（Koza）案是第一个涉及条约明文规定最惠国待遇适用于争端解决条款的案例。① 基础条约英国—土库曼斯坦双边投资条约第8条规定了缔约方对 UNCITRAL 仲裁的同意，但是如果投资者打算将某争端提交 ICSID 仲裁，必须得到东道国同意。投资者主张依据最惠国待遇条款援引第三方条约赋予投资者在两种仲裁之间选择的权利，或

---

① Garanti Koza LLP v. Turkmenistan, ICSID Case No. ARB/11/20, Decision on the Objection to Jurisdiction for Lack of Consent, July 3, 2013.

者说确立东道国对 ICSID 仲裁的同意。

裁决首先确认，应该像对待其他条约条款一样解释争端解决规则，既不应该过于限制也不应过于自由。对于条约的第 8 条，裁决作出如下解释：第 8（1）条规定在满足其所提出的三个条件情况下争端应提交国际仲裁，因而构成缔约方的仲裁同意。不过，该款未涉及具体哪一种仲裁，而是由第 8（2）条进一步分别作出规定。由于第 8（2）条以"Where the dispute is referred to international arbitration"开始，只有在根据第 1 款确定将争端提交仲裁之后才考虑第 2 款。第 8（2）条的通常含义非常明确，除非争端双方达成同意将争端提交 ICSID 或 ICC 仲裁，否则投资者只能提请 UNCITRAL 仲裁。

在这一点上，被申请人任命的仲裁员提出异议，认为第 8（2）条和第 8（1）条一起构成仲裁同意，基于最惠国待遇以第三方条约的规定替代第 8（2）条，是规避仲裁同意的要求，与国际司法的根本原则不符；对 ICSID 的仲裁同意不能通过最惠国待遇条款来确立。由此可见，仲裁庭成员观点之间的根本不同在于，一方认为，第 8（1）条已经包含了仲裁同意，第 8（2）条只是对不同仲裁程序的选择；另一方认为，第 8（2）条表明缺乏对 ICSID 仲裁的同意。

本案表明，即使一项投资条约明文规定最惠国待遇适用于争端解决条款，争议同样会产生。如果将仲裁同意视为居于首要地位的条件，且有关仲裁条款的所有内容都是该同意的组成部分（例如 18 个月等待期规则），缺少任何一个都意味着不存在同意，那么即使有前述明文规定，也不能依据最惠国待遇规避仲裁条款中的任何要求，如此该明文规定岂不失去意义？反之，如果要赋予该明文规定有效性，要么否定仲裁同意的首要性地位，要么区别对待仲裁条款的不同要素。两相比较，前者似乎更难以接受。本案多数裁决选择了后一途径，区分管辖权问题和可受理性问题的做法实际上起到的也是类似作用。但是，如果这种区分是正确和必要的，那么在最惠国待遇没有明文规定适用于争端解决的情形下，人们也没有充分理由拒绝该区分；易言之，18 个月等待期规则是可以被规避的。

四 小结

《维也纳条约法公约》第31条以及其所体现的习惯国际法规则是公认的条约解释的适用规则。根据这些规则，解释国际条约的出发点是约文本身。仅就最惠国待遇条款本身的解释与适用而论，依照约文解释的方法，至少部分条款的用语倾向于支持其适用于争端解决规则的结论，"所有事项"便是明显的例证。"待遇"是大多数最惠国待遇条款使用的用语，虽然没有如同"所有事项"那样明白的含义，但其包含范围仍应该是广泛的。有评论指出，在"所有事项"和"待遇"的含义明确，或者至少不荒谬的情况下，不能再去以缔约时情况或准备工作为理由推翻用语的通常含义。[①]

尽管如此，甚至在最惠国待遇条款明文规定适用于争端解决规则的情况下，仲裁庭成员对其能否适用仍然存有争议，原因何在？当然，有关裁决表明，仲裁员们都熟知条约解释规则，他们试图论证，"所有事项"和"待遇"的含义还不够明确，需要借助其他解释方法。然而，柯查案说明，通常含义再明确不过的最惠国待遇条款（即明文规定可以适用）仍然不能平息争议。质言之，条款本身的解释只是争论的表象，解释的后果才是产生争论的真正原因。反对适用的根本出发点是，国家同意是仲裁庭管辖权的基石，不能被最惠国待遇的适用所动摇，而事实上无论后者如何规定。包括中国、欧盟和美国在内的许多国家和经济体在晚近缔约实践中排除最惠国待遇对国际仲裁规则的适用，是对这场争论的反应，更加坚定了仲裁员们对仲裁同意的优先地位的信念。戴姆勒案中贝洛教授的立场转变很好地说明了国家实践对仲裁员的影响，虽然以这些国家实践来理解1990年签署的双边投资条约在条约解释规则上实际找不到坚实的法律依据。

[①] Inna Uchkunova & Oleg Temnikov, Toss out the Baby and Put the Water to Bed: On MFN Clauses and the Significance of Treaty Interpretation, ICSID Review, Vol. 30, No. 2, 2015, p. 434.

另一个反对最惠国待遇适用的理由也值得注意，即当地司法救济规则将由于最惠国待遇条款的适用而自始丧失实际效用。对此，仲裁庭同样作出了不同裁决。应该说，这一理由是可以成立的，而且该情形同样适用于引入第三方条约中实体性权利（如公平公正待遇）。正因为如此，有国家（如加拿大）在条约中明文否定最惠国待遇适用于先前条约中的规定，从而保证新条约中增加的限制性措辞（例如针对公平公正待遇）不会丧失效用。① 更进一步的做法则出现在欧盟与加拿大缔结的 CETA 之中，不仅国际仲裁规则，而且所有其他国际投资和贸易条约中的实体性义务本身都被排除在最惠国待遇条款的"待遇"范围之外。

另一方面，鉴于晚近许多投资条约增加了上述范围不一的排除规定，是否可以推断，如果同期缔结的其他投资条约没有包含类似排除，便是同意最惠国待遇的相关适用呢？

回到最惠国待遇能否适用于争端解决的仲裁实践，有评论指出："投资仲裁中曾经存在的最惠国待遇条款可以用于规避基础条约当地救济等待期，但不能扩大基础条约管辖权的所谓规律性正在消融。"② 实际上，新的规律性或者说裁决的一致性可能正在形成中，即拒绝将最惠国待遇适用于争端解决条款。

---

① 学者对中加 BIT 在此问题上的不同规定进行的批评，很好地说明了加拿大的做法，参见 Gus Van Harten《中国—加拿大双边投资条约：独特性和非互惠性》，载《国际经济法学刊》第 21 卷第 2 期（2014），第 24—30 页。

② 朱明新：《最惠国待遇条款适用投资争端解决程序的表象与实质——基于条约解释的视角》，载《法商研究》2015 年第 3 期，第 176 页。

第四章

主权债券违约争端的仲裁管辖权问题

一 问题的提出

尽管主权债务（sovereign debt）以国家信用为基础，风险相对较小，但当债务国的国民经济发生危机时，主权债务违约仍然难以避免。21世纪以来，一些国家相继陷入债务危机，尤其欧洲主权债务危机的爆发引起国际社会对全球金融稳定的担忧，主权债务违约问题因而备受关注。从维护国际金融稳定的角度出发，国际组织和学者们积极探索实现主权债务重组的各种方法。[①] 但无论采取何种方法，债务的重组最终离不开债务国和债权人协商削减债券本金、降低债券利率以及延长还本付息期限等手段。因此，主权债务重组意味着减免债务，债权人的直接经济利益将遭受损失。部分债权人可能选择抵制债务重组，试图通过诉讼来获得全额赔付。这些抵制重组的债权人被称为"holdout creditors"，相应的抵制重组诉讼（holdout litigation）成为妨碍主权债务重组的一个独特法律问题。[②]

就主权债务的两种不同类型——主权贷款（sovereign loan）和主权债券（sovereign bond）——而言，产生抵制重组诉讼的可能性具有明显差异。在主权贷款中，债权人主要是国家、国际组织和跨国银行

[①] 例如，李仁真、杨方：《主权债务重组方法的选择——基于管制暗示理论的思考》，载《武汉大学学报》（哲学社会科学版）2010年第4期，第486—488页。

[②] See Michael Waibel, Opening Pandora's Box: Sovereign Bonds in International Arbitration, American Journal of International Law 2007, p. 713.

等。他们通常会充分考虑各种政治和经济因素，为维护与债务国之间的长远利益关系，更容易接受主权债务重组。因此，实践中已经形成固定的主权贷款重组机制，如著名的巴黎俱乐部和伦敦俱乐部等，①抵制重组诉讼则很少发生。

相比之下，主权债券有着明显不同的利益格局。目前，一国在国外发行主权债券的程序通常是先由大型金融机构认购，再由后者通过电子方式将证券权益出售给大批中小债权人（多数是自然人），形成债券的一级市场和二级市场。投资者可以在二级市场上交易证券权益，不过多数自然人倾向于长期持有债券以获得稳定收益。总体而言，主权债券的债权人具有人数众多、分布广泛和组成多元化的特点。中小私人债权人通常只关注自己的直接经济利益，他们与前述国家等贷款的债权人不同，没有维护与债务国的长期关系的利益需求。因此，与主权贷款不同，债权人和债务国之间就主权债券重组达成一致的难度更大，经常会出现债权人不同意重组并提起诉讼的情形。

为吸引国际资本，各国主要在纽约、伦敦等全球金融中心发行主权债券。这些债券通常明确规定，其发行与交易受发行地国内法管辖，在发生争议时发行国放弃在外国法院的管辖豁免。② 基于维护本国利益的考虑，美国等发达国家的法院逐步否定债务国的抗辩理由，认可主权债券违约诉讼，例如将国家发行债券的行为视为商业行为，根据限制豁免主义对其行使管辖权等。③ 因此，美英国内法院诉讼是目前抵制重组诉讼的主要方式，"主导了主权债券争端的法律解决"。④

---

① 巴黎俱乐部主要为债权国和债务国提供债务安排，伦敦俱乐部则是负责商业银行与债务国的主权贷款重组。

② See Michael Waibel, Opening Pandora's Box: Sovereign Bonds in International Arbitration, American Journal of International Law 2007, p. 712.

③ 关于美国法院否定债务国提出的管辖权抗辩，参见李皓《主权债券违约诉讼研究》，载《法学杂志》2016年第2期，第122—124页。

④ 郭华春：《主权债券权益保护之投资仲裁视阈》，载《上海金融》2014年第7期，第47页。

然而，即使能够在国内法院获得胜诉判决，债权人依然需要面对困难重重的判决执行问题。虽然不少国家已经接受限制豁免主义，但仍然区别对待管辖豁免和执行豁免，放弃管辖豁免不等于放弃执行豁免。目前得到普遍承认的是，非商业用途（例如用于军事和外交目的）的国家财产享有执行豁免，商业用途的国家财产在符合一定条件的情况下可以成为执行豁免的例外。但寻找和确认此种可执行的商业用途的国家财产是一个极其艰难的举证过程。NML Capital Ltd.（以下简称 NML）与阿根廷之间的争讼是这方面的著名例证。

NML 是一家秃鹫基金，[①] 以约 50% 的折扣价格收购阿根廷主权债券后，在纽约法院提起诉讼要求全额赔付。2006 年，法院作出判决支持 NML。此后十年间，NML 在全球范围内通过多个司法程序申请执行判决。其中最为引人注目的两个诉讼分别是：第一，NML 于 2012 年在加纳申请扣留阿根廷"自由号"护卫舰，以迫使阿根廷偿还违约主权债务。[②] 最终，阿根廷将其与加纳之间关于扣押军舰的争端诉至国际海洋法法庭，后者裁定支持"自由号"所享有的国家豁免。[③] NML 的尝试以失败告终。第二，NML 于 2010 年在纽约提起诉讼，依据主权债券的"同等权利条款"[④]（pari passu clause，又译为"平等条款"[⑤]）主张，其应当与同意重组的债权人获得同比例清偿。经过长达四年的司法争斗，美国联邦最高法院最终于 2014 年支持

[①] 秃鹫基金（vulture funds）是指专门通过收购违约债券等不良资产来获利的对冲基金，因像秃鹫以腐肉为食而得名。

[②] 参见叶书宏、赵燕燕《阿根廷"自由号"背后的债务博弈》，载《经济参考报》2012 年 12 月 7 日，第 23 版。

[③] The "ARA Libertad" Case (Argentina v. Ghana), Request for the prescription of provisional measures, Order of 15 December 2012, https://www.itlos.org/en/cases/list-of-cases/case-no-20/.

[④] 参见李皓《主权债券违约诉讼研究》，载《法学杂志》2016 年第 2 期，第 127 页。

[⑤] 参见敖希颖《国际债权人的转机：平等条款的新解释》，载《法商研究》2016 年第 1 期，第 149 页。

NML 的诉求。为应对该判决，阿根廷宁愿选择技术性违约，① 即宁可停止向已经同意债务重组的债权人进行计划中的支付，也不愿对 NML 清偿。不过，这一做法也严重影响了阿根廷的国际融资能力。直到 2016 年 2 月，新的阿根廷政府改变政策，才与 NML 达成协议，同意支付判决所列的未偿付债务金额的 75%。

NML 的"讨债"故事充分说明了国内法院判决执行所面临的艰难局面。显然，中小私人债权人不可能效仿财力雄厚的秃鹫基金采取类似策略。这也是他们将违约债券低价卖给秃鹫基金的主要原因。另一方面，众所周知，针对阿根廷应对 2001 年经济危机所采取的措施，外国投资者依据国际投资条约提出了为数众多的仲裁请求，使阿根廷成为在国际投资仲裁被诉次数最多的国家。这也是导致投资仲裁案件数量激增的一个重要原因。阿根廷 2005 年进行的主权债券重组也属于应对危机的举措，因此"顺理成章"，抵制重组的债权人效仿其他外国投资者，也寻求通过投资仲裁来获得救济。而且与国内法院判决的艰难执行相比，至少到这些债权人选择投资仲裁之时，不利裁决的执行在 ICSID 仲裁实践中尚未出现问题。②

出于上述原因，一批持有阿根廷主权债券的意大利债权人在 ICSID 提出仲裁申请，形成了阿根廷主权债券争端的三部曲，即三个申请人名称以字母 A 开头（因申请人众多而以姓名的首字母顺序排列）的仲裁案：Abaclat and others 诉阿根廷案（以下简称 Abaclat 案）、③

---

① 参见郑联盛、张晶《阿根廷债务技术性违约的根源与影响》，载《拉丁美洲研究》2014 年第 6 期，第 40 页。

② 此后，阿根廷对 ICSID 公约第 53 条和第 54 条提出了新的解释，使 ICSID 裁决的执行成为一个"新"问题。See Stanimir A. Alexandrov, Enforcement of ICSID Awards: Articles 53 and 54 of the ICSID Convention, in: Christina Binder et al. (eds.), International Investment Law for the 21st Century: Essays in Honour of Christoph Schreuer, Oxford University Press 2009, p. 322.

③ Abaclat and others v. The Argentine Republic, ICSID Case No. ARB/07/5, Decision on Jurisdiction and Admissibility, August 4, 2011. 以下简称"Abaclat 裁决"。

Ambiente Ufficio S. P. A. and others 诉阿根廷案（以下简称 Ambiente 案）[①]和 Giovanni Alemanni and others 诉阿根廷案（以下简称 Alemanni 案）[②]。其中，前两案都发生过案件名称的变更，原因是原来按字母顺序排在首位的申请人撤回仲裁申请。在三个仲裁庭先后作出肯定性的管辖权决定之后，阿根廷采取多种策略阻击程序的继续：在 Ambiente 案和 Alemanni 案中，除想办法让部分申请人撤回申诉之外，阿根廷还拒绝支付仲裁费用，最终导致两个案件的审理在 2015 年先后终止。Abaclat 案的过程更加曲折。2011 年 8 月仲裁庭多数裁决肯定其管辖权之后，阿根廷于 9 月对支持管辖权的两位仲裁员提出资格质疑。随即，对管辖权决定持有异议的阿根廷任命的仲裁员辞职。2012 年 1 月，在阿根廷的质疑被驳回之后，仲裁庭重新组成，程序继续。2013 年 12 月，阿根廷再次提出针对前述两位仲裁员的资格质疑，不过又被拒绝。最终，2016 年 3 月，争端双方协议中止程序至 7 月 19 日。因此，三个仲裁案均未作出实体问题裁决。实际上，主权债券违约的国内法院诉讼涉及较为清晰的债券合同关系，法院对是否发生违约等实体问题作出判决并不困难。[③]但是与国内法下的合同之诉不同，投资仲裁中的条约之诉要复杂得多。关于主权债券违约是否违反公平公正待遇、征收与补偿等条约条款问题，有学者深入分析后认为，除个别情形外，不应认定违反条约义务。[④]不过，限于篇幅和本书主旨，这些问题在此不作讨论。

除阿根廷主权债券争端三部曲外，另一起涉及主权债券违约的仲裁案件是 Poštová Banka, A. S. and Istrokapital SE 诉希腊案（以下简称

[①] Ambiente Ufficio S. P. A. and others v. The Argentine Republic, ICSID Case No. ARB/08/9, Decision on Jurisdiction and Admissibility, February 8, 2013。以下简称"Ambiente 裁决"。

[②] Giovanni Alemanni and others v. The Argentine Republic, ICSID Case No. ARB/07/0, Decision on Jurisdiction and Admissibility, November 17, 2014。以下简称"Alemanni 裁决"。

[③] 参见李皓《主权债券违约诉讼研究》，载《法学杂志》2016 年第 2 期，第 122 页。

[④] See Michael Waibel, Opening Pandora's Box: Sovereign Bonds in International Arbitration, American Journal of International Law 2007, pp. 738-757.

"邮政银行案")。① 该案仲裁庭作出了与三个阿根廷案不同的裁决，否定了对主权债券违约争议的管辖权。

因此，对主权债券违约争端能否适用投资条约所规定的投资者—东道国争端解决机制，投资仲裁庭是否对此类争端拥有管辖权，是国际投资仲裁面临的新问题。不同仲裁庭的认定存在差异，值得深入研究。此外，主权债券重组向来是国际金融法关注的问题，Abaclat 等仲裁案让国际金融法和国际投资法出现交集，② 不同的利益产生纠葛，秉持不同理念的学者必然持有不同立场和观点，也需要我们细致地衡量。

二 阿根廷主权债券争端三部曲

为应对 2001 年的经济危机和债务危机，阿根廷积极推动主权债券重组。2005 年初，该国推出债券置换计划，并于 2 月颁布"26,017 法案"，又称"紧急状态法"。债权人则称之为"门栓法"，因为其实质作用是迫使债权人参加债券置换。该法规定，对选择拒绝置换计划的债权人，禁止政府重开置换进程和提供更优惠条件，并暂停履行支付。③ 在该法"震慑"下，76.15% 的债权人选择参加置换计划。其他债权人拒绝参加重组，选择通过诉讼来要求赔付。

2006 年 9 月 14 日，超过 18 万申请人的代表依据 1990 年阿根廷—意大利 BIT（以下简称"阿—意 BIT"）向 ICSID 提出仲裁请求。此后，一些申请人参加了阿根廷 2010 年债券置换计划，使该案申请人最后减少至约 6 万人，案件名称也改为 Abaclat 案。

---

① Poštová Banka, A. S. and Istrokapital SE v. The Hellenic Republic, ICSID Case No. ARB/13/8, Award, April 9, 2015.

② See Belen Olmos Giupponi, ICSID Tribunals and Sovereign Debt Restructuring – Related Litigation: Mapping the Further Implication of the Alemanni Decision, ICSID Review, Vol. 30, No. 3, 2015, p.560.

③ 关于门栓法，参见郑联盛《法律角力：阿根廷债务技术性违约与"钉子户"债权人》，载《债券》2015 年第 4 期，第 69—70 页。

另外两案在 ICSID 登记的时间略晚于 Abaclat 案，申请人人数较少，分别为 Ambiente 案的 90 人[①]和 Alemanni 案的 74 人。[②] 与其他 ICSID 仲裁相比，这三个案件的独特之处在于申请人数量众多。这是否为 ICSID 和 BIT 规则所允许，是案件的一个重要争点。另外一个核心争点是所涉债券和证券权益是否构成阿—意 BIT 和 ICSID 公约下的"投资"，案件的裁决与异议为投资定义这一仲裁实践中激烈争议的问题提供了新素材。[③] 由于三个案件的裁决具有诸多类似之处，以下将以 Abaclat 裁决为基础介绍各方展开的争论。

（一）"群体性程序"或"多个当事方的程序"

1. Abaclat 案裁决

Abaclat 案仲裁庭指出，本案是投资仲裁第一次涉及数量众多的申请人，对于此类程序尚无统一术语。故而裁决特意使用"群体性程序"（mass proceedings）和"群体性诉请"（mass claims），并声明两个词语仅仅指称"大量申请人作为一个群体"，而无意借助任何国内法下的集体诉讼制度来澄清本案程序问题。此后，仲裁庭又将本案程序定性为集体诉讼的"混合类型"。[④]

由于 ICSID 公约和阿—意 BIT 都没有专门提及此种"群体性诉请"，那么在被申请人作出的一般的仲裁同意之外，是否还需要第二个特别的同意？这是争端双方在"群体性诉请"问题上的主要争议。

Abaclat 仲裁庭基于以下理由认为其拥有管辖权：第一，如果仲裁庭对一系列单个申请人的诉请拥有管辖权，则难以想象该管辖权会

[①] 最初在 ICSID 登记案件时为 119 人。此后与 Abaclat 案类似，部分申请人接受阿根廷 2010 年债券置换计划，使申请人人数减少至 90 人，案件名称相应发生变更。

[②] 最初申请人为 183 人。

[③] 关于仲裁实践中投资定义的解释的争议与发展，学者发表的论文和著作汗牛充栋，在此仅举一例：陈安主编：《国际投资法的新发展与中国双边投资条约的新实践》，复旦大学出版社 2007 年版，第 41—50 页。该书对三个阿根廷主权债券案裁决和异议中援引的几个核心案例有简明扼要的论述，如 Fedax 诉委内瑞拉案、CSOB 诉斯洛伐克案以及 Joy Mining 诉埃及案。

[④] Abaclat 裁决第 480—488 段。

因为申请人的数量超过一定限度而"失去"。这将以何种缘由和方式发生？相关限度该如何设定？况且，从逐一考虑各申请人的角度来看，仲裁庭真的可以"失去"管辖权？第二，本案程序的群体性原本就根植于所涉投资的特征。既然 BIT 将债券纳入受保护投资的范畴，在仲裁同意之外一般性（即非经缔约方特别约定）地增加另一个明示同意要求，将与 BIT 的宗旨和 ICSID 的精神不符。因此，BIT 中的仲裁同意应该理解为业已涵盖为提供有效保护和救济所必需的仲裁形式，包括以群体性程序形式进行的仲裁。①

仲裁庭认为，就本案程序的群体性特征而言，问题不在于阿根廷是否作出同意，而是能否以群体性程序的形式进行仲裁，因为这需要调整或修改现有 ICSID 框架下的某些程序规则。如果对后一问题的回答是否定的，ICSID 仲裁将不可能进行，但原因并不是阿根廷没有作出同意，而是群体性诉请在现有 ICSID 框架下不可行。也就是说，它不是管辖权问题，而是可受理性问题。②

将"群体性"定性为可受理性问题之后，仲裁庭认定，ICSID 公约对群体性诉请的沉默并不意味着禁止，故而依据公约第 44 条，仲裁庭有权填补程序规则的空白。不过，为适应群体性的需要，可能还要调整某些程序规则。这种调整不能涉及强制性规则，只能基于当事方协议，且符合程序公正的最低标准。仲裁庭承认，争端双方的某些程序权利可能受到限制，申请人需要为了整个团体的共同利益而放弃部分个人权利，被申请人则可能无法针对每位申请人的个体情形进行抗辩。然而，如果以缺乏可受理性为由拒绝诉请，要求每位申请人单独起诉，不仅仲裁费用将会阻止部分申请人提起申诉，而且 ICSID 实际上不可能负担 6 万个仲裁。因此，否定可受理性可能等同于拒绝司法。另一方面，群体性程序对阿根廷抗辩权的影响是相对和有限的，

---

① Abaclat 裁决第 490 段。

② Abaclat 裁决第 491—492 段。关于管辖权问题和可受理性问题之间的关系，参见本书第三章第三节。

申请人也自愿接受了其个人程序权利受到的限制。[1]

此外,阿根廷还提出,允许仲裁将极大威胁主权债务重组的稳定和公平。仲裁庭认为,此种政策考虑是国家在谈判 BIT 和接受 ICSID 管辖权时应该做的事情,但不是仲裁庭修补一部不适宜的 BIT 的理由。因为阿—意 BIT 明确涵盖债券,在处理主权债务重组背景下的主权债券争端时,ICSID 是否最佳场合便是无关紧要的问题。只要当事方选择了 ICSID 仲裁,便和仲裁庭一样受其约束,而不能以政策考虑为由加以规避。[2]

2. Abaclat 案异议

阿根廷任命的仲裁员 Abi-Saab 教授(埃及人)发表了个人异议,对仲裁庭多数裁决进行全面反驳。异议批评多数裁决避重就轻,没有直面并彻底解决主要问题,而是将其遮掩于琐碎细节之后。异议强调,国家同意是管辖权的基础,这是国际司法的基本原则。[3]

关于"群体性诉请",首先,异议反对将其定性为可受理性问题,并批评多数裁决采用了一个极端狭窄——实际上不全面的——管辖权概念。异议认为,任何对管辖权的限制,无论是内在的还是管辖权条款中约定的,在性质上都是管辖权问题。[4] 简言之,群体性诉请是管辖权问题。

其次,异议认为,多数裁决将群体性程序视作"混合型程序"的做法是一种法律基因工程(legal genetic engineering),缺乏理论支持,更没有坚实的法律依据。[5] 多数裁决试图将本案和美国的集团仲裁制度[6]区分开来,但是美国联邦最高法院的两个相关判决仍值得借鉴,

---

[1] Abaclat 裁决第 521—546 段。

[2] Abaclat 裁决第 550 段。

[3] Abaclat 异议第 2—4 段。

[4] Abaclat 异议第 126 段。

[5] 也就是说,在异议看来,这种做法实际上淡化了群体性程序的特殊之处,进而借此回避了关键问题,即这些特殊之处是否影响仲裁同意的解释。

[6] 关于美国的集团仲裁制度,参见肖永平、李韶华《美国集团仲裁初探》,载《武汉大学学报》(哲学社会科学版)2011 年第 4 期,第 5—12 页。

因为判决推理针对的是此类程序的"群体"性质，而不仅是名义上如何归类。两个判决指出，集团仲裁与通常的两个争端方之间的仲裁之间存在根本性区别，这些区别"改变了仲裁的性质"以及被诉方承担的风险。这说明集团仲裁必须得到当事方特别同意，而不能只是在普通仲裁同意基础上作出推论或假设。①

再次，对多数裁决肯定管辖权的相关理由，异议逐一进行反驳。第一，多数裁决建立在仲裁庭拥有属物管辖权（即所涉债券和证券权益构成"投资"）的基础上，异议则已经论证证券权益不属于涵盖投资。第二，多数裁决将ICSID公约和BIT的宗旨和目标仅仅阐释为提供最大限度的投资保护，这是完全主观和不全面的。据此，对仲裁庭管辖权的所有限制，无论是内在的还是为保护被诉东道国而谨慎细心地谈判和规定在条约中的，都将被视作达到该目标的障碍，而必须不顾代价和不问缘由地移除。但是，多数裁决的单方面视角与公约的宗旨与目标严重对立。第三，对公约和BIT在群体性诉请方面的沉默，异议的理解正相反。基于它与普通的仲裁程序之间的巨大差异，沉默应该视作未涵盖此种非常程序，或者说BIT中一般的仲裁同意排除群体性诉请。②

最后，针对已有的多个当事方的ICSID仲裁，异议认为，在本案6万申请人的情形下，量变导致了质变。而且在此前案例中，要么当事方之间有明确的协议，要么被申请人没有提出相关异议，这正说明在多个申请人的程序中一直存在"第二个同意"的规则，群体性诉请也应遵守。③

总之，异议在群体性诉请的管辖权问题上的结论是：只有一个仲裁同意还不够，此类诉请需要一个特别的或第二个同意。④

此外，异议反对仲裁庭修改程序规则的做法，即使只是为处理本

---

① Abaclat 异议第 145—153 段。
② Abaclat 异议第 156—170 段。
③ Abaclat 异议第 170—175 段。
④ Abaclat 异议第 190 段。

案。在政策考虑问题上，异议认为，法官或仲裁员（尤其是国际性的）不能完全无视构成案件大背景的社会、经济和政治环境。政策考虑绝不应该决定司法或仲裁决定，但是在允许的解释限度内，它们揭示了各种选择的价值。未来主权债务重组的可行性是本案提出的一个国际公共政策问题，不能置之不理。某些仲裁庭倾向于将任何管辖权限制视作实现公约和 BIT 的宗旨和目标的障碍，这是一个错误的倾向，应谨慎对待。①

3. Ambiente 案的裁决和异议

Ambiente 案裁决首先强调本案是"多个当事方的程序"，无论"集团仲裁"还是"群体性诉请"或"群体性程序"都不是对本案适当的描述。第一，当事双方同意，集团仲裁的特点是代表人参加仲裁。然而，本案申请人是确定的个人，以自己名义而不是代表第三方提出诉请，因此本案完全没有前述代表人特征。申请人无意提起集团仲裁，它也不存在于 ICSID 公约中。第二，本案申请人数量仅为 Abaclat 案的千分之一，使用语义含糊的"群体性诉请"容易引起误解，特别是考虑到该词隐含着修改程序规则的需要，而仲裁庭强烈坚持本案没有此种需要。第三，虽然仲裁庭原则上不反对使用"集体诉讼"等类似称谓，但是担心与其他类似程序产生联系。仲裁庭指出，需要解决的争议是，包括多个申请人的诉请在 ICSID 公约和 BIT 中是否具备法律依据，因此只使用"多个当事方的程序"一词。②

更进一步而言，如何理解公约和 BIT 对此类程序的沉默是核心争点。经过条约用语、缔约历史、仲裁实践及学者论著等方面的论证，仲裁庭认定，多个当事方的程序在仲裁实践中得到普遍接受，无须被申请人在一般仲裁同意之外作出特别同意。③ 在仲裁实践方面，本案申请人数量似乎仍在已有案例的范围之内，例如，Bayview and others

---

① Abaclat 异议第 266—274 段。
② Ambiente 裁决第 114—122 段。
③ Ambiente 裁决第 141 段。

诉墨西哥案有46个申请人,Alasdair Ross Andersong and others 诉哥斯达黎加案有137位申请人,Cattlemen 诉美国案的申请人有109个。尽管这几个案子最终以仲裁庭拒绝管辖权而结束,但申请人数量不是争议问题,或许可以间接说明它不是管辖权障碍。①

仲裁庭也不赞成存在一个特定的申请人数量限度,并且明确支持 Abaclat 案的相关论证。② 因此,尽管它强调与 Abaclat 案的不同,也采用了不尽相同的论证与推理,但目的主要是为了避开 Abaclat 案不得不面对的麻烦,即调整仲裁规则的必要。这是 Ambiente 仲裁庭根据个案情形选择的便利(在此意义上也是正确的)途径。不过,在是否需要被申请人的特别同意这一更为关键问题上,两案裁决殊途同归。

与 Abaclat 案中的 Abi–Saab 一样,本案中阿根廷任命的仲裁员 Bernardez(西班牙人)支持阿根廷的各项管辖权抗辩,并发表个人异议,对多数裁决提出强烈批评,逐项反驳多数裁决的推理与结论。

该异议赞同多数裁决将本案定性为"多个当事方的程序"。但是由于多数裁决无视仲裁同意的规则,异议批评多数裁决实质上只是做了"名义上的区别"。异议的核心观点是:在国际法下,没有管辖权才是一般规则,沉默在任何情况下不能解释为支持管辖权的存在,只有特定当事方的同意才能救济此种沉默的效果。对多数裁决提到的多个申请人的已有案例,异议作出了不同解释:被申请人没有对申请人数量提出异议,应该理解为被申请人以此种方式默示地同意;而阿根廷在本案中提出的相关异议表明同意的缺失。此外,异议明确提出,就"群体性诉请"而言,其特殊之处与当前 ICSID 仲裁体系不符,即使特定被诉东道国给予同意也不可能获得救济。③

4. Alemanni 案裁决

Alemanni 案是阿根廷主权债券争端三部曲的最后一部,各方有机

---

① Ambiente 裁决第138段。
② Ambiente 裁决第150段。
③ Ambiente 异议第72—104段。

会充分考量前两个案件中的对立观点。① 最终该案仲裁庭作出肯定管辖权的一致裁决,② 似乎表明支持管辖权的立场（暂时）占据上风。

仲裁庭认为,不应纠缠于使用"群体性诉请"或"多个当事方的程序"等哪个用语,它们既没有被规定在相关条约中,也不是统一和确定的法律概念。关于是否需要被申请人的特别同意,在声称此前两案裁决和异议的论证都不能令其信服之后,仲裁庭作出自己的分析：首先,ICSID 公约第 25 条的用语没有将申请人限定为一人的含义。③ 其次,公约第 25 条和阿—意 BIT 的仲裁同意条款规定的都是对"一项争端"的管辖权,该词具有关键意义。但本案各申请人的诉请是否构成"一项争端"需要对其实体性权利的审查,只能与实质性裁决一同作出。④

此外,仲裁员 Thomas 专门发表赞同意见并指出,ICSID 公约能够支持多个当事方的程序。

最后,仲裁庭也和 Ambiente 案一样,拒绝认为两案程序违反了正当程序规则。⑤

5. 小结

从上述三个案件中围绕"群体性诉请"或"多个当事方的程序"进行的激烈争论可以看出,Abaclat 案 6 万申请人的情形在迄今为止的仲裁实践中确实独一无二,但如果 Ambiente 案裁决关于"多个当事方的程序"的论证成立,理论上便难以否定对"群体性诉请"的管辖权。即使存在"量变导致质变"的可能,不仅这一论点缺乏足够

---

① 值得注意的是,仲裁庭给予当事方对 Abaclat 案裁决和异议发表意见的机会,但是拒绝因 Ambiente 案裁决的作出而调整程序。本案与 Ambiente 案的相似程度更高,申请人在两案中都任命德国人 Böckstiegel 教授为仲裁员,代表被申请人进行辩护的也是同一团队。仲裁庭曾表示,两案如能合并审理,更为适宜,参见 Alemanni 裁决第 256 段。
② 该案阿根廷任命的仲裁员是加拿大人 J. Christopher Thomas。
③ Alemanni 裁决第 267—272 段。
④ Alemanni 裁决第 292—295 段。
⑤ Alemanni 裁决第 324 段。

坚实的法律依据，而且如何确定条约没有规定的质变临界点，的确是一个无法解决的难题。况且无论 6 万个申请人是以 1 人还是 100 人为单位分别提出仲裁请求，6 万个和 600 个仲裁案件对于 ICSID 机制来说没有质的区别，都是不可承受之重。因此，Abaclat 和 Ambiente 裁决都指出，在认定对单个申请人的诉请具有管辖权的情形下，不能仅仅因为申请人数量达到一定程度便"失去"已有的管辖权。这一论证的逻辑是成立的，不过需要再加上 Alemanni 裁决强调的"同一争端"的前提条件。另一方面，反对"群体性诉请"的重要理由是被申请人的抗辩权利受到影响。该理由的法律依据是正当程序，焦点是实践影响。但是同样从实践角度出发，该消极影响未必比 600 个甚至 6 万个仲裁案给被申请人所带来的抗辩负担更大。

因此，Abaclat 和 Ambiente 案异议的重点都放在需要"第二个同意"问题上。它们面临的难题是如何解释包括多个申请人的已有案例。将已有案例中被申请人没有提出异议理解为默示同意，而将提出异议引申为 BIT 中的同意不包括"第二个同意"，在逻辑上似乎也有缺陷，因为这可能意味着被申请人在程序开始之后提出的异议总是有效的。事实当然不是如此，所以关键问题还是 BIT 中的一般同意如何理解，[①]而不能用程序进行中的异议来反证一般同意的含义。换个角度来看，异议的逻辑或可以描述为如下循环论证：（在甲案中）因为 BIT 中的沉默意味着需要"第二个同意"，所以程序进行中的异议是有效的；（在乙案中）因为存在程序中的异议，所以 BIT 中的沉默不包括"第二个同意"。

没有管辖权确实是国际司法机制的一般规则，但问题是 BIT 规定了仲裁同意，如果它包括"多个当事方的诉请"，当然优先于该一般规则。因此，关键仍然在于一般的仲裁同意是否包括此类诉请，而在

---

① Alemanni 裁决第 269 段也强调："当在一个 BIT 案件中涉及被诉国家同意时，考察的问题非常简单：在适当解释 BIT 的基础上，被申请人有还是没有给予同意，该同意足够宽泛以至于涵盖多个申请人的程序。"但是，裁决此后也认为，在程序进行中未提出异议也是一种同意方式。

这一点上，本书认为，排除以上评论的异议中的两个理由，支持和反对的观点难分高低。那么，决定胜负的主战场是否在另一问题上，即所涉经济活动是否构成"投资"？

(二) 投资定义

1. Abaclat 案裁决

关于所涉债券和证券权益是否构成"投资"，阿根廷的异议主要是两个：第一，满足 ICSID 仲裁的属物管辖权必须通过"双重测试法"，即同时符合所涉 BIT 和 ICSID 公约中"投资"定义的要求，而债券和证券权益不能满足 Salini 测试的相关标准，因而不构成 ICSID 公约下的"投资"；第二，阿—意 BIT 第 1 条前言规定了"在阿根廷境内作出"和"符合阿根廷法律"两项要求，债券和证券权益尤其不符合第一项要求，因为它们与阿根廷之间没有足够显著的物理和法律联系。

Abaclat 裁决对双重测试法的使用作出了独特的解释。它认为，通过投资概念的分析，可以确定其两个不同方面，一个是构成投资的投入，另一个是产生自这种投入的权利和价值。阿—意 BIT 和 ICSID 公约在处理这两个方面时存在差异：BIT 第 1（1）条的定义关注的是权利和价值，当然它基于存在此种投入的前提；如果依据 Salini 测试解释 ICSID 公约第 25 条，便是关注构成投资的投入的性质，而非所产生的权利和价值。如果由此认为 BIT 的定义与公约第 25 条的解释标准明显不一致，则其根源在于两者分别关注了投资的不同方面。也就是说，是从不同角度看待投资，两个角度是相互补充的。只有当某项价值产生自特定投入时才可能受到保护，反之亦然，投入只可在其产生价值的程度上受到保护。易言之，双重测试法并不意味着，一个定义（即两个国家在 BIT 中的约定）必须符合另一个定义（即从 ICSID 公约精神推导出的）。毋宁说，在理解了两个定义各自关注投资的不同方面的情况下，相关投资应该符合两个定义。[①]

---

① Abaclat 裁决第 346—351 段。

在对双重测试法的上述理解指导下，仲裁庭首先讨论所涉 BIT 第 1（1）条的"投资"定义并认定：第一，该条清单对投资的列举涵盖范围极为广泛，甚至包括一个剩余条款，即 f 项规定"法律或合同赋予的经济性质的任何权利"。第二，清单中 c 项列举的财政工具也可以包括债券。①

就 ICSID 公约第 25 条而言，仲裁庭认为，且不论 Salini 测试提出的五项标准是否适当，② 检验某项投入是否符合所有这些标准并非正确做法。原因在于，如果由于适用 Salini 测试导致申请人的投入得不到 ICSID 公约的保护，这种结果与公约的目的不符，即促进私人投资、给予争端当事方进一步界定其希望促进何种投资的权利。鉴于阿根廷和意大利作出明示同意，保护申请人投资所产生的价值，它也应该得到公约的保护。Salini 标准既未规定于 ICSID 公约之中，又是有争议的，各仲裁庭运用这些标准的方式和程度还各不相同，因此仲裁庭拒绝遵循 Salini 标准。仲裁庭认为，Salini 标准或许有益于进一步描述投入可以或应该具有什么特征，但是不应该用来作为一种公约本身和特定 BIT 缔约方都无意设立的限定。正确的做法应该是：证明申请人作出了投入，该投入产生了阿根廷和意大利意图在 BIT 下保护的价值；对投入的唯一要求是它能产生 BIT 保护的价值，本案申请人购买债券的行为符合该要求。③

由于主权债券发行的特点以及一级市场与二级市场的区分，所涉"投资"是否"在阿根廷境内作出"，是本案争议的另一个焦点。阿根廷主张，只有承销商向阿根廷作出的一揽子支付才是"在阿根廷境内作出"，申请人购买的证券权益与阿根廷没有领土上的联系。

仲裁庭认为，投资地点的确定首先取决于投资的性质。对于纯粹的财政性质投资来说，判断标准应该与设立商业机构不同，即应该是

---

① Abaclat 裁决第 354—355 段。
② 投入、持续时间、预期利润或收入、承担风险以及对东道国经济发展的贡献。
③ Abaclat 裁决第 362—366 段。

资金的收益最终用在何处，而不是资金在何处支付或者转移。因此，这里的问题是资金是否最终供东道国使用和支持其经济发展。其次，纯粹财政性质的投资是否必须与在东道国境内开展的具体经济活动相联系？仲裁庭认为，考虑到阿—意 BIT 的投资定义明确将财政工具涵盖在内，在此之外增加一个保护此类投资的前提条件便与条约的用语和目的不符。再次，将承销商的一揽子支付与私人投资者的购买行为割裂开来，是罔顾债券发行的实际。尽管两个行为发生在不同时间点，但后者是前者的基础，两者是同一经济行为的组成部分，只有在一起才有意义。无论阿根廷如何使用这笔资金（即便用以支付已有债务、政府开支），都是服务于其经济发展，因而投资对其经济发展作出贡献并在阿根廷境内作出。[①]

2. Abaclat 案异议

关于 ICSID 和 BIT 中 "投资" 定义的关系，Abi-Saab 教授的异议认为，当事方同意不能超越机构（如 ICSID）的一般管辖权的客观界限，但可以在界限内进一步加以限制，方式是通过当事方对其同意附加限制、条件或保留。ICSID 仲裁庭需要三重同意：第一，争端在 ICSID 公约规定的管辖权范围内；第二，在 BIT 规定的范围内；第三，为争端当事方的书面同意所涵盖。[②]

因此，异议坚持适用双重测试法的必要性。它认为，每个词应该有内在含义，应区分金融语境下的 "投资" 和 ICSID 框架下的 "投资"。公约第 25 条的 "投资" 有客观的外部界限。考察公约的宗旨与上下文，直接投资是符合公约宗旨的投资的 "理想类型"。与之相比，金融市场上的间接投资和其他金融产品具有完全不同的特点。异议因而初步推论，由于金融产品的其内在特征，它们本身被排除在公约涵盖的投资范围之外。不过，异议指出，有些仲裁庭认为金融产品是涵盖投资，一些 BIT 也将其列在投资的例示清单中，也有知名学者

[①] Abaclat 裁决第 374—378 段。

[②] Abaclat 异议第 13—15 段。

主张间接投资没有被一般性地排除。综合考虑上述因素，异议的结论是：金融产品是否在受保护的"投资"范围内并没有一般性的答案，必须进行个案分析。①

具体到本案，异议承认，BIT 第 1（1）条 c 项涵盖范围广泛，足以包括债券及其证券权益。但是，多数裁决没有将一级市场和二级市场的交易区分开来。即使从纯经济的视角来看（更不用说法律视角），从一级市场向二级市场的转变既不自动，也不确定，承销商需要承担没有足够的债券购买需求的风险。阿根廷在一级市场通过发行债券获得收益，而与二级市场的交易并无联系。因此，仲裁庭应考察证券权益的个别购买情形及其与阿根廷之间的法律联系程度。② 这是异议和多数裁决的重大区别，即一级市场的债券和二级市场的证券权益是应该视为一体（多数裁决的观点）还是区别对待（异议及阿根廷的主张）。

不过，异议的法律论证的重点是第三个问题：证券权益是否满足公约和 BIT 规定的其他实质性条件，尤其是与阿根廷之间的"领土联系"。异议主张：首先，这种联系内生于公约第 25 条的"投资"概念之中，因为公约的宗旨是为"位于东道国领土内"的投资产生的争端提供解决方法，最终促进国际投资"流入发展中国家"。其次，通过在多个条款中使用"在领土内"的用语，阿—意 BIT 也明确无疑地要求"投资"与东道国之间存在"领土联系"。无论从法律还是实际标准来看，证券权益都不处于阿根廷境内，明显缺乏"领土联系"。就法律视角而言，债券的适用法律和争议解决条款都说明其位于阿根廷境外。在实际标准方面，多数裁决运用了过于宽松的"最终受益测试法"（ultimate beneficiary test）。此前仅 Fedax 裁决以附带意见的形式提出该标准，而该裁决饱受批评。对多数裁决援引的几个案例，异议逐一分析认为，它们都不支持多数裁决的观点；相反，包括

---

① Abaclat 异议第 41—61 段。
② Abaclat 异议第 68—72 段。

Fedax 案在内的所有涉及"领土联系"的案例都表明,存在追溯"投资"与其背后的东道国境内特定项目或活动的必要性。然而本案情形不同,证券权益完全与在阿根廷境内的经济活动相脱离。① 综言之,异议主张:"领土联系"要求受保护的投资应有东道国境内的经济项目、企业或活动作为基础,无论它们之间的联系是多么疏远。

3. Ambiente 案的裁决和异议

Ambiente 裁决支持 Abaclat 多数裁决,将债券和证券权益视为同一经济活动不可分割的组成部分。为此它援引了 CSOB 裁决的如下观点:"投资经常是一项复杂的活动,由相互关联的不同交易组成,孤立地考察其中单个交易,可能未必都具有'投资'资格。因此,即使诉至中心的争端产生自一个单独来看不构成公约项下'投资'的交易,只要它是可以构成投资的整个交易的组成部分,该争端也应该视作直接因投资引起。"Ambiente 裁决认为,此种"投资活动的整体性"学说(the doctrine of the "general unity of an investment operation")已经在国际投资法中得到确立。②

关于双重测试法,Ambiente 裁决首先确认适用公约第 25 条的必要性,存在第 25 条意义上的"投资"是中心管辖权的强制性要求,当事方协议不能改变该条所规定的界限。③ 问题是,这个界限在哪儿?

Ambiente 裁决认为,根据"投资"一词的通常含义、第 25(4)条作为上下文、当事方同意在确定管辖权方面的基础作用,不能认为国家仅仅由于对"投资"的广义解释便将面临意料之外的仲裁,因为国家有多个途径限定其同意和排除特定投资。仲裁庭的结论是:公约第 25 条的"投资"含义广泛;如果 BIT 缔约方将某项经济活动视为受保护投资,没有理由将其排除在中心管辖范围之外。因此,仲裁庭理解的"双重测试法"仅指同时适用公约第 25 条和 BIT 规则而已。

---

① Abaclat 异议第 73—108 段。
② Ambiente 裁决第 423—428 段。
③ Ambiente 裁决第 439 段。

它将 Salini 测试称为双重测试法的一个"特别加强版的基础",反对将 Salini 标准作为严格意义上的管辖权要求,而只作为指南且应以整体和灵活的方式加以运用。在此基础上,仲裁庭认为债券和证券权益(作为不可分割的一体)符合 Salini 测试。本小节的标题"Salini 测试的非管辖权性质"(non-jurisdictional nature)非常明确地表达了裁决的核心立场。①

在阿—意 BIT 第 1 条及"在阿根廷境内"的解释上,Ambiente 仲裁庭基本遵循 Abaclat 多数裁决,并特别指出:即使 Abi-Saab 教授强烈批评多数裁决,也认可第 1 条 c 项足以涵盖债券;确定"领土联系"应采用"受益标准",因为公约确定投资特征的标准之一便是"对经济发展的贡献"。②

Bernardez 的异议基本上遵循并援引了 Abi-Saab 教授的异议,对多数裁决上述三个方面的论证都进行了反驳。其中两点值得特别指出:第一,它批评多数裁决对公约第 25 条的"投资"解释本质上是主观的,即完全取决于 BIT 规定的同意。③ 第二,承销商在一级市场上购买的阿根廷债券也不构成公约和 BIT 项下的"投资"。④

4. Alemanni 案裁决

在申请人的资产是否构成"投资"问题上,Alemanni 裁决表示赞同前两案的全面论证,因而只以两个段落进行了简略说明。⑤ 其中,裁决援引 Broches 在公约谈判过程中的一次发言,作为公约涵盖主权债券的新证据。裁决认为,承销商持有的债券"无疑"符合 BIT 第 1 条定义中的属物管辖要求,而关于单个申请人资产的确切性质、与之密切相关的"领土联系"问题,与前述"一项争端"问题一样需要以全面论证为基础,将在实质审理阶段作出裁定。

---

① Ambiente 裁决第 460—482 段。
② Ambiente 裁决第 494—505 段。
③ Ambiente 异议第 148 段。
④ Ambiente 异议第 187 段。
⑤ Alemanni 裁决第 296—297 段。

（三） 可受理性条件与 18 个月等待期规则

与其他的阿根廷 BIT 类似，阿—意 BIT 将 18 个月等待期规则作为仲裁的前提条件之一。该条件是管辖权问题还是可受理性问题，也是三个案件的重要争点之一。[①] 仲裁员们持有各自不同立场，反映了目前存在的裁决不一致问题。

Abaclat 多数裁决将 18 个月等待期定性为可受理性条件。对此，Abi-Saab 教授的异议认为，虽然在一般国际法中此类规则的确被视为可受理性问题，但是当它们被规定在管辖权条款中，便如同其他保留一样是仲裁同意的附加条件，限制了管辖权的行使。易言之，在此情形下这些条件——在作为可受理性条件的法律特性之外——被缔约方约定为管辖权条件。为此可类比 ICSID 公约第 26（2）条。该条允许缔约方将要求用尽当地救济作为同意的条件，这表明，该项要求是仲裁同意的条件，而不仅仅是所谓"有效实施该同意"（无论这一说法意味着什么）的条件。因而它是管辖权限制，在此基础上的抗辩是管辖权而非可受理性抗辩。进一步而言，不论将被申请人的相关异议界定为何种抗辩，没有满足此类要求的结果都应该是驳回诉请。[②]

Bernardez 的异议所持立场更加彻底。它主张：BIT 争端解决条款规定的仲裁前提条件在国际法上都是管辖权问题，而非可受理性问题。与国内法背景不同，在国际法层面上不存在这种区别。[③]

Ambiente 多数裁决的立场似乎较为折中。它认为：ICSID 公约和 BIT 都未提及此种区分，故而没有必要进行相关理论探讨，将问题归类不是仲裁庭的任务。管辖权和可受理性条件的区分并不表示约束力有所不同，至少在涉及 BIT 第 8 条规定的争议条件时，申请人没有满足其中任何一个条件，仲裁庭都会驳回诉请，无论它是管辖权还是可

[①] 三个案件的申请人都主张，可以依据最惠国待遇规避此项要求。但各裁决均裁定，不必处理这一问题。

[②] Abaclat 异议第 23—25 段。

[③] Ambiente 异议第 10—11 段。

受理性问题。① 不过，根据本案事实，仲裁庭依据"无效例外"（futility exception）认定申请人没有违反 18 个等待期要求。它特别指出，在这一问题上与 Abaclat 多数裁决是殊途同归，两种论证路径并不相互排斥而是相互补充。②

Alemanni 裁决认为 Ambiente 裁决的论证更为精细，因而总体上持有与其相同的立场。③

三　邮政银行案

本案申请人是一家斯洛伐克银行，于 2010 年 1—4 月在二级市场先后买入希腊发行的五期公债（权益），票面价值达 5 亿欧元，有关债券均受希腊法律管辖。2011 年，为应对财政危机，希腊在 IMF 和欧盟的建议与支持下着手进行债券重组。2012 年 2 月，希腊议会通过《希腊债券持有人法》，就重组事宜作出规定。经过投票，占绝对多数的债券持有人同意债券置换建议，接受减记至原票面价值 31.5% 的新债券。申请人投了反对票。此后，斯洛伐克银行监管部门要求申请人就相关损失采取措施。2013 年 5 月，申请人向 ICSID 提出仲裁请求。

本案未涉及"群体性诉请"问题，关键争议是所涉公债是否构成"投资"。

与阿—意 BIT 不同，斯洛伐克—希腊 BIT（以下简称"斯—希 BIT"）第 1 条前言没有使用"在缔约方境内作出"和"符合缔约方法律"的用语，投资类型的例示清单也不包括像阿—意 BIT 第 1 条 f 项那样的剩余条款。斯—希 BIT 的例示清单中，b 项明确提及债券，但仅限于企业债券；c 项则规定了"贷款、金钱请求权或具有财政价值的合同赋予的其他履行请求权"。申请人主张，其投资属于 c 项规

---

① Ambiente 裁决第 572—575 段。
② Ambiente 裁决第 627 段。
③ Alemmani 裁决第 304 段。

定的"贷款"或"金钱请求权"。

仲裁庭认为，尽管 BIT 第 1 条的"投资"涵盖范围广泛，但并不必然等于任何类型的经济活动（无论其性质如何）都是适格投资，也不是说只有明示排除才是排除某类活动的唯一方法。[1] 如果任何资产都被视为投资，那么 BIT 中的例示清单将失去意义，不符合有效解释原则。即使都规定了广义的投资定义，不同 BIT 也可能有不同的例示清单。这并非偶然，国家将若干投资类型作为例子必有其用意。此种理解并非要将例示清单视作穷尽式清单，而是为实现条约的适当解释，应赋予举例一定意义。[2] 此外，保护投资不是条约的唯一宗旨。斯—希 BIT 的前言规定，促进和保护投资是"在本条约基础上"，即取决于 BIT 的规定。[3] 仲裁庭关于例示清单作用的论述具有较强说服力，值得注意。不过在此论述基础上，如何理解 BIT 明确规定的清单的非穷尽性质，是需要思考的问题。

仲裁庭指出，Abaclat 和 Ambiente 两个裁决都重点讨论了阿—意 BIT 的例示清单，但阿—意 BIT 和斯—希 BIT 的条约用语具有显著差别。后者第 1 条 b 项中明确规定"公司债券"而非"公债"，c 项包括"贷款"而没有"债券"，表明 BIT 无意涵盖主权债券。同时，c 项规定的"金钱请求权"必须是"合同赋予的"，而申请人和希腊之间不存在合同关系。因此，申请人没有 BIT 第 1 条项下的投资。

按理说，仲裁庭已经认定根据 BIT 没有属物管辖权，便不必再讨论 ICSID 公约第 25 条。但是，它以争端双方非常关注为由，继续表明自己的立场。它指出，由于公约第 25 条没有给"投资"下定义，存在两种解释方法，分别为依据某些客观要素作出判定的"客观方法"和赋予当事方同意首要地位的"主观方法"。尽管仲裁庭表示其

---

[1] 邮政银行案裁决第 287 段。
[2] 邮政银行案裁决第 294—295 段。
[3] 邮政银行案裁决第 310 段。

没有必要解决这一分歧,但还是按照客观方法继续展开论证。① 不过,申请人任命的仲裁员表示反对以下论证。②

多数裁决认为,在适用客观方法的情形下也不存在适格投资,理由是:第一,只有为生产性活动进行的投入才能被认定为"投资",而公债与此无关;此种对"实质性投入"的理解显著区别于 Ambiente 案多数裁决;第二,在风险方面,仲裁庭援引 Romak 案裁决的分类,将风险区分为两类,一类是经济活动自身的运营风险,另一类是当事方违约带来的商业风险和政府干预造成的主权风险,只有后者才是客观方法中"风险"涵盖的内容,③ 其在本案中也不存在。仲裁庭的这些观点体现了其对投资概念所持有的更为"传统"的理念。④

四 小结

是否存在 BIT 和 ICSID 公约涵盖的"投资"(即属物管辖权)是 ICSID 仲裁庭的管辖权决定常常面对的核心争议之一。

由于 ICSID 公约第 25 条没有明确定义"投资"一词,实践中产生了"客观方法"和"主观方法"的两种不同解释方法,进而导致争议和不一致裁决。两种解释方法确实各有薄弱之处。Abaclat 裁决明确反对僵硬的 Salini 测试,Ambiente 裁决突出强调 Salini 标准的"非管辖权性质",它们直指该测试的根本缺陷,即并非公约所规定。另一方面,两个裁决都不否认公约第 25 条的"投资"应有客观界限,只是将其理解为"主观的"国家同意。然而,这两点是否相互矛盾?

---

① 邮政银行案裁决第 359 段。仲裁庭的这一做法似乎是为了强调主权债券不构成公约第 25 条的"投资",不管 BIT 如何规定。但是它也可以理解为,此前仲裁庭依据 BIT 所作的裁决表明,按照"主观方法"不存在公约第 25 条的"投资"。易言之,无论使用哪一种解释方法,结果是相同的。从仲裁员之间的分歧来看,前一种理解可能更符合实际。

② 裁决仅用一个脚注说明此事,该仲裁员也未发布个人异议。

③ 邮政银行案裁决第 369—370 段。

④ See Francesco Montanaro, Postova Banka SA and Istrokapital SE v. Hellenic Republic: Sovereign Bonds and the Puzzling Definition of "Investment" in International Investment Law, ICSID Review, Vol. 30, No. 3, 2015, p. 555.

因此，Ambiente 异议尖锐地指出，多数裁决的立场本质上是主观的。[1] 此外，适用 Salini 测试或许可以否定 ICSID 的管辖权，但是与在其他机制（如适用 UNCITRAL 规则的特设仲裁庭）被诉相比，被申请人的利益格局未必有着本质差别。另一个（特设）仲裁庭将具有管辖权的预期，或许在心理上给某些 ICSID 仲裁庭的决定带来影响。基于以上考虑，本书认为，两种解释方法所造成的裁决不一致问题应该设法予以解决。

在关于主权债券的仲裁中，公约第 25 条之所以成为焦点，部分原因在于 BIT 的规定相对明确。诚然，不同 BIT 对"投资"的定义不尽相同，自然会产生不同的结论。三个阿根廷主权债券案和邮政银行案的不同裁决结果，很大程度上是源自两个 BIT 的不同规定。不过，考察已有条约实践，不少 BIT 确实将主权债券纳入受保护的"投资"范畴。例如，2010 年《中国投资保护协定范本》（草案）以及在此基础上缔结的 2011 年中国—乌兹别克斯坦 BIT、2013 年中国—坦桑尼亚 BIT 都明文规定，"包括政府发行的债券在内的债券"属于受条约保护的"投资"。

另一方面，是否接受投资仲裁对主权债券重组争端的管辖权，可能受到不同利益衡量的影响。本书原则上赞同 Abaclat 裁决的相关论述，即相关利益影响不应通过无视或扭曲条款文义的解释方法来救济。不过，利益考量无疑将会影响新规则的制定，仍需得到重视。正如前文所述，保持违约国家和国际金融系统的运行、维护国际金融稳定的需要是支持主权债务重组的主要理由，从这一角度来看，为抵制重组而提起投资仲裁请求的做法应该予以遏制。否则，国际组织和学者们探索各种重组方法的实际意义将受到消极影响。但公平地保护债权人利益、防范重组中可能的道德风险未尝不是支持仲裁的利益考虑。[2] "群体性诉请"引发的争议以及给仲裁机制带来的实际负担可

---

[1] 尽管它可能隐含了对仲裁员的"主观"的指责。

[2] See Ellie Norton, International Investment Arbitration and the European Debt Crisis, Chicago Journal of International Law, 2012, p. 291.

能是另一个不利因素，但是也有学者从持有大量主权债券的国家的利益出发，以"突破发达国家主导的主权债务争端解决的诉讼模式"为目的，支持投资仲裁的管辖权。①

为平衡向债券持有人提供投资保护与主权债务重组的需要，欧盟与加拿大缔结的 CETA 的做法值得注意。CETA 投资章节制定了专门的主权债券重组条款（第 8.18.4 条），无论怎样解释该条约的"投资"定义，该专门条款的存在本身便暗示，主权债券构成"投资"，②否则该条款将失去意义。该条款仅允许依据相关附件对主权债券重组提起仲裁；附件则规定，除违反国民待遇和最惠国待遇的指控外，不允许对经协商达成（包括依据债券的规定或 75% 以上债权人的同意）的重组提起申诉。有意思的是，导致阿根廷和希腊被诉的重组都得到 75% 以上债权人的同意。

---

① 郭华春：《主权债券权益保护之投资仲裁视阈》，载《上海金融》2014 年第 7 期，第 47 页。

② See also Michael Waibel, Opening Pandora's Box: Sovereign Bonds in International Arbitration, American Journal of International Law 2007, p. 729.

第五章

ICSID 仲裁规则第 41 条第 5 款的解释与适用

自 20 世纪 90 年代末以来国际投资仲裁案件的数量急剧上升、不同裁决引起的激烈争论使投资者—东道国争端解决机制的若干不足之处成为人们关注的焦点,[①] 除此前两章重点讨论的仲裁庭针对相同或类似问题作出的不同裁决外,高昂的费用、[②] 冗长的程序、[③] 对滥诉的担忧也成为人们质疑该机制的重要理由。为应对这些批评和质疑,ICSID 在 2004 年 10 月以报告形式提出了改革仲裁机制的建议,主要涉及对 ICSID《仲裁程序规则》(以下简称"仲裁规则")的若干修订。[④] 此举是因为,若修订 ICSID 公约本身,该修订必须在获得所有缔约国批准后才能生效,实际困难较大,但仲裁规则的修订较为简

[①] UNCTAD, Investor – State Disputes: Prevention and Alternatives to Arbitration, UNCTAD Series on International Investment Policies for Development, 2010, available at http://www.unctad.org/en/docs/diaeia200911_en.pdf, pp. 13 – 21.

[②] 不仅东道国在败诉的情况下多会被裁定向投资者支付高额的赔偿,仲裁程序本身也耗费甚巨。以 Plama 案为例,该案的申请人支出的法律费用为 460 万美元,而被诉东道国更是花费了 1320 万美元。最终,申请人被裁定承担被诉东道国法律费用的一半及全部仲裁费用。

[③] 据统计,国际投资仲裁案件平均耗时三年至四年。

[④] ICSID Secretariat, Possible Improvements of the Framework for ICSID Arbitration, Discussion Paper, Oct. 22, 2004, available at http://icsid.worldbank.org/ICSID/FrontServlet?requestType = ICSIDPublicationsRH&actionVal = ViewAnnouncePDF&AnnouncementType = archive&AnnounceNo = 14_1.pdf.

便，只需要经由 ICSID 行政理事会以三分之二多数通过即可。因此形成实践惯例，ICSID 仲裁机制的改革都是以修订仲裁规则的方式实现，而公约制定后从未修订。

在经过有关各方讨论之后，2005 年 5 月，ICSID 秘书处提交修改仲裁规则的正式建议。① 大约一年之后，2006 年 4 月 10 日，修订后的仲裁规则正式生效。② 此次修订的内容包括数项为应对前述质疑而采取的针对性措施，如临时措施的采用、透明度以及仲裁员信息披露义务范围的扩大等。③ 其中，与仲裁庭管辖权和平行程序具有一定关联的改革是新增的仲裁规则第 41 条第 5 款（以下简称"第 41（5）条"）。

一 第 41（5）条概述

2006 年新增的仲裁规则第 41（5）条规定：

"除非当事方就初步异议之简便程序另行达成一致，当事一方得在仲裁庭成立之日起 30 日内，并无论如何在仲裁庭首次开庭之前，提出关于对方诉请明显缺乏法律实质之异议。该当事方应当尽可能详细地阐明异议的依据。仲裁庭在给予当事各方机会以陈述对该异议的意见后，应在首次开庭时或者此后立即向当事方通告仲裁庭对异议所作之决定。仲裁庭的决定不妨碍当事方根据第 1 款提出异议或者在仲

---

① ICSID Secretariat, Suggested Changes to the ICSID Rules and Regulations, Working Paper, May 12, 2005, available at http: //icsid. worldbank. org/ICSID/FrontServlet? requestType = ICSIDPublicationsRH&actionVal = ViewAnnouncePDF&AnnouncementType = archive&AnnounceNo = 22_ 1. pdf.

② Rules of Procedure for Arbitration Proceedings (Arbitration Rules), available at http: //icsid. worldbank. org/ICSID/ StaticFiles/basicdoc/CRR_ English – final. pdf.

③ 关于透明度问题的修订，详见梁丹妮：《国际投资争端仲裁程序透明度研究——从〈ICSID 仲裁规则〉（2006）和〈UNCITRAL 仲裁规则〉（修订草案）谈起》，载《国际经济法学刊》2010 年第 1 期，第 226 页。

裁程序中主张一项诉请缺乏法律实质的权利。"①

第 41（5）条程序是为了回应部分投资仲裁被诉国家对滥诉的担忧。在原有的 ICSID 仲裁机制下，公约第 36 条第 3 款规定了 ICSID 秘书长在接受和登记申请人提出的仲裁请求时拥有的甄别权：

"秘书长应登记此项请求，除非他根据请求中所包括的材料，发现此项争端显然在'中心'的管辖权范围之外。他应立即将登记或拒绝登记之事通知双方。"

显然这是一项极为有限的甄别权。秘书长只能根据仲裁申请中的信息拒绝"显然"在中心管辖范围之外的诉请。首先，他无权审查实质性事项。其次，"显然"一词要求，即使对管辖权存有疑问，他也必须予以登记，由仲裁庭来回答这些疑问。②尽管朔伊尔教授提出了若干秘书长拒绝登记的可能情形，包括"不具备当事人资格，即一方当事人不是缔约国或不是缔约国国民""没有证据表明存在对管辖权的书面同意"等。③但这些情形在实践中很难出现，事实上仲裁请求被拒绝予以登记的例子很少且缺乏公开统计，有学者研究表明截至2011 年请求被拒绝登记的仅有 13 例。④此外，公约和原仲裁规则中规定的初步异议程序仅涉及管辖权问题。因此，修订之前的 ICSID 仲

---

① "Unless the parties have agreed to another expedited procedure for making preliminary objections, a party may, no later than 30 days after the constitution of the Tribunal, and in any event before the first session of the Tribunal, file an objection that a claim is manifestly without legal merit. The party shall specify as precisely as possible the basis for the objection. The Tribunal, after giving the parties the opportunity to present their observations on the objection, shall, at its first session or promptly thereafter, notify the parties of its decision on the objection. The decision of the Tribunal shall be without prejudice to the right of a party to file an objection pursuant to paragraph (1) or to object, in the course of the proceeding, that a claim lacks legal merit."

② 例如，在 SPP 诉埃及案中，尽管秘书长认定，对于构成管辖权基础的埃及国内法相关条文，申请人提交的英文译文没有正确反映阿拉伯文原意，但仍然接受了仲裁请求。

③ Christoph Schreuer, The ICSID Convention: A Commentary, 2nd ed., Cambridge University Press, 2009, p. 470.

④ Martina Polasek, The Threshold for Registration of a Request for Arbitration under the ICSID Convention, Dispute Resolution International, November 2011, p. 187.

裁机制没有能够在仲裁早期阶段终止明显无意义的诉讼的程序。

ICSID秘书处明确表示，[①] 新增第41（5）条是为了弥补上述缺陷，尤其是考虑到秘书长甄别权极为有限且不涵盖实质性问题，新程序可以让当事方在仲裁开始阶段请求仲裁庭迅速作出裁定，是否应该拒绝部分甚至全部实质性事项的诉请。

虽然第41（5）条的用语允许任一当事方援引该条款提出异议，但是鉴于实际上投资仲裁都是由投资者提出申诉而发起，第41（5）条事实上是为被诉东道国设计的异议程序。截至2015年6月为止涉及该条款的解释和适用的案例均是如此。其中，已公开的第41（5）条裁决有六个：[②]（1）环球（Trans-Global）石油公司诉约旦案（以下简称"环球石油案"）；[③]（2）布兰德斯（Brandes Investment Partners）诉委内瑞拉案（以下简称"布兰德斯案"）；[④]（3）环球贸易（Global Trading）资源公司诉乌克兰案（以下简称"环球贸易案"）；[⑤]（4）RSM制造公司诉格林纳达案（以下简称"RSM案"）；[⑥]（5）美

---

① ICSID Secretariat, Suggested Changes to the ICSID Rules and Regulations, Working Paper, May 12, 2005, available at http://icsid.worldbank.org/ICSID/FrontServlet?requestType = ICSIDPublicationsRH&actionVal = ViewAnnouncePDF&AnnouncementType = archive&AnnounceNo = 22_1.pdf, p.7.

② 另已知三个案件涉及第41（5）条异议，且异议均被驳回。这三个案件是Pan American Energy LLC诉玻利维亚案（ICSID Case No. ARB/10/8）、Rafat Ali Rizvi诉印度尼西亚案（ICSID Case No. ARB/11/13）和Vattenfall诉德国案（ICSID Case No. ARB/12/12）。由于三案的第41（5）条裁决未获公开，本书不予讨论。

③ Trans-Global Petroleum, Inc v. The Hashemite Kingdom of Jordan, ICSID Case No. ARB/07/25, Decision on the Respondent's Objection under Rule 41（5）of the ICSID Arbitration Rules, May 12, 2008.

④ Brandes Investment Partners, LP v. Bolivarian Republic of Venezuela, ICSID Case No. ARB/08/3, Decision on the Respondent's Objection under Rule 41（5）of the ICSID Arbitration Rules, Feb. 9, 2009.

⑤ Global Trading Resource Corp. and Globex International, Inc. v. Ukraine, ICSID Case No. ARB/09/11, Award, Dec.1, 2010.

⑥ Rachel S. Grynberg, Stephen M. Grynberg, Miriam Z. Grynberg, and RSM Production Corp. v. Grenada, ICSID Case No. ARB/10/6, Award, Dec.7, 2010.

赞莱（Mezzanine）和 DHSV 诉匈牙利案（以下简称"美赞莱案"）；①以及（6）艾米斯（Emmis）诉匈牙利案（以下简称"艾米斯案"）。②

其中，最早的环球石油案和布兰德斯案的仲裁庭拒绝了被申请人提出的异议，但两个裁决关于第41（5）条的解释为此后有关案件的仲裁庭和双方当事人所接受，奠定了适用第41（5）条的基础。依循该两裁决作出的解释，在环球贸易案和 RSM 案中，仲裁庭分别裁定申请人的全部诉请明显缺乏法律实质并予以驳回，成为被申请人成功援引第41（5）条的例证。此后的美赞莱案和艾米斯案均以匈牙利为被申请人，两案实际上密切关联，最终仲裁庭认定部分诉请明显缺乏法律实质。尤其值得一提的是 RSM 案，涉及申请人先后提起的两个仲裁程序，使第41（5）条成为仲裁庭处理多重程序问题的一个可行选择。

二 环球石油案与布兰德斯案：第41（5）条适用标准的确立

第41（5）条下的异议针对的是"明显缺乏法律实质"的诉请，因此如何理解"明显""法律实质"便成为适用第41（5）条的关键所在。

（一）"明显"

环球石油案是第一个适用第41（5）条的 ICSID 仲裁案。该案申请人美国环球石油公司声称，在其履行与约旦签订的石油勘探和开采合同并探明石油之后，投资遭受约旦政府侵害。根据美国与约旦之间的双边投资条约，申请人提出三项指控：被申请人（1）未给予公平公正待遇；（2）采取不合理和歧视措施侵害投资；（3）未与申请人磋商。被申请人则提出第41（5）条异议，主张全部诉请均"明显缺

---

① Accession Mezzanine Capital L. P. and Danubius Kereskedő há z Vagyonkezelő Zrt v. Hungary, ICSID Case No. ARB/12/3, Decision on Respondent's Objection under Arbitration Rule 41 (5), Jan. 16, 2013.

② Emmis International Holding, B. V., Emmis Radio Operating, B. V. and Mem Magyar E-lectronic Media Kereskedelmi és Szolgáltató Kft v. Hungary, ICSID Case No. ARB/12/2, Decision on Respondent's Objection under ICSID Arbitration Rule 41 (5), Mar. 11, 2013.

乏法律实质"。

仲裁庭指出，这是 ICSID 仲裁庭首次面对第 41（5）条异议，因而有必要先阐明对该条款的解释；解释第 41（5）条应该依据习惯国际法的条约解释规则，不宜参考那些国内法上的类似程序。争端双方都援引了 ICSID 秘书处的报告和两份专家评论，仲裁庭参考了这些材料，对"明显"一词的通常含义、在上下文（即其他公约条款）中的解释进行了分析，认为第 41（5）条下的"明显"要求：

"被申请人应清晰和明显、轻而易举地证明其异议。这是一个高标准的要求。考虑到投资争端的普遍特征，仲裁庭承认证明并不总是一件容易的事情，（就像本案这样）需要当事方进行多轮书面和口头陈述并回答仲裁庭的提问。因而这可能是一项复杂的任务，但不应是困难的。"①

仲裁庭指出，第 41（5）条程序的特殊性——既要在短时间内作出裁定又必须实现程序公正——也支持上述要求。

对环球石油案裁决就"明显"一词作出的上述解释，此后各案仲裁庭均表示赞同。

（二）是否适用于管辖权异议

如前所述，ICSID 秘书处的报告曾明确说明第 41（5）条的主要作用，即仲裁庭可以在仲裁程序的初始阶段驳回某些有关实质性事项的请求。相应的问题是，在第 41（5）条程序中能否提出与管辖权有关的异议？对于这个问题，秘书处报告未曾说明，但此前有关各方的评论似乎没有排除此种可能。因此，学者在 2006 年修订后不久发表的评论指出，虽然采纳第 41（5）条的主要目的是驳回无意义的实质性诉请，但同样可以涵盖管辖权异议。②

---

① Trans - Global Petroleum, Inc v. The Hashemite Kingdom of Jordan, ICSID Case No. ARB/07/25, Decision on the Respondent's Objection under Rule 41（5）of the ICSID Arbitration Rules, May 12, 2008, para. 88.

② Aurelia Antonietti, The 2006 Amendments to the ICSID Rules and Regulations and the Additional Facility Rules, ICSID Review - Foreign Investment Law Journal, Vol. 21 No. 2, 2006, pp. 439 - 440.

上述问题是布兰德斯案第 41（5）条程序的主要争点，在仲裁实践中第一次得到阐明。申请人布兰德斯是一家美国投资顾问公司，受托管理大量美国存托凭证及委内瑞拉通信公司 CANTV 的股份。① 布兰德斯指控被申请人于 2007 年低价强制收购其持有的 CANTV 股份的行为构成间接征收。被申请人则提出第 41（5）条异议，主张：第一，申请人在出售股份时已同意放弃关于该出售的任何诉请，该项弃权明确涵盖本程序中申请人提出的请求；第二，申请人只是代理人而非相关股份所有人，因而不是公约意义上的"投资者"。申请人的辩驳是："该异议不在第 41（5）条范围之内，因为它仅涉及仲裁庭管辖权而非实质性事项"；"管辖权不构成第 41（5）条的异议事项，因为该条仅提及实质性事项（merit）"。②

仲裁庭指出，第 41（5）条没有明文提及"管辖权"，而是使用了"法律实质"（legal merit），该用语本身并不排除管辖权问题。在参考了前述学者的评论之后，仲裁庭在这一问题上支持被申请人的立场，认定第 41（5）条涵盖所有可能导致程序在早期阶段结束的异议，即"无论何种原因，诉请将明显不能得到仲裁庭的支持"的情形。③

仲裁庭认识到，这种解释造成的后果是现在有三个程序可供审查管辖权问题，即秘书长登记仲裁请求、第 41（5）条以及第 41（1）条。相应的问题是如何处理三个程序之间的关系。对此，仲裁庭没有细致讨论，只是强调第 41（5）条下的管辖权异议并不多余，因为它——与第 41（1）条的初步异议相比——属于快速审议，而秘书长登记时只能考虑仲裁申请书中的信息。

在此后提出第 41（5）条异议的各案中，有关异议都或多或少地关涉

---

① 美国存托凭证是面向美国投资者发行并在美国证券市场交易的代表外国公司有价证券（股票或债券）的可转让凭证，由美国银行发行，每份代表该外国公司的若干股份。

② Brandes Investment Partners, LP v. Bolivarian Republic of Venezuela, ICSID Case No. ARB/08/3, Decision on the Respondent's Objection under Rule 41（5）of the ICSID Arbitration Rules, Feb. 9, 2009, para. 25, 44.

③ 同上书，第 55 段。

仲裁庭管辖权,而仲裁庭的裁定均与布兰德斯案相同,争端当事双方也无异议。因此可以认为,第41(5)条适用于管辖权异议已成为共识。

应该说明的是,"法律实质"是对"legal merit"一词的直译。"法律依据"似乎是更符合中文习惯的表述,或许更易为中国学者接受,我国官方也倾向于此种表述。中智协定是迄今唯一规定了类似程序的中国投资条约,其第十八条"初步异议"第一款的中文版是:"被申请者可以在仲裁庭组建后30日内提出如下异议:权利请求明显缺乏依据或不在仲裁庭的管辖权或权限之内,或在法律上,权利的请求不属于依据第二十一条作出对申请方有利裁决的请求。被申请者应尽可能言明其反对的基础。"①

不过,如果使用"法律依据"一词,便较难理解此处介绍的布兰德斯案争议。因此,尽管同样接受"法律依据"的译法,本书仍选择采用"法律实质"这种更对应于英文原文的直译方式。

(三)"法律实质"

"明显缺乏法律实质"中的"法律"一词使争端当事方就第41(5)条程序下如何对待事实问题产生了争议,即异议可否涵盖事实问题以及举证责任如何分配。

通常来说,法律问题和事实问题并不总是界限分明。环球石油案仲裁庭便指出:"在这样一个程序早期阶段,没有充分的事实证据,仲裁庭便无法在一个快速程序中就当事双方所主张的争议事实作出裁断。然而,仲裁庭承认,如果没有审查所提出的请求的事实基础,也很难评估请求的法律实质。"②因此,仲裁庭认为:"对于与申请人诉请的法律实质相关的争议事实,仲裁庭无须接受那些从表面价值即可视为(明显)不可信、无意义、恼人的或不确切或恶意作出的事实

---

① 该中文版在"依据第二十一条"之后还有"异议"两字,对照英文版可知,该两字明显属于笔误。

② Trans-Global Petroleum, Inc. v. The Hashemite Kingdom of Jordan, ICSID Case No. ARB/07/25, Decision on the Respondent's Objection under Rule 41 (5) of the ICSID Arbitration Rules, May 12, 2008, para. 97.

主张；也无须接受伪称事实、实为法律性质之主张。但是除此之外，仲裁庭不认为其应评估一项争议事实主张的可信性或合理性。"①

申请人主张，第41（5）条程序审查的事实范围只需符合仲裁申请最低要求即可。仲裁庭认为，如果接受该主张，在仲裁申请缺乏相关事实陈述的情况下，第41（5）条将失去意义，而且第41（5）条的规定也没有作出此种限定。因此，仲裁庭决定审查仲裁申请以及申请人为阐明诉请而提交的诉状中的事实主张。

布兰德斯案中，申请人反驳被申请人提出的异议的主要理由是，该异议涉及的是事实而非法律问题。仲裁庭首先引述了学者对拟定第41（5）条过程中从初稿的"明显无实质"到终稿的"明显无法律实质"的修改所做的解释："进行这一修改是为了避免在该阶段对案件事实的不恰当讨论"，"尽管如此，可以预见的是，仲裁庭可否在这一阶段讨论事实和证据问题将会被激烈争论"。② 因此，仲裁庭毫无困难地得出结论：第41（5）条异议"应涉及诉请的法律障碍而非事实障碍"。在引用环球石油案裁决关于事实与法律问题的前述裁断之后，仲裁庭认为："申请人所主张之事实基础应基本予以接受。只有当申请人的主张即使以最为有利于申请人的方式评判也明显缺乏法律实质之时，诉请才应被快速拒绝。"③

仲裁庭认为，在第41（5）条程序中，只要申请人的事实陈述合乎情理即可予以接受，而被申请人需要证明，即使如此申请人也不能获得法律救济；"第41（5）条下的初步异议是基于一项诉请明显缺

---

① Trans - Global Petroleum, Inc v. The Hashemite Kingdom of Jordan, ICSID Case No. ARB/07/25, Decision on the Respondent's Objection under Rule 41 (5) of the ICSID Arbitration Rules, May 12, 2008, para. 105.

② Aurelia Antonietti, The 2006 Amendments to the ICSID Rules and Regulations and the Additional Facility Rules, ICSID Review - Foreign Investment Law Journal, Vol. 21 No. 2, 2006, p. 440.

③ Brandes Investment Partners, LP v. Bolivarian Republic of Venezuela, ICSID Case No. ARB/08/3, Decision on the Respondent's Objection under Rule 41 (5) of the ICSID Arbitration Rules, Feb. 9, 2009, para. 59 - 61.

乏法律实质的异议,而不是基于缺乏事实基础。因此,如果有些事实即便得以被证实也不能证明诉请无法律实质,则不必核实这些事实"。① 由于委内瑞拉提出的两项异议都属于不能明显致使诉请缺乏法律实质的事实主张,因而均被驳回。

综言之,根据环球石油案与布兰德斯案裁决的解释,虽然第41(5)条程序不能完全不考虑事实问题,但审查是为了证明请求的法律实质,因此该程序的任务是根据申请人所主张的事实初步推定其诉请是否具有法律实质,无须审查事实的真实性。

环球石油案和布兰德斯案裁决的主要贡献在于提出了解释和适用第41(5)条的标准尤其是对"明显缺乏法律实质"的解释,此后有关案件的仲裁庭均援引和赞同这些解释,争端当事方也没有提出反对意见。不过,该两案例都没能提供"明显缺乏法律实质"的诉请的实例:布兰德斯案中的两个异议均被驳回。环球石油案仲裁庭拒绝了对申请人第一项和第二项诉请的异议。第三项诉请所依据的条约条款实际上规定了两个缔约国之间的磋商义务,申请人显然无权援引,因而仲裁庭认为该诉请"明显缺乏法律依据",原本应该驳回,但由于申请人已经在程序中撤回了该项诉请而无须作出裁定。从最终结果上来看,第41(5)条程序还是减轻了被申请人委内瑞拉的诉讼负担。

三 环球贸易案与 RSM 案:拒绝全部诉请的实例

(一)环球贸易案:基于管辖权驳回诉请

本案中,主要从事肉类产品出口业务的美国申请人环球贸易公司与乌克兰有关部门签订了贸易合同,后双方因合同履行发生争议,申请人依据美国—乌克兰双边投资条约在 ICSID 提出申诉。乌克兰启动第41(5)条程序提出管辖权异议,因为所涉贸易合同不构成相关条

---

① Brandes Investment Partners, LP v. Bolivarian Republic of Venezuela, ICSID Case No. ARB/08/3, Decision on the Respondent's Objection under Rule 41 (5) of the ICSID Arbitration Rules, Feb. 9, 2009, para. 70.

约保护的"投资"。

双方当事人对第41（5）条能否适用问题没有异议，尤其是：第一，该条异议涵盖管辖权事项；第二，乌克兰的异议提出的是法律而非事实问题。

申请人主要是强调本案的一系列"特殊情形"使该贸易合同应该被视为"投资"而不是纯粹的货物买卖，包括：它是乌克兰和美国两国政府为实现宏观经济目标而作出的共同安排；乌克兰总理明确为合同义务的履行作出了保证等。但是仲裁庭拒绝了申请人的上述辩解，强调所谓"特殊情形"不能实质性改变所涉合同的国际货物买卖合同性质，也就不构成"投资"。基于此，仲裁庭认定申请人的全部请求"明显缺乏法律实质"。不过，考虑到"第41（5）条程序的新颖性和当事双方主张的合理性"，仲裁庭认为宜由双方各自承担其仲裁费用。①

本案所涉法律问题看起来简单明了，不过仍有两点值得加以总结。

首先，虽然也曾有仲裁案例将某些贸易活动视为"投资"，但本案所涉合同的贸易性质确实比较明显和"纯粹"，例如申请人没有在乌克兰设立企业（无论大小都会被视为投资），所进行的货物买卖也没有持续性等。尽管所述"特殊情形"的确使该合同具有浓厚的政治色彩，但它在法律上较难符合"投资"定义的要求。对此后的仲裁实践而言，本案表明，所涉经济活动是否构成"投资"以及由此提出的管辖权异议，无疑在第41（5）条异议的涵盖范围之内，而本案案情为什么是"明显"的"缺乏法律实质"提供了一个可资借鉴的例证。

其次，环球贸易案第41（5）条程序的特别之处在于其用时较长——从乌克兰提出异议到仲裁庭作出最终裁决共耗时十一个月，而

---

① Global Trading Resource Corp. and Globex International, Inc. v. Ukraine, ICSID Case No. ARB/09/11, Award, Dec. 1, 2010, para. 55.

其他各案的第 41（5）条程序短得多。其中，环球石油案、布兰德斯案与美赞莱案分别只用了不到三个月的时间，RSM 案和艾米斯案也只耗时五个月（具体各案用时情况见下表）。因此，相比而言，本案第 41（5）条程序可以说不符"快速"之名。

表 1　　　　　　　　审议第 41（5）条异议的时间

	仲裁庭成立	被申请人提出异议	首次开庭	仲裁庭裁决
Trans – Global 案	2008.2.24	2008.2.25	2008.4.22	2008.5.12
Brandes 案	2008.12.8	2008.12.19	2009.1.29	2009.2.2
Global Trading 案	2009.12.9	2010.1.5	2010.7.7	2010.12.1
RSM 案	2010.8.5	2010.8.5	2010.10.25	2010.11.30
Mezzanine 案	2012.10.10	2012.11.2	2012.11.30	2013.1.16
Emmis 案	2012.8.15	2012.8.31	2012.9.24	2013.3.11

尽管外部因素是导致环球贸易案第 41（5）条程序拖延的主要原因，但仲裁庭利用这段时间作出安排让当事方有机会充分陈述意见，例如在首次开庭之前进行了三次电话会议，开庭期间进行了书面陈述和口头辩驳各两轮。

仲裁庭从程序公平的角度解释了作此安排的价值和原因："如果异议在第 41（5）条阶段没有获得支持，提出异议的当事方的权利不受影响，因为该条最后一句明白地规定：在早期阶段驳回第 41（5）条异议不妨碍此后以通常方式再次提出异议，就好像第 41（5）条不存在一样。不言而喻，一项请求并非'明显缺乏法律实质'的事实意味着，该请求此后经过充分论证还是会被裁定为没有足够法律实质而无法获得仲裁庭的支持"。①

相反，如果仲裁庭支持第 41（5）条异议快速驳回诉请，申请人不会得到再次陈述自己主张的机会。因此，"仲裁庭有义务不仅能确

---

① Global Trading Resource Corp. and Globex International, Inc. v. Ukraine, ICSID Case No. ARB/09/11, Award, Dec. 1, 2010, para. 55.

认被驳回的诉请是'明显缺乏法律实质'的，而且可以确定在作出该裁决前已经考虑了所有相关证据和后果。"仲裁庭特别关心的是，假设对争议问题的裁决推迟到程序的较晚阶段作出，当事双方（尤其是申请人）是否还能提出新的证据？只有在确定答案是否定的之后，仲裁庭才最终作出裁定。在它看来，这是"一个介乎于程序与实体之间的问题，即在何种情形下仲裁庭应该认为足以在第41（5）条的程序早期阶段快速地裁断异议"；这不是"仲裁庭判定诉请是否'明显缺乏法律实质'时的适用标准"，而是仲裁庭"是否拥有充分证据快速作出裁定"的问题。"在此，显然应该寻求两个方面的平衡，一方面是第41（5）条赋予异议方的权利（无论施加了什么条件），可以让明显无依据之请求在耗费不必要的麻烦和费用进行抗辩之前便能够被快速驳回，另一方面是仲裁庭保证程序公平的职责。"[①]

综上所述，由于环球贸易案是首个拒绝申请人提出的全部请求的第41（5）条案例，仲裁庭非常谨慎，不厌其烦地强调程序公平原则，细致论述了其为实现该原则所作之考虑。它所提出的在此情形下应考虑所有可能证据的原则，是对适用第41（5）条的标准的一个发展，在此前的两个案例中并未涉及。这些都值得此后适用第41（5）条的仲裁庭借鉴。

（二）RSM 案：拒绝平行程序

本案涉及的是申请人美国 RSM 公司及其股东与东道国格林纳达之间关于石油开发合同的履行纠纷，申请人基于美国与格林纳达之间双边投资条约提出仲裁申请，主张格林纳达的违约行为违反了该条约的多项义务。然而问题在于，该石油合同本身已经规定所产生的争议应提交 ICSID 仲裁，RSM 公司事实上也在 2004 年 8 月这么做了（以下简称"在先仲裁"），并且在先仲裁庭业已于 2009 年 3 月作出裁决，拒绝了 RSM 的请求。此后 RSM 公司曾依据公约第 52 条申请撤销

[①] Global Trading Resource Corp. and Globex International, Inc. v. Ukraine, ICSID Case No. ARB/09/11, Award, Dec. 1, 2010, para. 34.

在先裁决,但未按要求缴纳手续费,撤销程序因而于 2010 年 9 月终止。

基于上述事实,格林纳达根据第 41(5)条提出异议,主张:"本案诉请所依据的法律和事实争点于在先仲裁中业已得到充分裁判";申请人的所有条约诉请源自于违反合同的主张,"但那些合同之诉已得到充分裁判,所产生之在先裁决不仅驳回诉请,而且裁定 RSM——而非格林纳达——违反合同";公约第 53 条规定了 ICSID 裁决的终局性和约束力,"但本案诉请企图规避这一基本原则,构成滥用程序"。①

仲裁庭首先指出,在环球石油案和布兰德斯案裁决的基础上,争端双方对第 41(5)条中"明显缺乏法律实质"的要求没有异议,具体而言可以概括为:异议(1)既可以针对管辖权也可以针对实质问题;(2)必须提出诉请的法律障碍而非事实障碍;(3)必须能够清楚和明显、相对容易地予以证明。② 这三点可以说是对仲裁庭解释和适用第 41(5)条的简洁、准确及标准的概括。

仲裁庭根据禁反言原则、公约第 53 条和第 51 条分析了争端双方的主张,最终裁定:"本案申请人的诉请获得支持的根本前提是,仲裁庭能够重审在先仲裁庭已经明确考查和裁断了的关于当事方的合同权利的事实和法律问题,并作出有利于申请人的裁定";因为仲裁庭不能推翻在先仲裁庭的裁决,故裁定申请人的诸项诉请均系"明显缺乏法律实质"。③

RSM 案本质上是同在 ICSID 仲裁机制下的连续诉讼程序,是一个第二章所述之平行程序的例证。尽管此类平行程序可能较少在实践中出现,但第 41(5)条能够为被诉东道国提供一个快速的救济途径。而且,由于认定申请人滥用程序重复诉讼,本案仲裁庭还裁定由申请

---

① Rachel S. Grynberg, Stephen M. Grynberg, Miriam Z. Grynberg, and RSM Production Corp. v. Grenada, ICSID Case No. ARB/10/6, Award, Dec. 7, 2010, para. 4.1.1 – 4.1.3.

② 同上书,第 6.1.1 段。

③ 同上书,第 7.2.1 段。

人承担所有仲裁费用。

就第 41（5）条的适用而言，RSM 案裁决有两点可资借鉴之处。

其一是裁决提出的一个附带意见（obiter dictum），即若对诉请的范围存有疑问或不确切之处，应以有利于申请人的方式解决。

其二是裁决对事实问题和法律问题之间关系的处理。RSM 公司进行辩驳的主要理由是存在格林纳达有关高官腐败的新证据，这些证据是获知于在先仲裁作出之后，由于条约之诉涉及新证据，所以不同于此前的合同之诉。仲裁庭认为其不必审查作为事实问题的腐败行为，即不审查腐败事实存在与否，而是考虑申请人以之为基础提出的法律主张；由于在先仲裁中，申请人已经提出过关于腐败的指控和证据，在先仲裁庭已经进行了审查并作出裁定，因而这是在先仲裁已裁断过的争点。仲裁庭还指出，即使又发现了新证据，申请人也应该援引公约第 51 条要求修改在先裁决。

四　美赞莱案与艾米斯案：拒绝部分诉请的实例

实际上，最初美赞莱案与艾米斯案的申请人是共同向 ICSID 提出的仲裁申请。后由于被申请人匈牙利提出异议，ICSID 秘书长也认为争议涉及明显不同的投资且当事各方不同意合并审理，因而不予登记，相关申请人才各自起诉。两个案件中，申请人任命的仲裁员为同一人，被申请人聘请的代理律师也相同。两个案件的法律问题也基本相同：

首先，两案涉及匈牙利政府对申请人在该国分别投资设立的两家广播公司所采取的同一措施，即通过招标程序收回了原给予两家广播公司的许可，申请人声称该做法不合法并损害了申请人的投资。

其次，申请人在初始仲裁申请中都请求认定匈牙利违反（1）所涉双边投资条约中有关征收的规定；（2）所涉双边投资条约中的公平公正待遇、非歧视待遇等其他条款（以下简称"非征收请求"）；（3）习惯国际法中有关征收的规则。

再次，匈牙利提出第 41（5）条异议的依据均是其在有关双边投资条约中仅就涉及征收的争议作出了提交仲裁的同意。

最后，在匈牙利提出第41（5）条异议后，两案申请人均对初始仲裁申请作出修改，删去"非征收请求"，但又保留着下述或类似表述："被申请人也违反了［……］条约的其他规定，但由于被申请人拒绝将这些违反提交仲裁，这些违反不是本案仲裁事项。"

因此，两案仲裁庭在第41（5）条的裁决中面临的问题是(1) 在修改了的仲裁申请基础上是否有必要继续就"非征收请求"异议作出裁决；（2）基于习惯国际法的征收请求是否"明显缺乏法律实质"而予以驳回。

美赞莱案仲裁庭认为，争端双方已经同意，只有双边投资条约的征收条款是在仲裁庭管辖权范围内的实质性问题，而其他的条约实质性义务不在仲裁范围之内。鉴于此，仲裁庭直接表示，没有必要再审议"非征收请求"异议。

关于第二个问题，仲裁庭认为：首先，应依据国际法解释和适用双边投资条约及其相关条款；其次，不可能在不考虑习惯国际法、一般法律原则以及其他国际法渊源的情形下来审查"征收"的范围与内涵。征收问题一直是国际法的一部分，尽管解决争议的机制从早期的外交保护发展演变为现今的投资者—东道国仲裁，对习惯国际法和国际法一般原则的依托却没有改变，尤其是当出现如本案所涉条约这样未明文规定征收的范围和内涵的情形时。结合 ICSID 公约第 42 条关于适用法律的规定，仲裁庭指出，以确定双边投资条约规定的征收义务范围为限，仲裁庭的管辖权涵盖一般国际法。

最终，在明确了自己的管辖权范围后，美赞莱案裁决宣布部分接受和部分拒绝被申请人的第 41（5）条异议。

艾米斯案仲裁庭最终确定的管辖权范围与美赞莱案并无二致，但是对被申请人的异议作出了更详细和直接的回应。

仲裁庭首先指出，如果一项或多项诉请明显不在仲裁庭管辖范围内，则这些诉请明显缺乏法律实质。①

与美赞莱案裁决对第一个问题不予讨论的做法不同，艾米斯案仲裁庭明确表示，既然"非征收请求"在其管辖权范围之外，那么这些请求在本案中必须视为"明显缺乏法律实质"。申请人在修改后的仲裁申请中保留的与之有关的陈述无益于本案的公平处理，因为该陈述不仅仅只是记录被申请人拒绝对"非征收请求"给予仲裁同意的事实，而是还含有坚称被申请人违反其他条约义务的内容。考虑到这一点，仲裁庭认为有必要依据第41（5）条所赋予之职权，做出排除"非征收请求"的正式裁决。

关于基于习惯国际法的征收请求，艾米斯案仲裁庭认为，应区分两个不同的问题，一是以包括习惯国际法在内的国际法来解释双边投资条约的条款，二是申请人额外提出一个习惯国际法下征收的单独诉由；后者不是（像前者那样的）适用法问题，而是仲裁庭的对事管辖权问题。本案仲裁庭的管辖权限于被申请人在投资条约中同意提交仲裁的事项。本案所涉之荷兰—匈牙利双边投资条约第10条规定的则是"有关征收或国有化的任何争议"可以提交仲裁，该规定并未直接指向条约的征收条款第4（1）条，第4（1）条也没有使用"征收或国有化"的用语。对此，仲裁庭认为，在当下程序的早期阶段，既无须认定习惯国际法的征收规则与双边投资条约第4（1）条之间是否有所不同，也无须作出条约第10条是否同时包括习惯国际法和条约法的征收规则的最终裁定；就第41（5）条异议而言，考虑到基于BIT征收条款和习惯国际法征收规则的仲裁请求之间的紧密交融关系，仲裁庭足以确定习惯国际法的征收请求不是"明显无法律实质"。

综言之，针对同样的问题，两个仲裁庭虽然作出了实质结果相同

---

① Emmis International Holding, B. V., Emmis Radio Operating, B. V. and Mem Magyar Electronic Media Kereskedelmi és Szolgáltató Kft v. Hungary, ICSID Case No. ARB/12/2, Decision on Respondent's Objection under ICSID Arbitration Rule 41 (5), Mar. 11, 2013, para. 70.

的裁决，但裁决的过程和理由却有所不同。美赞莱案仲裁庭显然认为自己的任务是确定管辖权的范围，于是它径自完成这一任务，而对于如何作出一个第 41（5）条异议的完整裁决缺乏兴趣。艾米斯案仲裁庭则有意作出一个完整的第 41（5）条裁决。即使对当事双方已经同意排除的"非征收请求"，该仲裁庭也对被申请人的异议给予了适当回应。对基于习惯国际法的请求，仲裁庭细致区分了适用法律和对事管辖权两个不同问题，虽然最终结果与美赞莱案裁决没有实质差别，但推理的逻辑似乎更严密（当然这种差别也部分源自所涉双边投资条约规定的不同）。

从研究第 41（5）条程序的角度而言，两个案件都说明，该程序确实能够起到尽早地基于管辖权驳回部分无意义诉请、减轻诉累的作用。艾米斯仲裁庭的下述论断可能得到此后第 41（5）条裁决的重复引用：如果一项诉请明显不在仲裁庭管辖范围内，则（无论该诉请在其他情形下具有何种价值）其明显缺乏法律实质。

五 第 41（5）条适用的小结

通过详细分析上述已公布的适用第 41（5）条的 ICSID 裁决，本书认为，仲裁实践已经形成被各方（争端双方和仲裁庭）接受的第 41（5）条审查标准，具体而言：

第一，"被申请人应清晰和明显、轻而易举地证明其异议。"[1] 这对于提出异议的被诉东道国的确是一个很高要求，但肯定不是遥不可及，被申请人已经在实践中有过多次成功的经验。

第二，"法律实质"一词要求，所提出异议的理由是诉请缺乏法律依据，而不是缺乏事实依据。尽管事实问题与法律问题密切相关，但原则上仲裁庭在第 41（5）条程序中不审查事实的真实性，而是仅

---

[1] Trans-Global Petroleum, Inc. v. The Hashemite Kingdom of Jordan, ICSID Case No. ARB/07/25, Decision on the Respondent's Objection under Rule 41（5）of the ICSID Arbitration Rules, May 12, 2008, para. 88.

审查根据申请人所主张之事实能否初步推定诉请具有"法律实质"。易言之，仲裁庭并非完全不考虑事实问题，RSM 案仲裁庭对事实问题与法律问题之间关系的处理为我们提供了有益的指导。

第三，"法律实质"一词并不妨碍被申请人提出管辖权异议，第 41（5）条程序的异议既适用于请求的实质性问题，也适用于管辖权问题。

需要进一步说明的是，这使得 ICSID 仲裁机制下出现了三个可以审查管辖权问题的程序，即第 36（3）条、第 41（1）条和第 41（5）条。由于第 36（3）条下秘书长登记仲裁申请时的甄别权仅限于申请书中的信息，因此能够较为容易地与另外两个程序相区别。后两者即第 41（1）条和第 41（5）条程序虽然从字面意义上来说有着明确差别——后者中的"明显"标准对异议设置了更高门槛，要求被申请人"轻而易举"地证明管辖权异议。但是从实践的角度而言，具体个案中难易的判断并无绝对标准，很大程度上取决于仲裁庭的主观认识。例如，对于第三章所讨论的是否可以援引最惠国待遇引入第三方条约中的争端解决规则问题，虽然存在着激烈争论，但是该管辖权异议无疑是一个可以由第 41（5）条程序审查的法律问题；且由于有关主张已经得到不同仲裁庭的充分讨论，一个特定案件的仲裁庭或许会认为对该问题作出裁决所面临的难度不比已有第 41（5）条程序中的核心争点更大。有趣而又有些遗憾的是，美赞莱案和艾米斯案申请人均未提出基于最惠国待遇条款援引其他双边投资条约中更为广泛的仲裁同意的主张，① 使本书的这一设想无法得到验证。无论如何，如果不涉及事实问题的审查，被申请人都可以考虑利用第 41（5）条提出管辖权异议，争取尽早终结程序。即使在该程序下异议被驳回，被申请人仍有机会提出第 41（1）条的管辖权异议。

另一方面，被申请人享有的上述权利也导致仲裁庭提出了第 41

---

① 从另一个角度来看，这是否意味着该案申请人并不相信，最惠国待遇条款应该适用于有关仲裁同意范围的争端解决规则？如果答案是肯定的，也佐证了本书第三章的观点。

(5) 条程序下的第四项审查标准，即为实现与程序公平原则的平衡，仲裁庭应在决定是否驳回全部仲裁请求时谨慎行事。这种谨慎态度使得实践中除非认定缺乏管辖权（例如环球贸易案和 RSM 案），否则仲裁庭几乎不可能驳回全部仲裁请求，因为通常投资条约中的实体待遇规则（如公平公正待遇）涵盖范围广泛，被指控的政府措施涉及的事实问题也需要细致审查，申请人主张表面真实的事实以支持仲裁请求并非难事。相反，被申请人则很难"轻而易举"地证明有关请求"明显"无法以这些实体待遇规则为依据。

在确立了上述审查标准之后，应该如何评价第 41（5）条程序的价值？学者的看法曾随着实践的发展而发生转变。在环球石油案和布兰德斯案提出对异议的高要求且驳回异议之后，有学者怀疑第 41（5）条能否发挥作用。[①] 在环球贸易案和 RSM 案仲裁庭驳回全部诉请后，又有学者称赞该条为减轻国家诉累的有效途径。[②] 从已有的第 41（5）条异议实践来看，本书认为既不能高估也不应低估该程序的价值。一方面，已有实践中确实有部分实质性诉请能够通过该程序被迅速驳回，可以认为第 41（5）条发挥了减轻被申请人诉讼负担的作用。另一方面，深入研究这些被驳回的诉请可以发现，除非仲裁庭支持管辖权异议并以此为由驳回全部诉请，否则仲裁庭驳回的部分实质性诉请基本上都不是申请人提出的核心诉求（甚至申请人在仲裁庭作出有关裁决之前主动撤回某些诉请），因此被诉东道国的诉累得以减轻的程度较为有限。如前所述，产生这一结果的原因在于"明显"一词对异议成功设置的高要求、仲裁庭基于程序公平原则而持有的谨慎态度以及投资条约实体规则本身的性质与特点。不过，考虑到 IC-SID 设置该程序的初衷就是为了弥补秘书长甄别权不及于实质性事项

[①] Jarrod Wong & Jason Yackee, The 2006 Procedural and Transparency – Related Amendments to the ICSID Arbitration Rules, in K. P. Sauvant (ed.), The Yearbook on International Investment Law & Policy, Oxford University Press, 2010, p. 249.

[②] John R. Cock, Four Tribunals Apply ICSID Rule for Early Ouster of Unmeritorious Claims, ASIL Insight, Vol. 15, Issue 10, available at http：//www. asil. org/insights_ 2011. cfm.

的不足,能够让仲裁庭快速驳回某些实质性诉请,如果说与秘书长甄别权相比较表明这一初衷就是为了防止和驳回轻浮之诉的话,那么实践中减轻诉累的有限效果并未显著偏离该初衷。易言之,第41(5)条程序发挥了其能够发挥的作用。此外,被申请人可以利用该程序比第41(1)程序更早地提出管辖权异议,这一管辖权异议提前的效果或许并不为ICSID最初所预见。

六 双边投资条约采纳第41(5)条程序的实践与问题

由于第41(5)条程序能够在一定程度上制止轻浮之诉,晚近一些国家缔结的双边或者区域性投资条约也将类似程序直接纳入其所规定的国际投资仲裁机制之中。

此前提及的中智协定第十八条便是一例。该条以"初步异议"为名,同时规定了三种异议:(1)权利请求明显缺乏依据,即类似于ICSID仲裁规则第41(5)条的异议;(2)请求不在仲裁庭的管辖权或权限之内,即类似于ICSID仲裁规则第41(1)条的管辖权异议;以及(3)在法律上,权利的请求不属于依据第21条作出对申请方有利裁决的请求。条约并未进一步规定三项异议的适用条件和程序。在其中第一项和第二项异议的适用可以参照相关ICSID规则的情况下,缺乏针对第三项异议的具体规则显得略有不足。与之相比,晚近几个颇具影响的投资条约,如欧盟与加拿大缔结的CETA、欧盟提出的TTIP投资章节建议以及TPP,同样都规定了第一项和第三项异议,但规则更加详细。

(一)CETA的相关规定

CETA第8章"投资"第32条"明显缺乏法律实质的诉请"将ICSID仲裁规则第41(5)条程序纳入CETA,同时又参考了前述第41(5)条裁决中的解释和适用,进一步明确规定:(1)提出异议的当事方是被申请人;(2)法庭审理该项异议时"应假定所提出之事实是真实的",也就是说法庭不审查申请人所主张的事实的真实性问题。由于CETA第32条的存在,即使该条约下的投资仲裁选择适用的是 UNCITRAL 仲裁规则或其他当事方同意的仲裁规则，被申请人同样可以申请快速驳回"明显缺乏法律实质的诉请"。

直接于第 32 条之后，CETA 第 33 条以"法律上不成立之诉请"（Claims Unfounded as a Matter of Law）为题，规定了与前述中智协定第 18 条第 3 项异议相同的程序，即被申请人提出初步异议，"即使假定所提出之事实是真实的，在法律上，诉请或其部分也不属于可以作出对申请人有利裁决的诉请"。

"法律上不成立之诉请"异议实际上是采用了美国 2004 年和 2012 年双边投资条约范本第 28.4 条的程序，但将其单列成为一个条款且赋予新的名称。因此，第 32 条与第 33 条两个快速审议程序本身并非新生事物，但一个投资条约同时纳入这两个程序的情形却很少，CETA 是这方面的首创。

第 32 条和第 33 条程序的类似之处在于，首先两个程序下法庭均假定事实的真实性，即以审查法律问题为主；其次，两个程序的异议既可以针对实质性事项也可以针对管辖权问题。它们的主要区别是，第 32 条的门槛即"明显"一词对异议的要求高于第 33 条。相应地，两者的程序略有不同。第 32 条更强调审查的快速性质，要求在不迟于审理该案的法庭分庭组成后 30 天内，无论如何在第一次开庭之前，被申请人提出异议；分庭应该在第一次开庭或其后不久作出裁定。第 33 条的时限规定相对宽松，提出异议的时间应不迟于分庭确定被申请人提交辩状的日期，分庭在收到异议后应确定审议的工作时间表。

鉴于上述异同，首先可以肯定第 32 条下的异议完全可以在第 33 条下提出；其次，由于"明显"一词含义较为模糊，法庭审理时拥有较大的自由裁量权，实践中可能出现基本相同的异议在两个程序下先后被提出的情形。因此，为了避免法庭重复审理，第 32 条和第 33 条分别就它们相互之间的关系作出规定：第 32 条规定，如果被申请人先提出第 33 条异议，则不得再提出第 32 条异议；而根据第 33 条，如果第 32 条异议已经在先提出，则在"考虑异议的具体情形"的基础上，法庭可以拒绝审查第 33 条异议，该"具体情形"显然指的是前述两个程序下提出的异议基本相同的情形。

此外,第33条明确规定,它"不妨碍仲裁庭处理其他先决问题异议的职权或被申请人在合适时间提出此类异议的权利"。由于该程序没有排除审查管辖权事项,且提出异议时限与ICSID仲裁规则第41(1)条下的管辖权异议程序基本相同,因而产生的问题是,第33条可以取代ICSID第41(1)条下的管辖权异议吗?两者之间的关系如何处理?是否会出现同样的管辖权异议在两个程序中被重复提出的问题?CETA并未给出明确答案。

(二)欧盟TTIP建议中的有关规定

欧盟在其提出的TTIP投资规则建议[①]中也纳入了"明显缺乏法律实质的诉请"(建议第16条)和"法律上不成立之诉请"(建议第17条)两种异议程序,两个条款的规定与前述CETA第32条和第33条总体上类似,但是也有两点值得思考的区别。

第一,ICSID仲裁规则和CETA都要求"明显缺乏法律实质的诉请"异议必须在程序伊始提出,欧盟TTIP建议在此基础上做了扩展,还允许被申请人在程序进行中方才知晓有关事实的情形下提出异议,具体时限为知晓该事实之后30天之内。

第二,对两个异议之间关系的规定不同。欧盟TTIP建议第16条规定,分庭在本条项下的裁定不妨碍当事方提出第17条异议;第17条则规定,如果第16条异议待决,则一般不允许提出第17条异议,除非分庭在考虑案件情形后特别准予。因此,针对先提出"明显缺乏法律实质的诉请"异议、后提出"法律上不成立之诉请"异议的情形,CETA和欧盟TTIP建议的规定存在微妙差别,不过最终结果在通常情形下理应相同。

更明显的差别是,在CETA下,如果被申请人已经提出了"法律上不成立之诉请"异议,便不能再提出"明显缺乏法律实质的诉请"异议。欧盟TTIP建议删除了这一规定。一方面,由于该建议扩展了

---

① 关于该建议的背景和内容,具体参见本书第六章。

提出"明显缺乏法律实质的诉请"异议的时限,该删除便是一个符合逻辑的选择。另一方面,如果被申请人先提出"法律上不成立之诉请"异议,很快又提出"明显缺乏法律实质的诉请"(即不是基于程序进行过程中新发现的事实),欧盟 TTIP 建议没有明确禁止这一做法,是一个可能的程序漏洞。

(三) TPP 的有关规定

值得注意的是,TPP 投资章节第 22 条第 4 款针对该两类异议制定了同样的规则,① 即适用同样程序;然后在第 5 款进一步规定,如果被申请人在仲裁庭设立后 45 天内提出要求,仲裁庭应快速地(on an expedited basis)就第 4 款异议或任何管辖权异议作出裁决。这个"快速"被规定为提出该项要求后 150 天,可因举办听证会或特殊缘由再延长 30 天。

第 22 条第 4 款和第 5 款实际上基本照搬了美国 2012 年双边投资条约范本的第 28 条第 4 款和第 5 款,与后者唯一的差异在于,TPP 硬生生地将"明显缺乏法律实质的诉请"加至其中,而未对其另作规定。

从 TPP 的规定可以看出,首先,虽然从条约有效解释的角度来说,两类异议应该涵盖范围不同和各司其职,但是两类异议适用完全相同的程序,似乎暗示它们只是名称有别,实际上并无差异;其次,在 TPP 中,第 22.4 条本身并非快速审议程序,而是要在被申请人专门提出请求后才根据第 22.5 条快速审议。

(四) 不同条约规定揭示出的问题

如前所述,针对"明显缺乏法律实质的诉请"和"法律上不成立之诉请"两种异议程序,虽然中智协定、CETA、欧盟 TTIP 建议以及 TPP 都同时作出规定,但不同条约规定繁简不一,尤其在两个程序之间关系问题上存在不同规定。这似乎可以表明,有关缔约方对应该

---

① 该条款的相关规定是:"that, as a matter of law, a claim submitted is not a claim for which an award in fovour of claimant may be made…or that a claim is manifestly without legal merit。"

如何处理这种关系缺乏统一和明确的认识。本书认为，出现这种情况的原因在于，两种异议之间存在较大的重叠之处，主要区别在于"明显"这一程度的要求，然而该要求含义模糊，裁判机构拥有较大的自由裁量权，两种异议程序叠加在一个条约中并无必要。由于"法律上不成立之诉请"的异议缺乏实践检验，其作用和价值有待澄清，且其与 ICSID 仲裁规则第 41（1）条下的管辖权异议关系不清，如果需要在两个程序之中选择放弃一个，似乎以放弃"法律上不成立之诉请"异议为宜。

不过，虽然理论上可以主张一个投资条约同时规定该两种异议并无必要，但从实践角度而言，上述几个条约的选择也可以理解：首先它体现了对美国双边投资条约范本的尊重，说明了美国以及在其影响下其他美洲国家对"法律上不成立之诉请"异议的偏好；其次，加强国家对国际投资仲裁机制的控制是晚近许多国家缔约实践的政策取向，即使理论上同时规定两个异议程序并不经济，但国家仍希望保留更多程序武器在手，是可以理解的选择。

第六章

国际投资仲裁上诉机制的理论分析与设计构想

一 晚近国际投资条约中上诉机制的构想

近年来,中国与美国、中国与欧盟之间开展的双边投资条约谈判成为中国投资条约缔约实践的焦点问题。其中,虽然早在中国改革开放伊始,中美两国就已经于1980年10月签署了关于投资保险的投资保证协定,但两国关于缔结全面的双边投资条约的谈判却一直踟蹰不前,其中阻碍谈判进程的核心问题是准入前国民待遇。[①] 中国共产党十八大制定全面深化改革的战略方针后,作为"构建开放型经济新体制"的重要内容,2013年11月的十八届三中全会公报明确地提出"放宽投资准入",包括"加快同有关国家和地区商签投资协定""改革涉外投资审批体制"等具体举措。与此相应,中美双边投资条约谈判进程加快。在2013年7月两国第五轮战略与经济对话的《联合成果情况说明》中,中国明确表示:"中国同意与美国进行投资协定的实质性谈判。该投资协定将对包括准入环节的投资的各个阶段提供国民待遇,并以'负面清单'模式为谈判基础。"于是,准入前国民待遇这个谈判的症结问题得以解决,中美双方至2014年底便迅速就双边投资条约文本的主要条款达成一致。根据2015年7月的第七轮战略与经济对话的《联

---

① 关于2009年之前中美双边投资条约谈判的曲折历史,可参见 Cai Congyan, China - US Negotiations and the Future of Investment Treaty Regime: A Grand Bilateral Bargain with Multilateral Implications, Journal of International Economic Law, Vol. 12, No. 2, 2009, pp. 486 - 492。

合成果情况说明》，两国正在就投资准入的负面清单改进进行谈判。

如本书第一章所述，美国是晚近国际投资条约改革和转型的倡导者之一，其所倡导的各项改革措施在多大程度上被纳入中美双边投资条约，由于目前条约文本尚未公布，还不得而知。其中一个值得关注的问题是国际投资仲裁的上诉机制构想。

美国是在其双边投资条约范本中明确提出设立上诉机制的第一个国家，其2004年范本第28条第10款规定："若对缔约双方有效之另一多边条约建立上诉机构，以审查根据国际贸易或投资协定设立的审理投资争议的仲裁庭所作之裁决，则缔约双方应当努力达成一致，允许在上述多边条约对缔约双方生效后启动的仲裁中，由该上诉机构审查根据本条约第34条作出的仲裁裁决。"据此，美国在其晚近投资条约谈判中积极推进这一构想，有关上诉机制的规则被其一系列双边投资条约和自由贸易协定的"投资"章节所采纳，如它与乌拉圭（2005年）、卢旺达（2008年）之间的双边投资条约、[1] 2007年分别与巴拿马和韩国签署的自由贸易协定等。[2]

在2004年范本的规定基础上，现行的美国2012年范本[3]第28.10条还进一步就上诉机制的透明度问题作出补充规定："若未来在其他制度安排中发展出审查投资者—国家争议解决仲裁庭作出的裁决的上诉机制，缔约方应考虑该上诉机制是否适用于依据第34条作出的裁决。缔约方应努力确保其欲接受之任何此类上诉机制具有与第29条透明度条款相类似的程序透明度。"[4]

---

[1] Available at http://www.ustr.gov/trade-agreements/bilateral-investment-treaties/bit-documents.

[2] Available at http://www.state.gov/e/eb/tpp/bta/fta/fta/index.htm.

[3] Available at http://www.state.gov/documents/organization/188371.pdf.

[4] "In the event that an appellate mechanism for reviewing awards rendered by investor-State dispute settlement tribunals is developed in the future under other institutional arrangements, the Parties shall consider whether awards rendered under Article 34 should be subject to that appellate mechanism. The Parties shall strive to ensure that any such appellate mechanism they consider adopting provides for transparency of proceedings similar to the transparency provisions established in Article 29."

上述美国双边投资条约范本的规定表明，美国是希望在"其他制度安排"或"多边条约"中建立上诉机制。作为回应，2004年ICSID在其提出的国际投资仲裁机制改革设想中也提出设立多边的ICSID上诉机制。[①] 然而，正如本书第四章所述，包括ICSID仲裁规则第41(5)条在内的其他各项改革建议均成为现实，并在不同程度上发挥其应有作用，而只有上诉机制这一项建议未被2006年ICSID仲裁规则修订所采纳。ICSID表示，其搁置上诉机制的原因是各方认为设立该机制的时机尚不成熟，需要继续进行研究。[②]

ICSID在多边层面上设立上诉机制的尝试未获成功，美国缔结的投资条约中的相关规则因而也未产生实际效果。不过，虽然这些条约规则既没有直接规定上诉机制的具体内容，规则所使用的"应当努力达成一致"或"应考虑"的用语也没有向缔约方施加强制性义务，但是这并不意味着这些规则毫无意义或可以随意对待——首先，它们可以被解释为"谈判的承诺"，基于善意原则，未来缔约方或许需要提出理由为其不接受多边上诉机制的决定进行解释；其次，相应地，一个国家和地区在其缔结的投资条约中接受这些规则，或可视为其原则上支持设立国际投资仲裁上诉机制。

欧盟比美国更进一步，在2015年提出包括上诉法院在内的常设投资法院建议，并就上诉机制的具体内容作出了较为详细的规定。本书认为，不仅上诉机制是该欧盟建议的关键性组成部分，而且正确分析和评价欧盟建议需以充分理解投资仲裁上诉机制的理论和实际问题

---

① ICSID Secretariat, Possible Improvements of the Framework for ICSID Arbitration, Discussion Paper, Oct. 22, 2004, available at http://icsid.worldbank.org/ICSID/FrontServlet?requestType = ICSIDPublicationsRH&actionVal = ViewAnnouncePDF&AnnouncementType = archive&AnnounceNo = 14_1.pdf.

② ICSID Secretariat, Suggested Changes to the ICSID Rules and Regulations, Working Paper, May 12, 2005, available at http://icsid.worldbank.org/ICSID/FrontServlet? requestType = ICSIDPublicationsRH&actionVal = ViewAnnouncePDF&AnnouncementType = archive&AnnounceNo = 22_1.pdf.

为前提。因此,针对上诉机制和常设投资法院这两个可能构成国际投资仲裁的重大体制性变革的问题,本章和下章将分别进行详细讨论。

美国和欧盟的以上立场或建议表明,上诉机制是中美与中欧双边投资条约谈判中需要面对的问题。值得注意的是,我国在2015年6月与澳大利亚签署的自由贸易协定"投资"章节中已经接受有关上诉机制的规则,其第23条"上诉审查"规定:"自本协定生效之日起3年内,双方应启动谈判,以期建立上诉审查机制,审查在此上诉审查机制建立后依据本章第22条所作出的仲裁裁决。此上诉审查机制将审理有关法律问题的上诉。"这表明,我国对投资仲裁上诉机制并不排斥,完全可能在中美和中欧双边投资条约中也接受上诉机制。因此,对我国来说,上诉机制不是一个单纯的理论问题,而是迫切的实践问题;我们需要思考的不仅仅是要不要上诉机制,而是应该如何设立这一机制的问题。而另一方面,上诉机制的具体设计又与为什么需要上诉机制的问题密切相关,需要围绕着实现上诉机制的功能和作用而展开规划。

应该指出的是,2004年美国范本采纳、ICSID提出上诉机制设想的前后数年里,学界曾就该机制展开热烈讨论和激烈争论。当时所提出的各方观点需要予以归纳和总结,为我们现在审视上诉机制构想奠定了有益基础。同时,晚近国际投资条约和投资仲裁实践的新发展又为我们反思有关观点和主张提供了新的支持。本章将首先结合实践新发展,从支持和反对上诉机制的众多观点中抽丝剥茧,指明主要矛盾所在,确立上诉机制的根本性价值与功能。

二 上诉机制价值的衡量基准:加强裁决一致性

(一) 加强裁决一致性:上诉机制的主要和直接功能

提出投资仲裁中上诉机制的设立构想,目的就是为了应对仲裁裁决在解释和适用法律中的不一致问题。就上诉机制本身而言,其最主要和直接的功能、作用和价值就是增强裁决的一致性。

本书第二章业已指出,两组案件——劳德诉捷克案与CME诉捷克案、SGS 诉巴基斯坦案和 SGS 诉菲律宾案的不同裁决引起学者和公众对仲裁裁决的不一致的关注。对其他一些投资条约条款的解释和适用，仲裁庭同样持有不同意见和立场。典型代表便是最惠国待遇条款适用于争端解决程序规则问题，本书第三章对此进行了详细讨论。在实践中，仲裁庭甚至对不同的裁决严词指责，更加引起人们对一致性问题的担忧。这种不一致的存在，使人们怀疑相关裁决的正确性，思考如何纠正错误裁决的问题。然而，这些问题不能在现有的各种机制下得到有效应对。

根据 ICSID 公约第 52 条的裁决撤销程序只适用于下述情形：仲裁庭组成不当；仲裁庭明显越权；仲裁庭成员受贿；严重背离基本程序规则；裁决未陈述其所依据的理由。因此，该程序仅限于纠正"程序不公"的裁决，不是上诉审查，不能有效审查裁决的事实认定和法律适用方面的错误，并且实践中该程序较为拖沓，效率不高。对非 ICSID 投资仲裁裁决虽然可以进行仲裁地国内法院复审，但复审通常也只是限于程序性事项，并且不同国家甚至同一国家法院是否废除仲裁裁决的判定及理由也缺乏一致性。①

与此形成鲜明对照的是 WTO 争端解决机制。虽然它也存在种种不足，但其上诉机制的积极作用得到普遍认可。贸易与投资密切关联，两者在晚近缔结的自由贸易协定中大多同时被涵盖在内。现有 WTO 条约已经包括调整某些投资问题的规则，在 WTO 体系下纳入全面的投资协定的建议也一直不绝于耳。因此，效仿 WTO 机制，设立国际投资仲裁的上诉机制的构想得以产生。

作为管理国际投资仲裁的主要机构，ICSID 在其设立上诉机制的尝试中明确提出，增强裁决一致性是该机制的目的，虽然不一致问题

---

① 不少学者分析了这些机制存在的不足，例如，刘笋：《建立国际投资仲裁的上诉机制问题析评》，载《现代法学》2009 年第 5 期，第 124 页；Noah Rubins, Judicial Review of Investment Arbitration Awards, in F. Ortino, A. Sheppard & H. Warner (ed.), Investment Treaty Law: Current Issues Volume 1, British Institute of International and Comparative Law, 2006, pp. 75 – 81.

并非都存在于 ICSID 仲裁之中，也不是投资仲裁的普遍现象。①

学者们普遍持有类似立场。例如，弗兰克指出："一个成员精干和稳定的上诉机构可以专注于建立清晰和一致的判例法，纠正个别裁决中的法律错误……重建对机制的信任，增强一致性，确保可预见性，降低产生不一致裁决的风险，从长远来看使该机制更具合法性和可持续性。"② 这段表述较为精炼和全面地阐明了上诉机制的主要作用。刘笋也认为，在支持上诉机制的诸多理由中，"最令人信服的理由就是上诉机制将有助于推动仲裁庭解释投资条约的准确性和一致性"。③

(二) 一致性与准确性的关系

本书强调，上诉机制的主要功能是加强裁决的一致性，因此一致性与准确性之间的关系需要仔细推敲和说明，因为从严格意义上而言，两个概念不能简单地等同。

首先应该说明，"准确"并不等同于"正确"。对裁决正确性的评价与评价者的立场密切相关。显然，个案的双方当事人对"正确"的裁决大体上具有相反的期待。基于不同立场和价值取向，其他评论者通常也可能对裁决的正确与否持有不同意见。④ 因此，讨论上诉机制的功能与作用的基准不应该是"正确性"，而是"准确性"，即与规则相符的"准确"裁决。

---

① ICSID Secretariat, Possible Improvements of the Framework for ICSID Arbitration, Discussion Paper, Oct. 22, 2004, available at http://icsid.worldbank.org/ICSID/FrontServlet?requestType = ICSIDPublicationsRH&actionVal = ViewAnnouncePDF&AnnouncementType = archive&AnnounceNo =14_ 1. pdf.

② See Susan D. Franck, The Legitimacy Crisis in Investment Treaty Arbitration: Privatizing Public International Law through Inconsistent Decisions, Fordham Law Review, Vol. 73, 2005, p. 1607.

③ 刘笋：《建立国际投资仲裁的上诉机制问题析评》，载《现代法学》2009 年第 5 期，第 128 页。

④ 例如，学者明确指出："南海仲裁已成为一个典型的屁股决定脑袋的论题。"莫世健：《中菲南海仲裁庭逻辑瑕疵初论》，载《法学评论》2016 年第 3 期，第 107 页。

其次，虽然"一致性"并不能等同于"准确性"，但两者之间存在密切关系。实践表明，裁决的不一致程度越高，即使可能存在解释这种不一致的理由，也更容易让人质疑裁决的准确性。关于最惠国待遇能否适用于争端解决程序规则的争论便是明显的例证。相反，具有一致性的裁决更接近于共识，其"准确性"更易得到认同，也可以说更可能实际存在。因此，从普遍意义而言，通过加强和实现裁决一致性，上诉机制可以为准确性提供保障。换句话说，"一致性"可以造就"准确性"。同时，在个案意义上，通过审查和纠正被上诉的不一致裁决，"准确性"得以实现。这时，上诉机制对准确性的保障作用更加直观和明显。

除了通过增强裁决一致性来保障准确性之外，还有必要回答另一个对上诉机构裁决的准确性的可能质疑：如果有关规则用语模糊，可能存在不同解释，解释者因而拥有一定的自由裁量权，那么如何能够确定，上诉机构裁决是准确的，而不是被上诉的裁决？难道没有上诉机构犯错误的可能？本书认为，我们当然不能排除上诉机构犯错误的可能，但是，除了从认知的角度解释"一致性"造就"准确性"之外，我们还可以通过适当的制度设计，减少上诉机制下专业素质或利益冲突等原因造成不准确裁决的可能。关于利益冲突，常设上诉机构能够更有效地保证法官的独立性，对此下文再加以详细阐明。关于专业素质，由于投资争端可能涉及复杂和专业的事实认定，需要不同方面的专业知识，目前不少 BIT 有意识地对仲裁员的专业素质未做明确规定，而是将选择权交给当事方。因此在仲裁实践中，仲裁员可能是经济学家或其他方面的专家，而不是国际法专家，不一定具备解释和适用国际法规则的相应素质，仲裁裁决可能不当地解释和适用法律。这一类错误将在很大程度上得以避免，如果我们将上诉机制的职能界定为主要审查法律问题，相应要求法官必须是国际法的权威人士。

最后，综观各方对上诉机制的功能和价值的分析与探讨，裁决的一致性是核心与焦点，而"准确性"并不总是被相提并论。前文分析可以有力地解释这种差异：一方面，它并不意味着"准确性"是无关紧要的问题，更不能因此否认上诉机制保证裁决准确性的作用。另一方面，它恰恰证明和凸显了"加强裁决一致性是上诉机制的主要和直接功能"这一命题。

（三）一致性与合法性的关系

在加强裁决一致性的基础上，上诉机制可以纾解对投资仲裁的公众质疑，对机制的合法性起到支持作用，因为"裁决的一致性和准确性是仲裁机制长久保持合法性的保障"。[①] 不过，缓解"正当性危机"虽然重要，但只是上诉机制的派生功能。既不宜高估也不应低估这一功能。

一方面，对投资条约和投资仲裁的正当性存在诸多质疑，裁决不一致问题只是其中之一，甚至可能并非主要问题。[②] 相应的，上诉机制自然只能解决部分问题，不能高估其作用。

另一方面，由于"上诉机制不是正当性危机的唯一解药"，[③] 如果人们从全面消除"正当性危机"的角度来考虑和评估，可能低估上诉机制的作用和价值。这种低估表现在实践中是：当确定落实上诉机制构想存在多方面困难之后，这一构想便被束之高阁，注意力被转移到其他"解药"之上。

然而，其他"解药"也不能完全消除对投资仲裁机制的质疑。实际上，晚近实践表明，纾解"正当性危机"没有"唯一解药"，我们仍然需要上诉机制。从长远的角度看，即使不考虑应对"正当性危机"的需要，一致性和可预见性仍是值得追求的重要法律价值，为其

[①] 刘笋：《建立国际投资仲裁的上诉机制问题析评》，载《现代法学》2009年第5期，第123页。

[②] 主要和根本性的质疑是国际投资条约规则的"失衡"，这种"失衡"既存在于投资仲裁的程序规则，也存在于投资条约的实体规则，后者可能更为重要。学者对此多有论述，例如，余劲松：《国际投资条约仲裁中投资者与东道国权益保护平衡问题研究》，载《中国法学》2011年第2期。

[③] 谢宝朝：《投资仲裁上诉机制不是正当性危机的唯一解药》，载《世界贸易组织动态与研究》2009年第4期。

提供保障的上诉机制独具意义。因此,企望上诉机制消除对投资仲裁的所有质疑,显然不现实,也不应当成为低估和反对上诉机制的理由。对该机制的价值衡量,应该拨开迷雾,仍然直面问题的本质——增强裁决一致性的功能。上诉机制在何种程度上产生纾解"正当性危机"的作用,归根到底取决于其本质性功能的发挥。

(四) 对加强一致性价值的质疑:解析与回应

上文着重论证了,增强裁决一致性是上诉机制的主要功能,是评判其价值的根本。显然,为加强和保证论证的说服力,我们还必须分析和回答上诉机制的反对者对该价值所提出的质疑。

塔维尔认为,从总体上来看,ICSID框架下的投资仲裁保持着良好的运转,大部分裁决是一致的,因此无须上诉机制。[①] 亚历桑德罗夫虽然没有直接反对上诉机制,但是也主张,对裁决不一致的指责言过其实。[②] 莱德和阿斯克认为,"软先例"(soft precedent)以这样或那样的形式已经存在于投资仲裁之中,也已经在裁决中实际形成了一致性。[③]

诚然,如果全面分析仲裁裁决的结论和推理,可以认为,在很多法律问题上仲裁庭之间存在相当的一致性。而针对不同裁决之间的差异,不同理解可以让评论者得出不同结论。例如,本书第三章对解释最惠国待遇条款的案例分析表明,不一致和一致性从不同的角度来看都是存在的。亚历桑德罗夫就主张,很多不一致的裁决结果是由不同

[①] See Guido Tawil, An International Appellate System: Progress or Pitfall?, in F. Ortino, A. Sheppard & H. Warner (ed.), Investment Treaty Law: Current Issues Volume 1, British Institute of International and Comparative Law, 2006. 他认为,ICSID真正需要解决的是另外一些问题,包括冗长的程序、缔约方没有充分重视向中心指派仲裁员问题等;其中,执行难是最重要的问题,不过这在中心成立之时就已经存在。

[②] See Stanimir A. Alexandrov, On the Perceived Inconsistency in Investor - State Jurisprudence, in Jose E. Alvarez et al. (eds.), The Evolving International Investment Regime: Expectations, Realities, Options, Oxford University Press 2011, p. 60.

[③] See Ian Laird & Rebecca Askew, Finality versus Consistency: Does Investor - State Arbitration Need an Appellate System?, Journal of Appellate Practice and Process 2005, p. 299, 301.

第六章 国际投资仲裁上诉机制的理论分析与设计构想

的事实和条约条款造成,即使在那些确实存在矛盾的解释中,矛盾的程度也被夸大。① 同时,考虑到国际法中没有严格的先例制度,"软先例"也是正常和合理的。WTO 争端解决机制下,上诉机构创造的也只是事实上的先例。在当前的国际法背景下,这一点不会因为上诉机制的有无而改变。

然而,即使只是少数现象,不一致的裁决仍然是真实存在的事实。即使学者和专家可以理性地分析这些现象,它们给整个投资仲裁机制带来的消极影响也不可小觑,尤其是公众对该机制的认知值得充分重视。因此,本书认为,积极解决问题是更为可取的选择。上诉机制不会改变而是加强"软先例"的作用,能更好和更及时地避免和纠正与其不一致的裁决。此外,如果对某个法律解释和适用已经达成一致性,针对其提出上诉可能性便不会太高。在此情况下,没有必要过于担忧由于设立上诉机制而产生的诉累。

另外一些学者例如吉尔不否认裁决的不一致问题,但是认为不一致是法律生活的现实(fact of life),因而缺乏设立上诉机制的必要性。具体而言:首先,并不是只有投资仲裁庭才会作出不一致裁决,在商事仲裁和国内司法诉讼中,不同判决或裁定也是寻常事。其次,正是对特定法律问题的不同观点的争鸣,才会使其中一种观点在大浪淘沙之后脱颖而出,得到广泛认可,最终形成一致性。②

此种观点确实可以得到部分裁决实践的支持,本书第三章的分析便在一定程度上提供了佐证——至少可以说一致性正在形成之中。然而,依赖于仲裁实践的自我调整和发展,裁决一致性的实现或许需要较长时间。此种实践发展或许已经难以满足实际需要,尤其考虑到目

---

① See Stanimir A. Alexandrov, On the Perceived Inconsistency in Investor – State Jurisprudence, in Jose E. Alvarez et al. (eds.), The Evolving International Investment Regime: Expectations, Realities, Options, Oxford University Press 2011, p. 60 – 65.

② See Judith Gill, Inconsistent Decisions: An Issue to be Addressed or a Fact of Life?, in F. Ortino, A. Sheppard & H. Warner (ed.), Investment Treaty Law: Current Issues Volume 1, British Institute of International and Comparative Law, 2006, pp. 23 – 28.

前投资仲裁机制所受到的强烈质疑。最为严重的情形是，如果这种质疑影响到机制本身的持续，那么实践的自我调整也将是海市蜃楼。相应的，从及时回应和纾解"正当性危机"质疑的角度而言，通过加快一致性的形成，上诉机制的价值得以体现。因此，比绍普一方面认为目前裁决不一致现象是法律发展的正常表现，另一方面也承认上诉机制有助于消除各方疑虑，让投资仲裁实现可持续发展。① 同样不容忽视的是，如果一个特定案件的裁决出现错误，有关当事方的利益遭受重大的不利影响，并不能通过未来实践形成的一致性得到救济。对于个案当事人而言，通过上诉机制及时纠正错误的必要性便因此得以凸显。最后，如果说裁决不一致是"生活的现实"，则意见分析同样也是，甚至在某一个业已形成一致性的问题上也可能有个别裁判者"离经叛道"。因此，即使通过实践发展可以形成较为成熟的法律体系，上诉机制对法律适用的一致性和可预见性的保障仍是有益和必要的。

有学者还从"建立上诉机制的推动力"这一视角进行分析并提出：首先，发展中国家对国际投资仲裁本来就缺乏兴趣，"而上诉机制必然会导致解决程序更加漫长，费用更加巨大，可能使发展中国家得不偿失，这就进一步削弱了发展中国家建立上诉机制的动力"。其次，同一投资者很少出现在两个投资仲裁案中，"因此裁决的正确性，从另一角度将裁决对投资者利益的保护才是投资者所渴求的"，而"对裁决的一致性毫无兴趣"。再次，发达国家总体上在投资仲裁中被诉次数较少，因而"绝大多数发达国家对投资仲裁上诉机制的设立持漠不关心的态度"。②

本书认为，上述观点揭示了有关各方在投资仲裁实践中的部分利

---

① See Doak Bishop, The Case for an Appellate Panel and its Scope of Review, in F. Ortino, A. Sheppard & H. Warner (ed.), Investment Treaty Law: Current Issues Volume 1, British Institute of International and Comparative Law, 2006, pp. 15 – 21.

② 谢宝朝：《投资仲裁上诉机制不是正当性危机的唯一解药》，载《世界贸易组织动态与研究》2009 年第 4 期，第 26 页。

益需求，对整体利益格局的把握则略有不足。第一，从整个国际法层面上来看，通过国际司法机制解决争端已经得到越来越广泛的接受。对国家愿意接受国际司法机制对其主权的限制的原因和动机，可以作出不同解释，但该机制总体上符合国家的利益应该是不争的事实。在这一点上，ISDS 和其他国际司法机制并无实质区别。第二，尽管发展中国家的主观意愿可能是对投资仲裁"缺乏兴趣"，但现实是它们之中大多数已经接受了这一机制，并受到相关条约规则的约束，在这一背景下，改善已有机制应该是更加现实和理性的选择。第三，如果国际投资法律能够得到一致的解释和适用，东道国尤其是发展中国家能更好地预见行为的法律后果。相反，一致性的缺失可能导致莫测甚至不合理的损害赔偿裁决，与之相比，由于上诉机制而增加的程序负担或许更易接受，而且适当的程序设计可以减轻这种负担。第四，"一致性"关注的是相同或类似法律问题，对于可能多次被诉的东道国当然意义更大，但并不等于投资者可以对此漠不关心。实践中，某个跨国公司多次在投资仲裁提出申诉的例子并不鲜见。即使某个特定投资者真的在其一生中只提出一次申诉，"软先例"带来的一致性仍然对其有益，其诉讼策略无疑必须参考相关"软先例"。或许恰恰正是这一类投资者，不大可能进行赌博式的申诉。保护其利益的裁决是投资者期望得到的结果，但提出申诉、启动程序的决策是以可以预见的法律结果为基础的。综言之，除非完全抛弃一个法律制度，否则它的一致性、可预见性和确定性是所有利害关系方都需要的，无论提出申诉的投资者还是被诉的东道国都对裁决的一致性有着利益需求。

  从本质上来看，对上诉机制的主要功能即加强一致性，前述基于"推动力"的反对意见并没有予以否定。它更主要是从利弊衡量的角度质疑上诉机制的实际吸引力，其有益之处在于揭示了加强机制的吸引力的必要性。这一点应该在上诉机制的制度设计得到充分重视。

  以上对各种质疑的解析表明，它们都没有拒绝承认上诉机制加强裁决一致性的价值，而是试图从不同角度否定上诉机制的必要性。也就是说，无论支持还是反对设立上诉机制，各方对该机制的主要功能并无异议。这一点应该可以成为讨论问题的出发点和基础。不同意见和争论的焦点在于，是否有必要为了实现裁决的一致性而设立上诉机制。简言之，必要性问题是主要矛盾。

必要性的本质是利益衡量。在有关上诉机制的利益天平上，一端是上诉机制能够创造的价值，也就是对裁决一致性的促进。另一端则包括两个方面的考虑，它们实际上密切关联，但为理论分析的目的可以加以区别：一是为设立上诉机制可能需要付出的代价，主要是如何与现有投资仲裁机制进行协调，二是上诉机制设立之后可能带来的新问题，主要是新增的程序可能施加的诉讼负担。我们或许难以量化两端的价值和代价，但无疑可以澄清衡量的思路与方法——新机制越能保障促进一致性功能的发挥，其所带来的新问题越少，天平将越倾向于设立上诉机制的一端；反之，促进一致性的增加值愈小，需要克服的困难越大，天平越可能倒向另一端。这样，必要性与可行性接轨。论证上诉机制的必要性需要考虑机制的可行性或者说可接受性，需要为之设计可行方案。提高上诉机制的可行性则相应地需要回答相互关联的两个问题，一是怎样更有力保障促进一致性功能的发挥，二是如何克服设立机制的困难和减少新增的程序负担。两个问题都将通过上诉机制的制度设计得到解答。值得注意的是，在解决某些具体问题时，或许需要避免非此即彼的僵硬思路，而应在不同因素的考量中寻求平衡。

三　保证上诉机制实现一致性功能的制度设计

本书认为，为更有力保证上诉机制实现一致性功能，多边常设上诉机构才是适宜的制度选择。

第一，实现一致性需要多边层面上的单一上诉机制；若是依据不同的双边条约，设立诸多并存的上诉机制，则将劳而无功。

显然，依据一项双边投资条约设立的上诉机制只能适用于基于该条约的投资仲裁，仅仅能够保证该条约条款的解释和适用的一致性。它无法应对根据不同条约就相同或类似法律问题作出的不一致裁决，而这才是仲裁实践面临的主要问题。因此，支持上诉机制构想的学者一致认为，应设立一个多边上诉机制。① 这也是 2004 年的 ICSID 构想的基点。诚然，晚近缔结的美国投资条约采取了双轨制的策略：一方面条约正文中的条款指向"多边条约建立上诉机构"，另一方面条约附件（如 2003 年与智利、2007 年与韩国缔结的自由贸易协定投资章节）额外约定，缔约方在三年内考虑双边上诉机制的可能性。但是，两项约定的用语和在条约中的位置确定无疑地表明，多边上诉机制是缔约方的优先选择，双边上诉机制仅仅是过渡性安排。而事实上，在几个相关美国投资条约基础上还未曾设立双边上诉机制，表明有关缔约方并没有设立此种机制的强烈意愿。

第二，一个常设上诉机构更能保证一致性的实现。

反对上诉机制的一个重要理由涉及其裁决的权威性和准确性：投资仲裁庭的仲裁员已经是由拥有最佳资历和声望的律师与学者担任，那么我们还能依据什么标准来挑选上诉机构成员？② "在现有的投资仲裁制度上再加一个上诉审级不过是把案件从一个仲裁庭手中转移到另外一个组成人员的素质与其几乎一样的仲裁庭手中而已……很难保证上诉庭在很短的时间内能比与其资质基本相同的初裁庭更加准确地挖掘案件事实和更加精确地适用法律。因此上诉机制的建立并不必然提高裁决的准确性。"③

仅仅从专业素质的角度而言，上述反对理由确有一定说服力。但它没有考虑已有投资仲裁机制运作的一个"市场规律"（同时也是该

---

① 例如，衣淑玲：《国际投资仲裁上诉机制探析》，载《甘肃社会科学》2007 年第 6 期，第 112 页；Doak Bishop, The Case for an Appellate Panel and its Scope of Review, in F. Ortino, A. Sheppard & H. Warner (ed.), Investment Treaty Law: Current Issues Volume 1, British Institute of International and Comparative Law, 2006, p. 18.

② See Judith Gill, Inconsistent Decisions: An Issue to be Addressed or a Fact of Life?, in F. Ortino, A. Sheppard & H. Warner (ed.), Investment Treaty Law: Current Issues Volume 1, British Institute of International and Comparative Law, 2006, p. 26.

③ 谢宝朝：《投资仲裁上诉机制不是正当性危机的唯一解药》，载《世界贸易组织动态与研究》2009 年第 4 期，第 25 页。

机制备受质疑的重要原因）：相关人士不仅可能在某些案件中担任仲裁员，也可能在另外一些案件中受聘为争端当事方的律师或法律顾问，这样他们的经济利益便与案件数量具有了正相关的联系。而在当前投资仲裁机制下，通常情形是投资者提出申诉，进而启动仲裁，案件数量基本上取决于投资者提出申诉的次数。于是，作出有利于投资者的裁决可以激励潜在的申诉，从长期来看是有利可图的。在这一背景下，常设机构的设立便具有了特别的针对性：常设机构成员拥有固定职位与薪酬，他们的任期也是事先确定的，在任期内还可以对他们的独立性尤其是不得从事相关法律事务提出特别要求，因而对于机构成员而言，这些规则将在相当程度上切断案件数量和经济利益之间的正相关关系。在此基础上，常设机构可以拥有作出更准确裁决的权威性，即使该机构的成员不一定具备比现有仲裁员更高的专业素质。

换个角度而言，如果不设立常设上诉机构，而是同现有投资仲裁机制下仲裁庭的组成方法一样，上诉机构的成员也是由一个具体争端的当事方选任，那么在初审和上诉审仲裁员的选择之间将出现一个悖论：理论上，当事方应当指定其所认为之最佳人选来裁判是非曲直，如果他们在初审程序中已作此选择，则将缺乏充分依据在上诉程序中指定其他人选；反之，如果认为他们选择的上诉审仲裁员是最佳人选，便会得出一个不合情理的推论，即他们有意选择并非最佳的初审仲裁员，不打算以最好和最快的方式解决争端，而是从一开始便期待上诉审查。因此，上诉审查的权威性要求是设立常设上诉机构的有力支撑。

与临时组成的仲裁庭相比，常设机构的优势还在于，其成员数量相对有限，人员组成稳定，机构的工作尤其是作出的裁决更容易保持一致性。①

---

① ICSID 裁决撤销程序下，在任命撤销委员会成员时，为促进更加一致裁决的作出，ICSID 已经在注意保持任命的延续性。See Christoph Schreuer, The ICSID Convention: A Commentary, 2nd ed., Cambridge University Press, 2009, pp. 1029–1034。

由于常设机构的上述作用,有学者提出设立常设仲裁庭的建议,以解决"正当性危机"。① 实践中,欧盟更是提出常设投资法院建议。这些都有力证明常设机构在保证裁决一致性方面的重要性。不过,本书下一章将详细分析欧盟的常设投资法院建议的可行性缺陷。在此仅简略指出,国际投资仲裁案件数量较多,涉及事实和法律问题较为复杂,如此繁重的任务实际上应该无法依靠仅仅十几位仲裁员或者法官来完成。为保证该常设机构的有效运作,只宜赋予其较为有限的职能,即负责上诉审查,并且仅限于审查法律问题。

此外,如果常设上诉机构的职能限于法律审查,则可以且应该对其成员设定国际法上最高素质标准。这样,在法律上,该机构的权威性可以得到加强。此前提及的不足(即现有投资条约对仲裁员资格条件并无严格要求)也可以在很大程度上得到弥补,尽管仲裁实践中仲裁员已具备优秀专业素养。

综合上述论述,为保证裁决的一致性和上诉裁决的权威性,多边常设上诉机构是必需的选择。

在当前国际法体系下,当人们提及多边常设上诉机构,首先进入视野的便是 WTO 争端解决机制中的上诉机构。如前所述,它的成功是推动产生投资仲裁上诉机制构想的原因之一。2004 年的 ICSID 建议也将 WTO 上诉机制作为主要参照对象。② 因此,一些投资仲裁上诉机制的质疑者试图论证,WTO 上诉机制的成功无法移植于投资仲裁机制之中。例如,勒刚认为,WTO 上诉机制建立在 WTO 多边条约基础之上,主要职能是解决这些多边条约下产生的争端,争端解决机制解释 WTO 条约的一致性符合所有 WTO 成员方的利益。但国际投资条约

---

① 刘京莲:《国际投资仲裁正当性危机之仲裁员独立性研究》,载《河北法学》2011年第9期,第122页。

② ICSID Secretariat, Possible Improvements of the Framework for ICSID Arbitration, Discussion Paper, Oct. 22, 2004, available at http://icsid.worldbank.org/ICSID/FrontServlet? requestType = ICSIDPublicationsRH&actionVal = ViewAnnouncePDF&AnnouncementType = archive&AnnounceNo = 14_ 1. pdf.

体系具有完全不同的特点。它主要由双边条约组成,数量众多的条约有各自不同的缔约国家、缔约时间和背景。因此,有关各方不会像WTO成员方那样期待投资条约解释的一致性。"例如,对保证法国—埃及BIT与新加坡—美国FTA投资章节得到一致的解释,美国不一定感兴趣。相反,不少国家极力细化它们的投资条约,因为它们期望这些条约赋予的保护与其他国家的投资条约有实质性差异……国家或许期待投资条约裁决的一致,但是不会期待这种一致性达到协调所有投资条约规则的程度,即无论条约规则有何不同,结果都相同。"[1] 施耐德同样着重强调WTO条约与国际投资条约的不同,WTO上诉机制的根本功能是发展和协调条约的适用,投资仲裁中当事方的目标则是解决他们之间的争端,而不是发展法律。[2]

  本书认为,首先,我们不能人为地割裂投资争端当事方解决争议的意愿与投资法律一致性的需要之间的关系。为解决争端之目的,当事方同样可以选择磋商、谈判等其他非法律方式。既然当事方选择基于投资条约的仲裁作为解决方法,条约法律适用的一致性便不再是可有可无的问题;当事方期待以法律为依据解决争端,便对法律得到一致的适用有了合理期待,否则他们将无法作出理性的选择。在投资仲裁语境下,解决争议的意愿与法律一致性之间密不可分,甚至从理性的角度来看只是同一硬币的两面而已。同样,法律适用的一致性当然不等于无视条约用语差异的"协调化",但这并不是说一致性毫无意义。

  其次,应该承认,前述学者的主张揭示了困扰投资仲裁中上诉机

---

[1] Barton Legum, Visualizing an Appellate System, in F. Ortino, A. Sheppard & H. Warner (ed.), Investment Treaty Law: Current Issues Volume 1, British Institute of International and Comparative Law, 2006, pp. 125 – 126.

[2] See Michael Schneider, Does the WTO Confirm the Need for a More General Appellate System in Investment Disputes?, in F. Ortino, A. Sheppard & H. Warner (ed.), Investment Treaty Law: Current Issues Volume 1, British Institute of International and Comparative Law, 2006, p. 104.

制的主要难题,即该机制促进裁决一致性的作用与现有双边条约体系之间存在固有的不协调。尽管大量的 BIT 具有类似的结构,规定了相同类型的规则,但这些规则的具体用语往往有着或大或小的差异。约文解释方法在习惯国际法的条约解释规则中具有首要地位,因而仲裁庭对相同或类似问题作出不同裁决时,往往强调所适用之条约条款的用语与其他裁决适用的条款不同。诚然,约文差异可能是国家在缔结不同条约时有意识选择的结果,① 在法律解释和适用中当然不能对其视而不见。因此,"即使单一多边上诉机构也可能因为条约用语在这些问题上作出不同结论"。② 这将可能影响或妨碍上诉机制促进一致化功能的发挥。因此,阿普莱顿在细数种种不可克服的困难后强调:"这不是说在当前国际投资条约的局限下设立上诉机制不可行,但它是困难的。"③

我们应该客观地面对上述困难,并寻找解决的方法。以 BIT 为主体的现有投资条约体系具有碎片化特征,该特征是导致出现不一致裁决的根源;裁决的不一致既是碎片化的具体表现,又进一步加剧了碎片化或者说人们对碎片化的感知。设立上诉机制的目的正是为了应对碎片化的消极影响。但这些消极影响不能通过上诉机制完全得以消除,因为在解决碎片化问题上,最有效的途径显然是各国谈判和签署一项世界性的多边投资条约,并在此基础上建立一个"世界投资组织",用以取代有关国家的双边投资条约。碎片化问题本身将通过该多边投资条约基本得到解决(与参加该条约的国家数

---

① 因此,在关于 BIT 中同类型的规则能否形成习惯国际法的争论中,此种用语差异会成为反对意见的依据,参见张庆麟、张晓静《国际投资习惯规则发展状况分析——以双边投资条约为考察对象》,载《法学评论》2009 年第 5 期。同样,该用语差异也是反对多边投资条约的重要理由。

② Doak Bishop, The Case for an Appellate Panel and its Scope of Review, in F. Ortino, A. Sheppard & H. Warner (ed.), Investment Treaty Law: Current Issues Volume 1, British Institute of International and Comparative Law, 2006, p. 20.

③ Barry Appleton, The Song Is Over: Why It Is Time to Stop Talking about an International Investment Arbitration Appellate Body, American Society of International Proceedings 2013, p. 24.

量正相关)。在其框架下设立一个上诉机制将是水到渠成,它的任务也将是解释和适用一项条约的规则,其一致性的实现也容易得多。但是,这是否意味着,上诉机制只有建立在这一多边投资条约框架下才能发挥作用呢?

认为上诉机制在现有双边投资条约体系下是不可行的,实质上就是给上诉机制的有效运行预设了一个前提,即存在多边投资条约。然而,从当前国际投资条约的缔约实践来看,谈判和签署一项世界性的多边投资条约的现实可能性未必大于设立上诉机制的可行性。毕竟上诉机制仅仅涉及程序规则,而多边投资条约应同时包括投资待遇的实体规则和程序规则,上诉机制极有可能是其组成部分。上诉机制构想的提出,正是考虑到多边投资条约的现实可能性不足。在这一点上,上诉机制的支持者和反对者的立论基础截然相反。不解决这个立论基础问题,双方只会自说自话,完全无法找到解决分歧的办法。

本书认为,比较两种立论基础,将多边投资条约预设为前提的论点更欠缺合理性,更不适当,其原因在于:第一,如上所述,实现世界性的多边投资条约比上诉机制更为不易,面临的困难更多。如果各国具有足够的政治意愿,当然应该选择更有效的解决办法,即多边投资条约。但是如果没有足够政治意愿,应该遵循解决问题的正常途径,也就是采取渐进方法,先易后难。以需要克服更大困难为由,拒绝克服较小困难的努力,并不是现实中的通常做法。第二,一方面承认,减轻碎片化的消极影响需要上诉机制,另一方面却主张,上诉机制以多边投资条约为前提,而实质上在多边投资条约框架下碎片化问题已经在相当程度上得以解决,这在逻辑上是自相矛盾的。因此,如果接受"需要上诉机制以加强一致性"(如前文所述)的立场,不否认现有投资条约体系下上诉机制的可行性便应该是合乎逻辑的选择。这并非无视上诉机制所面临的实际困难,但"有困难"与"不可行"之间不能画等号。剖析实际困难,提供解决方案,正是学者的职责所在。探寻解决困难的方案时应当遵循一个指导思想,即合理与现实的目标是促进现有投资条约体系下法律适用的一致性，它不必达到类似于 WTO 条约体系中的一致性高度。因此，在一致性和解决实际困难之间应当寻求妥协与平衡。

四　现有双边投资条约体系下上诉机制面临的问题与应对

（一）一致性与"一裁终局"

学者普遍承认，"一裁终局"是仲裁（特别是商事仲裁）最为重要的特性。① 显而易见，上诉机制的构想与"一裁终局"原则之间相互矛盾。如果坚持遵从"一裁终局"，则必须拒绝上诉机制。但是实际上，在围绕投资仲裁上诉机制所进行的争论里，即使反对者也很少将"一裁终局"视为不可跨越的鸿沟。在学者眼中，"一裁终局"并不真正构成妨碍上诉机制设立的羁绊，具体的原因可以概括为三个方面。

第一，"一裁终局"获得广泛认可的原因在于，它使仲裁能够比诉讼程序更为高效地解决争端，这是仲裁的主要优势之一。但"确保裁决结论的正确性是仲裁体制本身应当追求的目标之一"，② 效率并非唯一目标。因此，"与更好地保证仲裁裁决的实体公正和程序公正等价值目标相比，仲裁的终局性并非不可以改变"③。

第二，投资仲裁有一些不同于商事仲裁的重要特征，例如"涉及国家，最终由这些国家的国民通过纳税来承担履行损害赔偿裁决的财政负担"。④ 因此，在投资仲裁机制下，应重新衡量"一裁终局"。

---

① 参见谢石松主编《商事仲裁法学》，高等教育出版社 2003 年版，第 128 页。
② 刘笋：《建立国际投资仲裁的上诉机制问题析评》，载《现代法学》2009 年第 5 期，第 127 页。
③ 衣淑玲：《国际投资仲裁上诉机制探析》，载《甘肃社会科学》2007 年第 6 期，第 112 页。
④ See Nigel Blackaby, Testing the Procedural Limits of the Treaty System: The Argentinean Experience, in F. Ortino, A. Sheppard & H. Warner (ed.), Investment Treaty Law: Current Issues Volume 1, British Institute of International and Comparative Law, 2006, p. 34.

第三，在现有实践中，非 ICSID 的投资仲裁裁决受到仲裁地国内法院审查的例子已经屡见不鲜。虽然这种审查的范围通常较为有限，与"一裁终局"本身并不矛盾，但说明效率并非唯一考量因素。在商事仲裁的理论和实践里，对设立上诉机制不仅也有学者持支持立场，①甚至已在某些机构的仲裁规则中成为现实。②因此，偏离"一裁终局"并不会导致当事人抛弃仲裁机制。

（二）一致性与效率

尽管"一裁终局"不应成为拒绝上诉机制的理由，但是效率作为所有法律制度追求的价值目标之一，上诉机制的制度设计同样不能罔顾。和裁决的不一致一样，冗长的程序也是投资仲裁机制受到质疑的原因之一。上诉机制的设立当然意味着更长更复杂的程序和更重的财政与时间负担，因而上诉机制的设计需要避免在解决一个问题的同时，加重另一个问题的严重性。一致性与效率应当得到兼顾与平衡。

值得注意的是，财政与时间的负担愈大，风险也就愈大，而实力不对等的当事双方受到的影响也会有所不同——实力更加雄厚的一方当事人承受风险的能力更强，实力相对弱小的当事人寻求救济的意愿与决策更容易受到不利影响。但是另一方面，上诉机制的功能是促进裁决的一致性，将减少不一致裁决给当事方造成的诉讼风险。因此，对中小投资者和发展中国家来说，上诉机制有利有弊，并不一定如学者所担心的那样"得不偿失"。③

上诉机制的制度设计可以在多个方面促进效率的提高。其中有的

---

① See William H. Knull III & Noah Rubins, Betting the Farm on International Arbitration: Is It Time to Offer an Appeal Option?, American Review of International Arbitration 2000, pp. 531 - 564.

② See Irene M. Ten Cate, International Arbitration and the Ends of Appellate Review, in New York University Journal of International Law & Politics 2012, pp. 1123 - 1128.

③ 谢宝朝：《投资仲裁上诉机制不是正当性危机的唯一解药》，载《世界贸易组织动态与研究》2009 年第 4 期，第 26 页。

具体设计同时具有保障裁决一致性的作用，说明一致性与效率并不绝对处于矛盾之中。

第一，在现有仲裁实践中，仲裁员的选任有时会耗费很长时间，是造成程序拖延的重要原因之一。未来的上诉机制如若选择常设上诉机构，可有效避免类似问题的出现。常设机构的成员职位固定且数量有限，审查具体案件的上诉庭的组成可以采取轮转方式，遵循事前制定的顺序。这样，上诉庭能够迅速组成并开展工作，不必陷于当事方选任的拉锯之中。因此，不仅为保证裁决的一致性和上诉裁决的权威性，而且为兼顾效率之目的，常设上诉机构都是应有选择。

第二，将上诉机构的职能限定为法律审查。这一限定是合理的，因为促进裁决的一致性是上诉机制的主要功能，有关各方期待的是法律得到一致的解释和适用。除个案当事人之外，其他人大多不会关注案件的具体事实。事实问题的调查任务完全可以交给初审仲裁庭承担，从而实现它与上诉庭之间适当的分工。这一限定也是必要的。上诉机构的成员数量有限，将上诉审查的范围限于法律问题，可以避免将有限的司法资源消耗在繁重的事实调查工作之上，减轻上诉机构的工作负担；上诉机构成员集中精力于法律的解释和适用，既有利于保障裁决质量，又能提高作出裁决的效率。

WTO上诉机构的职能限于法律审查，对如何处理实践中出现的与该职能范围相关的问题，WTO争端解决的实践经验值得参考。

首先，在WTO争端解决实践中，负责初审的专家组对事实的评估是否客观，被视为法律问题，属于上诉审查的范围。[①] 投资仲裁上诉机制可以同样方式处理这一问题。

其次，WTO上诉机构有权维持、修改或撤销专家组报告中的法律裁定，但是没有发回重审的权利。这被认为是一个规则的缺陷，因

---

① 关于WTO上诉机构审查范围中的法律问题与事实问题，参见韩立余《既往不咎——WTO争端解决机制研究》，北京大学出版社2009年版，第156—160页。

为实践中专家组常常行使"司法节制"（judicial economy），可能造成上诉机构在推翻专家组结论之后，无法就上诉方提出的另外一些上诉请求作出裁决。① 在投资仲裁中，当上诉机制的职能也限于法律审查时，是否会出现类似问题，进而需要规定上诉机制可以发回重审？对此，首先应该澄清的是，投资仲裁中仲裁庭通常不能实行"司法节制"，因为 ICSID 公约第 48 条第 3 款规定："裁决应处理提交仲裁庭的每一个问题，并说明所根据的理由。"这样，投资仲裁中实际上不存在类似于 WTO 实践的潜在问题。另一方面，发回重审会造成程序的严重拖延与冗长。综合两个方面的考虑，原则上以不作出发回重审的规定为宜。其次，是否作出此种规定还应该取决于上诉机制与其他 ICSID 程序之间的关系，例如 ICSID 第 51 条的裁决修改程序、② 第 52 条的裁决撤销程序等。如果这些程序被上诉机制取代，便可能需要考虑赋予上诉机构发回重审的权利。不过，即使如此，上诉机构也应在实践中尽量避免作此裁定。

第三，如将上诉机制的职能限于法律审查，可以相应地规定较为严格的审查期限。为了减少提出轻率的上诉的可能情形，还可以将 ICSID 仲裁规则第 41（5）条适用于上诉程序，或者规定类似的快速审查程序。甚至也可以允许上诉机构酌情考虑，要求提起上诉的当事方为上诉提供担保。此类具体的程序规定可以避免冗长的上诉审查，确保争端的较快解决。

（三）双边投资条约体系下的 ICSID 上诉机制设计

在现有双边投资条约体系下，ICSID 已经提供了一个多边的投资争端解决平台。充分利用这一平台，在 ICSID 框架下设立多边上诉机制，避免另起炉灶，无疑是便利的选择。不过，该选择面临一些困难，2004 年 ICSID 的上诉机制设想为解决这些困难，提出了若干建议

---

① 参见朱榄叶《WTO 争端解决机制上诉机构的发回重审权浅议》，载《国际经济法学刊》2012 年第 1 期。不过，朱榄叶指出，尽管规则确有待完善，但实践中这并未造成不良影响。

② 如任何当事一方新发现对裁决有决定性影响的事实，可以向秘书长请求修改裁决。

第六章 国际投资仲裁上诉机制的理论分析与设计构想

（以下简称"2004 年建议"）①，值得借鉴。

本书上一章业已说明，ICSID 公约第 66 条规定，公约的修订需要所有缔约国批准、接受或认可后方可生效，因而迄今为止，ICSID 仲裁程序的修改都不是通过公约而是仲裁规则的修订来实现。设立上诉机制可能比以往的程序修订更加复杂，所需条款较多，采用何种方式将它并入 ICSID 规则体系之中，是首先需要应对的一个困难。2004 年建议对此提出的解决办法应该是目前最为合适的。它并不是修订 ICSID 仲裁规则并将上诉机制纳入其中，而是另行增订"上诉便利规则"（Appeals Facility Rules），该规则只需要 ICSID 行政理事会多数通过即可生效。2004 年建议解释采取该方法的原因首先是回避修订公约的需要，因为公约第 53 条明文规定"不得进行任何上诉或采取任何其他除本公约规定外的补救办法"。有关国家可以在其缔结的投资条约中纳入接受 ICSID 上诉机制的条款，使条约成为《维也纳条约法公约》第 41 条②下"仅在若干当事国间修改多边条约之协定"。当然，是否能够适用第 41 条或许在理论上存在争议，也可能导致上诉审裁决在第三国承认和执行时面临困难。2004 年建议提出的方法的另一优点是，上诉机制将是一项可由缔约国选择适用的程序，而且它还可以适用于 ICSID 框架之外的其他投资仲裁程序，从而有可能提高该机制的吸引力。

将上诉机制设计为可选程序的做法也有其不足之处。在只有部分

---

① ICSID Secretariat, Possible Improvements of the Framework for ICSID Arbitration, Discussion Paper, Oct. 22, 2004, available at http://icsid.worldbank.org/ICSID/FrontServlet? requestType = ICSIDPublicationsRH&actionVal = ViewAnnouncePDF&AnnouncementType = archive&AnnounceNo = 14_1.pdf.

② 第 41 条"仅在若干当事国间修改多边条约之协定"："一、多边条约两个以上当事国得于下列情形下缔结协定仅在彼此间修改条约：（甲）条约内规定有作此种修改之可能者；或（乙）有关之修改非为条约所禁止，且：（一）不影响其他当事国享有条约上之权利或履行其义务者；（二）不关涉任何如予损抑即与有效实行整个条约之目的及宗旨不合之规定者。二、除属第一项（甲）款范围之情形条约另有规定者外，有关当事国应将其缔结协定之意思及协定对条约所规定之修改，通知其他当事国。"

缔约国接受上诉机制的情况下（实践极有可能是如此），有的投资仲裁裁决将受到上诉机制的约束，而另外一些则没有，上诉机制促进法律一致性的作用将会受到一定的影响。不过，2004年建议的办法是顺应已有双边投资条约体系的现实做法，是在难以缔结多边投资条约或者修订ICSID公约情况下的妥协。虽然它是次选，也是"次优"的选择。

部分缔约国接受上诉机制的另一个可能问题是，是否会出现两个裁决（初审裁决和上诉审裁决）分别在不同国家被请求承认与执行。在不接受上诉机制的第三国境内，如果说上诉审裁决确实可能遭遇承认与执行的困难，但被提起上诉的初审裁决获得承认与执行的可能性应该是很小的。公约第54条规定："要求在一缔约国领土内予以承认或执行的一方，应向该缔约国为此目的而指定的主管法院或其他机构提供经秘书长核证无误的该裁决的副本一份。"因此，只要"上诉便利规则"规定，正在被上诉的裁决尚未生效，秘书长应拒绝予以核证，纳入ICSID上诉机制的投资条约也可明确规定它为未生效裁决，便可以在实践中有效避免此类裁决获得承认与执行。如果有关国家选择将该上诉机制适用于ICSID之外的投资仲裁，则有必要在其缔结的投资条约中明确作出上述规定。此外，也可要求当事方作出承诺，不寻求承认和执行正在受到上诉审查的初审裁决。

将上诉机制设计为可选程序，规避修订ICSID公约的困难，同时也就意味着，公约业已规定的诸项解释、修改和撤销裁决的程序（第50条至第52条）仍然继续适用。它们（尤其是第52条的裁决撤销程序）与上诉审可能构成程序的重叠。当然，根据对上诉机制的职能的不同规定，实际重叠与否及其范围大小也将存在差异。为了避免就相同事项出现程序的重复和拖延，"上诉便利规则"可以考虑规定类似于"岔路口条款"的程序选择条款，要求当事方选择适当的救济方法。或者，"上诉便利规则"并不直接规定此类程序选择条款，而是鼓励接受上诉机制的投资条约作出明确选择，例如规定上诉审查取代公约第52条程序。

关于上诉机构的组成，2004年建议在WTO上诉机构的组成规则基础上提出：设立15人组成的上诉专家组，在中心秘书长提名的基础上，ICSID行政理事会选任上诉专家组成员。专家组成员任期以交错方式予以规定，首批15名成员中的八名任期三年，其余成员任期六年。每名成员来自于不同国家。他们都应是具备法律、国际投资和投资条约专门知识的公认权威人士。

值得注意的是，WTO及其上诉机制从建立之日起便是一个有广泛国家参与的多边机制，而ICSID上诉机制或许在设立伊始只被部分国家选择接受。因此，在ICSID上诉机制中，多边司法机构的一个复杂而且敏感的问题——上诉机构成员的代表性——应该更加不易处理。2004年建议并没有提及这一点。具体而言，尽管原则上可以设想，代表性标准应包括地域、在国际投资活动中所处地位、所占份额以及缔约实践的情况等因素，并且有关国家的政治意愿将在成员选择过程中产生相当影响。但是一个特别的问题是，尚未接受上诉机制的国家的国民是否应该被考虑在内？与此相关的后续问题包括，在不考虑未接受机制的国家国民的情况下，如果一国此后接受机制，是否以及遵循什么原则、采取何种方式调整上诉机构的成员，既保持机构工作的连续性和稳定性，同时加强其代表性？本书认为，基于两个理由，上诉机构成员以限于接受上诉机制的国家的国民为宜。第一，接受上诉机制表示，有关国家愿意借此加强其所缔结的投资条约适用的一致性，反之，不接受该机制表明一国无意以此方式加强一致性，那么逻辑上便没有必要选择该国国民担任上诉机构成员，承担加强一致性的任务。第二，从政治角度来看，不考虑未接受上诉机制的国家国民，或可激励有关国家接受该机制。它们可能认为，为加强自己对国际投资条约法律的解释、适用以及发展的影响力，应积极参加上诉机构的活动，争取本国国民被任命为上诉机构成员。此种政治考虑是国际司法机构运行中现实存在的，尽管法官们应该保持独立性，不接受来自于有关国家的指示。当然，仅在一国接受上诉机制之后，才考虑该国国民成为上诉机构成员的资格，对机制的运行总会造成一些实际困扰。因此，应完善上诉机制制度设计，尽量争取在机制设立之时，就有足够多、在国际投资条约实践中占到足够比重的国家接受。代表性越广泛，造成的困扰便越少。

对于每个具体上诉案件的审理，2004年建议提出，一般应由三名上诉机构成员组成的上诉庭审理，除非当事方另有协议；上诉庭成员由秘书长在尽可能与当事方协商后任命。本书认为，此种任命上诉庭成员的方式并不适当。具体而言，首先，此种任命方式似乎是希望在一定程度上保留当事方对任命的影响力，有意弱化对已有当事方选任仲裁员制度进行根本性变革的色彩，从而提高上诉机制的可接受性。然而，该方式与设立常设上诉机构的目的与价值不符，因为设立常设机构的缘由正是基于加强裁判者独立性的理念，尤其是对裁判者在由当事方选任时可能受到消极影响的顾虑。此外，考虑到当事方仍然拥有在初审仲裁庭设立时选任仲裁员的权利，上诉庭的组成排除当事方选任的机会似乎不是不可接受的安排。其次，虽然可以通过规定严格期限来限制与当事方协商所需的时间，但这一时间的耗费缺乏必要性。再次，在与当事方协商不成的情况下，秘书长任命上诉庭成员可能面临政治上的困难，有关国家可能认为它赋予秘书长过多的权力。综言之，WTO上诉机制在此问题上的做法与常设机构的本质特征更加匹配，应该借鉴，即：以事先确定的轮转机制确定上诉庭人选，不采用国籍回避原则，保证每个上诉机构成员均等的审案机会。当然，除成员应符合的一般性独立性要求之外，可以考虑增加必要的直接利益冲突回避要求，尽管此种冲突出现的可能性不大。此外，为保证裁决的一致性，虽然每个案件由不同上诉庭审理，上诉机构在实践中可以借鉴WTO上诉机构的集体工作模式。①

最后，设立常设机构需要固定的经费支持，尤其上诉机构及其成员的独立性和权威性需要相应经费的保障。首先，以将上诉机构成员

---

① 关于WTO上诉机构的集体工作方式，参见韩立余《既往不咎——WTO争端解决机制研究》，北京大学出版社2009年版，第139页。

职位设定为全职工作为宜，尤其需要求他们不得从事与该工作相关的其他法律业务，同时为吸引高素质人士担任上诉机构成员，应制定相应的固定薪酬。① 其次，有必要设立支持上诉机构工作的秘书处，为此也需要经费支持。因此，在设立常设上诉机构时就应该对经费来源作出明确和合理的规定。

五　小结

在国际投资仲裁中，是否有必要设立上诉机制、应该设立怎样的一个机制，这些问题的回答应该建立在一个衡量基准之时，即上诉机制的主要和直接的功能是加强裁决的一致性。围绕该机制进行的激烈争论中，学者们提出了诸多支持和反对的理由，如果不抓住其中的主要矛盾，便会让人无所适从。在裁决一致性的基础上，上诉裁决的准确性可以获得保障。同样在这一基础上，上诉机制可以为纾解针对国际投资条约及投资仲裁机制的"合法性危机"质疑。抽象地质疑上诉裁决的准确性，或者要求上诉机制解决投资仲裁面临的所有问题，都是将有关问题与一致性割裂开来，使争论偏离正确的方向，最后陷入"自说自话"的境地。

设立投资仲裁上诉机制面临着若干实际困难。其中，"一裁终局"作为仲裁的重要特性并不构成真正障碍，但是它所体现的效率价值应该得到兼顾。在上诉机制制度设计中，需要考虑一致性与效率之间的平衡。真正给上诉机制构想带来困难的是现有双边投资条约体系。但是，恰恰是这一体系本身面临的问题产生了设立上诉机制的需要。因此，与其期待解决问题的最有效途径——多边投资条约——的实现，不如当下便采取"次优"办法，即设立一个适应现有体系的上诉机制，力求实现该机制促进一致性的功能与现实之间的平衡。在这一原则指导下，借鉴 ICSID 于 2004 年提出的建议，本书主张设立 ICSID 多边常设上诉机构，提供进行法律审查的可选上诉程序。尽管这样的程

---

① 当然，上诉机构成员职位的影响、地位和荣誉同样是其具有吸引力的要素。

序在一开始能否得到广泛接受尚有待各国缔约实践的检验,但是,正如维尔德所指出的,一个新机制设立之初时常如此:ICSID 设立伊始,很多人也曾说它是无用之物。但你提供了这个机制,然后在合适时机下它就形成了自己的市场。你也可以这样看待上诉机制:它或许暂时没什么用处,它是日后感兴趣的用户可以利用的公共设施。用户将自己决定是否使用它。但是为了促进使用和尽量减少问题,机制的良好设计是必需的。①

目前,我国已经实现由资本输入国向资本输出国的重大转变,成为资本净输出国。② 中国海外投资在一些国家遭遇不少政治风险,虽然国际投资条约和投资仲裁机制不是解决所有问题的"万能钥匙",但它的保护对中国海外投资无疑具有重要意义。在这一背景下,保护海外投资和维护(作为东道国)国家管理经济主权的利益需求同样重要。投资仲裁上诉机制可以对满足这两种利益需求起到积极促进作用,因为该机制将促进国际投资条约的法律一致性和可预见性,进而创造更加稳定的国际法律环境。

---

① See Thomas Wälde, Alternatives for Obtaining Greater Consistency in Investment Arbitration: An Appellate Institution after the WTO, Authoritative Treaty Arbitration or Mandatory Consolidation?, in F. Ortino, A. Sheppard & H. Warner (ed.), Investment Treaty Law: Current Issues Volume 1, British Institute of International and Comparative Law, 2006, pp. 135 – 136.

② 参见马光远《中国成为资本净输出国的历史意义》,载《中国外资》2014 年第 21 期,第 10 页。

第七章

欧盟 TTIP 建议中的常设投资法院制度

一 欧盟建议的背景与由来

在认为当今国际投资条约体系处于"正当性危机"的质疑声中，投资者—东道国投资争端解决机制（ISDS）常常被视为引发危机的重要源头，[①] 被指斥为"不公正",[②] 成为批评和质疑的焦点。一些国家政府决定退出这一机制，另一些国家则着力推动其变革。[③] 美国在2004年和2012年两次修订其双边投资条约（BIT）范本。新范本进一步细化仲裁程序规则，积极倡导设立上诉机制，对 ISDS 机制改革产生了重要影响。对此，本书前章进行了详细论述。

就另一世界主要经济体欧盟而言，虽然德国等成员国是 BIT 的主要推动者和参与者，但欧盟作为一个国际组织，直到2009年12月《里斯本条约》生效之后才获权缔结投资条约：该条约将国际直接投资规定在共同商业政策（Common Commercial Policy）范畴内，并借此

[①] 参见刘笋《国际投资仲裁引发的若干危机及应对之策述评》，载《法学研究》2008年第6期，第141页；魏艳茹：《论国际投资仲裁的合法性危机及中国的对策》，载《河南社会科学》2008年第4期。

[②] See Cecilia Olivet & Pia Eberhardt, Profiting from Injustice, published by Corporate Europe Observatory and the Transnational Institute, Brussels/Amsterdam, 2012, available at https://www.tni.org/en/briefing/profiting-injustice, visited on 10 Apr. 2016.

[③] 关于近年来一些国家政府立场转变的概括，参见韩秀丽《再论卡尔沃主义的复活——投资者—国家争端解决视角》，载《现代法学》2014年第1期，第123—126页。

纳入欧盟专属的权能范围。因此，从时间上来说，欧盟还只是投资条约缔约实践的后起者。然而，在与美国的《跨大西洋贸易与投资伙伴关系协定》(TTIP) 谈判中，欧盟提出改革 ISDS 的建议（尤其是投资法院），在机制改革的道路上大踏步地超越同侪。

在获得专属权能之后，欧盟积极开展缔约谈判，到 2014 年便已经签署了与加拿大的《全面经济与贸易协定》（以下简称"2014 年 CETA"）和与新加坡的《自由贸易协定》，两部条约均包含投资章节与 ISDS。同时，欧盟与多个国家正在进行投资条约谈判，其中最受关注是 TTIP 中的投资章节和中欧 BIT。

2014 年达成的 CETA 吸纳了此前 ISDS 改革的若干举措，制定了复杂全面的程序规则。欧盟委员会称之为"迄今为止最先进的" ISDS，包括一系列新的和更清晰的仲裁程序规则。[①] 然而它仍在欧盟内部遭遇阻力，德国曾一度以拒不批准 CETA 相威胁，要求删除 ISDS。虽然德国最终还是选择接受该 CETA 文本，但它是 BIT 及 ISDS 的创始者和主要实践者，其反对立场引起很大反响，并与对 TTIP 中这一机制的质疑形成了强烈共鸣——反对者都认为：通过欧盟与美国和加拿大的国内司法救济以及国家间争端解决机制，外国投资能够获得足够的法律保护，不需要可能妨碍国家行使规制主权的 ISDS。

由于欧洲议会和舆论的强烈反对，欧委会在 2014 年 3 月暂停了 TTIP 投资章节谈判，并于 3 月至 7 月间进行了网上公开咨询。2015 年 1 月，欧委会公布咨询结果报告，承认咨询参与者对 TTIP 中规定 ISDS 存在强烈质疑。因此欧委会宣称，将在谈判的最终阶段再就是否规定 ISDS 进行全面衡量，同时将在四个方面继续研究如何改进该机制：保护国家规制主权；仲裁庭的设立与功能；ISDS 与国内司法

---

① European Commission, Investment Provisions in the EU – Canada Free Trade Agreement (CETA), available at http://trade.ec.europa.eu/doclib/docs/2013/november/tradoc_151918.pdf, visited on 10 Apr. 2016, p. 1.

救济之间的关系；设立上诉机制。①

2015年5月12日，欧委会公布关于TTIP投资规则的改革构想（concept paper，以下简称"五月构想"）。一方面，欧委会再次肯定2014年CETA中诸项ISDS改革措施，如防止投资者挑选法院、全面的仲裁程序透明度义务、国家在规则解释上的控制权、仲裁员行为守则等。另一方面，它讨论了在前述四个方面改进ISDS的可能，包括所有仲裁员应从缔约方事先设立的名单中（可以由当事方）选任。它指出，设立仲裁员名单已经"使ISDS程序趋向于常设法院"，而对于一个由任命法官组成的真正的常设投资法院而言，目前还面临着明显的技术和组织上的挑战。②

然而两个月以后，欧洲议会在7月的全体会议讨论TTIP时提出，应以公开任命的法官来代替私密的仲裁。受此影响，9月16日，欧委会公布关于投资法院的具体建议，提交欧洲议会和成员国讨论。欧盟贸易代表对此表示："争论清楚表明，旧的传统的争端解决方式受困于根本性的信任缺失。但是，该已有模式是由欧盟成员国创设，欧盟投资者是最主要使用者。这意味着欧洲必须承担起改革和使之现代化的责任。我们必须在改革道路上引领全球。"

在与欧盟理事会和欧洲议会协商后，2015年11月12日，欧盟正式向美国提交TTIP投资章节的建议（以下简称"欧盟建议"）并予以公布。③ 借此，欧盟与美国重启TTIP的投资章节谈判。

欧盟建议的ISDS包括较多创新性内容，例如：第8条"第三方

---

① ICTSD, Bridges Weekly, Volume 19 Issue 1, 15 January 2015, available at http://www.ictsd.org/bridges-news/bridges/issue-archive, visited on 10 Apr. 2016.

② European Commission, Investment in TTIP and beyond - the path for reform, available at http://trade.ec.europa.eu/doclib/docs/2015/may/tradoc_153408.PDF, visited on 10 Apr. 2016, p. 11.

③ European Commission, Text of the Proposal on Investment Protection and Resolution of Investment Disputes and Investment Court System in TTIP, available at http://trade.ec.europa.eu/doclib/docs/2015/november/tradoc_153955.pdf, visited on 10 Apr. 2016.

资助"要求，获得资助的当事方应通报资助者的姓名与地址，这在已有投资条约中鲜有规定。第13条"适用法律与解释规则"特别澄清，国内法不属于适用法律，如需作为事实问题查明国内法规则的含义，应遵循国内法院或有权机构的解释；如投资法院对相关国内法的含义作出认定，对国内法院或有权机构没有约束力。这项新增规则旨在澄清 ISDS 与国内司法救济之间的关系。第15条"反规避"规定，如果投资法院认定，申请人取得投资的所有权或控制权，主要目的是为提出本节诉请，则应拒绝行使管辖权。这是国际投资条约首次专门针对此类问题作出如此明确的规定。这些新规则都值得学者深入研究，也有待实践的检验。不过毋庸置疑，投资法院制度是欧盟建议的核心内容，最具有本质性革新（或者说革命性）意义，因此也最容易引发争论。

二 投资法院的制度设计

欧盟建议第三节"投资争议解决与投资法院制度"之第四小节"投资法院"规定了法院的机构设置。其中，第9条至第12条分别涉及初审法院、上诉法院、法官的道德规范以及与多边争端解决机制的关系。另有第29条规定了上诉程序。除第12条简单地规定未来并入多边投资法院的可能外，其他几个条款是对投资法院制度的详细设计，是本书分析的重点。

（一）初审法院

根据第9条，初审法院由15名法官构成，其中欧盟成员国、美国和第三国国民各五人，由缔约双方组成的委员会任命；将来法官人数还能以同样比例在三的倍数上增加。

第9条规定了初审法官的资格条件。他们应具备该国司法职位之任命资格或类似承认资格，应有国际公法专业知识。此外，如果还有国际投资法、国际贸易法和国际投资条约或国际贸易条约争端解决的专门知识，则更好。这种资格条件在国际投资法专业知识方面比2014年 CETA 略为宽松，后者要求仲裁员具备国际公法尤其是国际投资法的知识或经验。

法官的任期为六年，可被再任命一次。七名首届法官任期九年，以保证换届和工作的连续与稳定。如系替代未到期而离任的法官，新任法官任期为离任者的剩余任期。

具体案件的审理由分庭负责。欧盟成员国、美国及第三国国民各一名组成一个分庭，第三国国民任庭长。分庭组成应遵循轮换、不可预测和所有法官任职机会均等原则。也可由第三国国民担任独任法官，尤其当涉及中小企业申请人的请求或者主张赔偿金额较低时，应予考虑。

初审法官职务虽非全职，但需要时应能履行职责。为此将向法官支付聘用费（retainer fee），[①] 欧盟建议的金额为 WTO 上诉机构成员聘用费的三分之一，约每月 2000 欧元。依缔约方组成的委员会决定，法官职位将来或可转为固定薪俸的全职工作，届时法官将不得从事其他工作。

此外，拟由 ICSID 或常设仲裁法院（PCA）秘书处承担本法院的秘书处职责。

（二）上诉法院

在条文用语上，第 10 条使用了"常设"一词，而第 9 条没有。但是在组成和任期等方面，常设上诉法院与初审法院有诸多类似之处：上诉法院法官也是由同等数量的欧盟成员国、美国及第三国国民组成，只是人数减少为各两名，缔约双方各提名本方国民和一名第三国国民；法官人数也可在三的倍数上增加；除三名首届上诉法官任期九年外，其他任期规定与初审法官相同。

在资格条件方面，上诉法官也应有国际公法专业知识。具备国际投资法、国际贸易法和国际投资条约或国际贸易条约争端解决专业知识也是优选条件，但不是必需。上诉法官应具备该国最高司法职位或类似承认资格，这显著高于初审法官的资格条件，是两者之间的区别

[①] 系指为保留其履行职责的承诺而支付的费用。

所在。

每一个上诉案件由三名法官组成的分庭审理,分庭的组成方式与初审法院相同。不过,目前上诉法院的组成条件下,如果在两名法官(例如美国国民)之间实现轮换和均等任职机会,便很难要求遵循不可预测性原则。

与初审法院不同之处,一是上诉案件不会由独任法官审理,二是上诉法官的聘用费等同于WTO上诉机构成员,即初审法官的三倍,约每月7000欧元。

鉴于初审法院和上诉法院在组成和运行模式方面极为相似,如果将上诉法院称为"常设",则初审法院虽无其名,也实为常设。易言之,整个投资法院制度具有常设性质。

(三)上诉程序

除上诉机构可以制定自己的工作程序外,第29条"上诉程序"规定了上诉理由和时限。

上诉理由可以是:(1)在适用法律的解释和适用方面的错误;(2)在事实(包括相关国内法)认定(appreciation of facts)方面的明显错误,或者;(3)其他ICSID公约第52条规定的裁决撤销事由。其中,第一和第三个上诉理由涵盖范围明确,而第二个理由需要澄清,主要是它涉及的是事实问题还是法律问题。

对WTO争端解决实践中事实问题和法律问题的区分,上诉机构在欧盟荷尔蒙牛肉案中作出了明确说明:确定某一事件在某一时间、地点是否发生是典型的事实问题;"确定某一证据的可采性和证据力(即对证据的认定)"[①]是事实寻找过程的一部分,原则上交由专家组裁量;一个给定事实是否符合协议条款的要求是法律问题;专家组是否按照DSU第11条的要求客观评估事实也是法律问题。[②]

---

① 英文原文为:"determination of credibility and weight properly to be ascribed to (that is, the appreciation of) a given piece of evidence."

② Appellate Body Report, EC - Measures Concerning Meat and Meat Products (Hormones), WT/DS26/AB/R, WT/DS48/AB/R, para. 132.

借助于这一区分，欧盟建议的第二个上诉理由或作如下理解：首先，确定事实是否发生（也就是寻找事实本身）是事实问题，不在上诉审查范围之内。其次，对事实的认定指的是确定事实（作为证据）的证据力、从这些事实得出结论，须对事实适用法律。在这一过程中事实问题和法律问题并非截然可分，但是更倾向于是法律问题。再次，如何界定"在事实认定方面的明显错误"十分重要，只有"明显错误"的标准得以澄清，才能最终明确第二个上诉理由涉及的到底是事实问题还是法律问题。诚然，一定意义上来看，事实问题与法律问题的区分本就是相对的，严格区分可能并不重要。欧盟建议的上诉法院审查范围主体上无疑是法律审查，但明确三个上诉理由的确切含义仍属必要。如果欧盟在中欧 BIT 谈判中提出上述建议，我国应谨慎地对待第二个上诉理由，至少应要求澄清其具体标准。鉴于它是我国并不熟悉的法律概念，保守的做法似乎可以是予以拒绝。

基于前述上诉理由，在初审裁决作出后 90 天内，任一当事方可以提出上诉。为防止轻率的上诉，欧盟建议要求，上诉方须为上诉费用和其他初审裁决裁定其支付的费用提供担保。这一点有别于初审程序，初审法院可就费用担保作出自由裁量。

如果上诉明显不成立，可以在快速审议基础上予以驳回。如果上诉法院支持上诉，应修改或撤销初审裁决的法律调查结果和结论，并详述此种修改或撤销。上诉审的时限为正式提起上诉之日起 180 天，上诉法院向争端方书面说明后可延长，但无论如何不得超过 270 天。

（四）道德规范

第 11 条"道德规范"和附件二"法院及上诉法院法官和调解员行为守则"的规定非常详细。

法官应具备确定无疑的独立性（independence beyond doubt）。[①] 他们不得附属于任何政府。不过，仅仅系属政府官员或从政府获得收入，但在其他方面独立于政府，不影响任职资格。法官不得就争端事

---

① 此处的翻译也可借用刑法使用的"排除怀疑"一词。

项接受任何政府或组织的指示。如果案件可能导致直接或间接利益冲突，法官不得参与审议。他们应符合附件二所规定的行为规范。自被任命之时起，在任何本条约、其他条约或国内法下的未决或新的投资保护争端中，法官不得担任律师、当事方任命的专家或证人。

如果当事方认为一位法官可能存在利益冲突，可以依照第 11 条程序质疑其任命。对初审法官的质疑，由上诉法院主席裁决；对上诉法官的质疑，由初审法院主席裁决。此外，11 月建议还新增了第 5 款，允许缔约方免除某位法官的职务，如果其行为与第 1 款义务不符且不宜继续任职。

三 TTIP 中的投资法院制度建议评析

投资法院制度响应了欧洲议会"以法官替代私密仲裁"的要求。法院具有常设性质，提名和任命法官的权利归属于缔约方政府，而投资者不再有选任仲裁员的权利。在这一机制下，争端双方的影响力天平大大倾向于国家一方。该机制对法官独立性设立高要求，尤其限制其从事特定法律工作，因而在法官任职期间，其经济利益不再与案件数量相关联。设立常设上诉法院有利于促进裁决的一致性，上诉程序的若干规定旨在尽量减少新的程序负担。总之，投资法院与以往国际投资仲裁显著不同，所作之变革回应了对原仲裁机制的质疑，如裁决偏向投资者、缺乏一致性、仲裁员有利益偏好等。这些制度设计的具体效果诚然有待实践的检验，但设计的意图是明确的。然而，在付诸实践之前，即使在理论上这一制度仍然存在着一些可商榷之处。

（一）裁决的承认与执行问题

如果 TTIP 采纳欧盟的常设法院建议，欧美无疑有义务履行法院裁决。但 TTIP 不为第三国创设义务，胜诉的投资者在第三国寻求裁决的承认与执行时可能遭遇特殊困难，从而使制度的法律可行性存在一定疑问。尽管考虑欧美双边经贸投资关系，这应该只是一个理论问题，但为制度完善目的仍值得探讨。

如果争端当事方选择适用 ICSID 规则，投资法院的最终裁决将是一个 ICSID 裁决。欧盟不是 ICSID 缔约方，但欧盟成员国是，因此依据维也纳条约法公约第 41 条，TTIP 构成欧盟成员国与美国之间"仅在当事国间修改多边条约之协定"。根据第 41 条之规定，仅在两种情形下，当事国可以缔结此种修改之协定。第一是多边条约规定有此种修改之可能，这显然不能在此适用。第二种情形是，有关修改非为条约所禁止，且"不关涉任何如予损抑即与有效实行整个条约之目的及宗旨不合之规定者"。欧盟建议中，只有缔约方即国家才能任命投资法院法官。然而，ICSID 公约第 37 条第 2 款第 2 项规定，由每一争端方各任命仲裁员一名，第三人由双方协议任命，并担任首席仲裁员。易言之，该规定赋予投资者任命仲裁员的权利，被欧盟建议所修改。那么，这种修改是否可能与 ICSID 公约的目的与宗旨不符呢？

公约前言规定："特别重视提供国际调解或仲裁的便利，各缔约国和其他缔约国国民如果有此要求，可将此类争端提交国际调解或仲裁。"根据此处明文规定，向投资者和东道国提供仲裁是公约的目的与宗旨。[①] 而就仲裁而言，双方当事人享有仲裁员任命方面的平等待遇是一项重要原则，有些国家甚至确认其为强行规则。[②] 据此或可主张，涉及 ICSID 裁决时，仲裁庭必须是在争端双方平等任命仲裁员的基础上组成。因此，投资法院规则可能构成背离公约的目的与宗旨的修改。依据停止适用多边条约的规则（条约法公约第 60 条第 2 款第 2 项），在承认和执行有关 TTIP 裁决问题上，其他受影响之 ICSID 缔约方可拒绝履行公约义务。

此外，当事方选择适用非 ICSID 规则时，有关 TTIP 裁决如需在第三国承认与执行将适用 1958 年纽约公约。由于投资法院可能与仲裁基本原则不符，在该情形下裁决的承认与执行显然也将面临困难，对此不再赘述。

[①] 理论上或可将这一规定抽象化，主张公约的目的与宗旨是提供一种解决投资争端的机制，不过此种论点略显牵强。

[②] 参见张圣翠《强行规则对国际商事仲裁的规范》，载《法学研究》2008 年第 3 期，第 106 页。

(二) 初审法院边缘化的风险

从法官的资格条件上来看，上诉法官必须具备国内最高司法职位资格。这是一个高标准，能够在相当程度上使人相信法官及其裁决的权威性。而初审法官只需具备司法职位资格即可，相比较于国际投资争端的重要性而言，这是一个很低的要求。就专业知识而言，法官应该具有国际公法知识，国际投资法和国际贸易法知识仅仅是优选的条件。这一要求本身是比较宽松的。理论上，一个刚刚获得法官资格、国际投资法专业知识和经验不足的人便可以成为初审法官。

诚然，缔约方在提名初审法官时应该会考虑人选的说服力，然而从薪酬上来看，初审法官的聘用费在法律服务市场上基本没有竞争力。与此同时，初审法官虽非全职，但欧盟建议对他们在被任命后从事有关法律事务作出了较为严格的限制。实践中，此种聘用费和从业限制或将难以吸引经验丰富的资深人士来担任初审法官。此外，考虑到资深人士可能存在的比较心理，与上诉法官聘用费之间存在显著差异，也可能使他们不愿接受初审法官职务。因此，现有设计可能难以吸引有关人士就职初审法官，不利于维护人们对初审法院裁决权威性的信任，尤其是与上诉法官的权威性相比较。

WTO争端解决实践已经表明，对专家组裁决存在较高的上诉比率。假设对初审法院和上诉法院的权威性的信任程度存在较大差异，上诉几率可能会更高。这样，初审法院权威性不足，上诉法院负担过重，将可能影响机制的顺利运行。最终，甚至可能导致初审法院边缘化，削弱整个机制的可接受性。

实际上，在国内司法体系中，上诉法院与下级法院的法官职位数量、属事和地域管辖权限都有差别。相应的，不同级别法院的法官可能有较为明显的素质和经验差异。但是，投资法院是国际司法机构，审理的是涉及重大经济和社会利益的投资争端。一个国家能够提名和任命为法官——无论是初审法官还是上诉法官——的本国国民只会是寥寥数人。他们都应该具备极高素质，只是承担了不同职责而已。如果他们理应具有相差无几的素质，又受到了同样的法律从业限制，那么聘用费的明显差异（主要是过低的初审法官聘用费）便可能是不合理的。然而，提高初审法官的聘用费又会造成财政上的负担。如果试图在多边层面实施欧盟建议，这种负担将更加沉重，乃至影响投资法院制度的可行性。

当然，出于某些考虑（如经验、名誉或者不在意收入降低等），优秀法律人士仍然可能接受低报酬的初审法官职位。即使如此，欧盟建议设计的此种两级常设法院也只能在双边机制下运行，例如 TTIP 或 CETA。在多边层面上，两级常设法院将面临本质性的困难。聘用费难题实际上只是该本质问题的具象化。

（三）制度多边化的困难

欧盟在其五月构想中承认：将投资法院制度纳入多个投资条约面临技术和组织困难；欧盟寻求设立单一投资法院，它将适用于与不同国家缔结的投资条约；最终目的是使其多边化（成为独立国际机构或并入已有多边组织）。在正式提出投资法院制度建议后，欧盟再次宣称，建议是为了在投资争端解决机制改革的道路上"引领全球"。这表明，欧盟的最终目标无疑是在多边层面上设立投资法院。因此，对评价该制度来说，能否实现制度的多边化，即使不是最重要，也是重要的标准之一。然而，欧盟建议的初审法院由缔约双方国民和第三国国民各若干名组成，其初审法官任命和审判分庭组成的规则在多边机制下都难以施行。

就法官任命而言，由于多边机制下缔约国众多，首先可以提出的问题就是缔约方是否能够和有必要提名第三国国民担任法官。"第三国"如何界定？该第三国是否应该是机制的参加国？无论回答是与不是，都会造成困扰。因此，多边机制下只有缔约方提名本国国民才是可行的选择，这就已经有别于欧盟建议了。当然，人们或可争辩，这只是对欧盟建议的微调而非实质性改变。然而，进一步假设每个缔约方只提名若干本国国民，被提名者也将有数百位，由他们组成的常设初审法院将会是一个庞然大物。即使只是支付欧盟所建议的没有市场竞争力的聘用费，这一庞大机构也需要巨额经费来支撑，实际上是不可行的。同时，相当数量法官将在初审法院无所事事，从事其他律师和法律工作又受到很大限制，形成人才资源的巨大浪费。

即使对欧盟建议再做"微调"，将每个缔约方可以提名的本国国民人数减少至一人，上述问题也无法解决。首先，如果该机制像ICSID那样有160个缔约方，法官人数仍然过多。其次，审判分庭组成方面的轮转设计无法实现。就每个涉案缔约方而言，只有一位法官可选，根本不存在轮转。在第三国国民之中实现轮转看似容易。但是，他们之中的某些法官可能正在审查其他案件，需要从候选名单中排除。在此情况下，将完全不可能事先设计一个轮转机制，既要使轮转不可预测，又要保证法官任职机会均等。因此，每一个缔约方都有权任命一名或数名法官组成的多边常设法院不具备可行性。这是欧盟建议实现多边化时无法逾越的障碍。

四 欧越FTA和CETA中的投资法院规则：缺陷的佐证

TTIP最终是否以及如何采用欧盟建议的投资法院制度尚不得而知，不过该制度已被欧盟新近缔结的两部投资条约所采纳，即2016年2月公布的欧盟—越南自由贸易协定（以下简称欧越FTA）①和经过法律审查后制定的CETA最终版本②。

两项条约的投资法院规则并未完全照搬欧盟TTIP建议，而是作出了程度不一的调整。其中有些调整是为了适应不同实际情况，包括：欧越FTA规定的初审法院法官人数较少，仅为9名；关于缔约方任命本国国民担任法官的规定更加灵活，缔约方提名初审法官时，都可以选择提名第三国国民替代本国国民，欧越FTA还将这一规定适用于上诉法官的任命。另一些调整则涉及此前未曾考虑到的细节问题。例如，两部条约都补充规定，如果初审法官任期届满时正在审理

---

① Available at http：//trade.ec.europa.eu/doclib/press/index.cfm? id = 1437, visited on 10 Apr. 2016.

② Available at http：//trade.ec.europa.eu/doclib/press/index.cfm? id = 1468, visited on 10 Apr. 2016.

一个未决案件,他将继续担任该案法官直至结案;法官在裁决中只能匿名发表不同意见。

值得注意的是另外两项调整,为本书此前对欧盟建议的理解以及指出的问题提供了佐证。

其一,两部条约补充规定,上诉法院可以将初审判决发回重审。这表明上诉法院应该原则上不进行事实审查,否则不存在发回重审之必要。

其二,欧越 FTA 未直接规定初审法官和上诉法官的聘用费,而是交给未来缔约双方组成的委员会确定。CETA 不仅没有明确法官的聘用费,而且未规定上诉法院应该如何组成(尤其是上诉法官的资格条件)。这些规则的缺位表明,至少目前缔约方尚无法就此达成一致。而且,此种不一致的影响不容低估。首先,前述其他调整主要涉及一些细节问题,而上诉法院的组成方式无疑是投资法院制度的基础性问题。这个方面规则的缺位在一定程度上可以说明,缔约方之间的不一致涉及制度整体,而不仅仅是制度细节。其次,与越南相比,加拿大具有更加丰富的投资仲裁实践经验,也拥有面对欧盟时更加平衡的谈判力量。因此,加拿大能够谨慎对待而不是盲从欧盟的建议。CETA暂不规定上诉法院的组成,能更有力地说明,当欧盟建议逐渐走近现实之时,其制度性缺陷已经成为绊脚石。投资法院规则被纳入欧越 FTA 和 CETA,自然与欧盟的大力推动密不可分。这首先说明,即使有着重大缺陷,该制度在双边条约下还是基本可行的。其次,它也表明,对欧盟建议的方向性选择,有关缔约方总体上予以认可。正如欧盟在五月构想中指出的,特设仲裁庭所带来的困扰是 ISDS 遭受质疑的重要的制度性原因。常设法院制度是欧盟对症下药的结果。因此,欧盟建议选择将常设审理机构引入国际投资争端解决,这是一个正确的方向。但是,鉴于前文指出的重大缺陷,多边层面上的 ISDS 改革应该考虑不同的制度设计。

五 建议：更加合理可行的常设机构设计

多边机制下每个缔约方都任命一名法官不可行，限定法官数量并按照一定的代表性原则来选择法官便成为必然的选择。虽然代表性是一个高度政治敏感的问题，但不是不可解决。事实上，现有的多边常设司法机构都是在此基础上设立。通过考察和分析这几个机构的运作，我们可以找到正确途径，解决欧盟建议所面临的困扰。

国际法院是制度设计的一个重要参照对象。它由 15 名法官组成，这些法官基于一定的代表性原则选举产生。[1] 如果一特定案件的当事国没有本国国民任职法官，则可指定一位专案法官参与该案审理。所有法官的任职资格条件和地位相同。但是，基于国际法院的组织和运作机制的两个特点，它并不适应投资争端解决的需要：首先，国际法院没有上诉机制，所有法官地位相同，因而在上诉机制方面无法提供借鉴。其次，国际法院原则上以全体法官开庭方式审理案件。从平均每年审理的案件数量来看，法院的审案数量较小，与近年来提起的国际投资仲裁案件数量有着巨大差距。而且学者指出，法院现行的 15 人制是保持良好运行的最高人数，否则可能影响司法活动的质量。[2]

具言之，假设参照国际法院，将设立一个一审制的投资法院，不设上诉机制，由类似数量（15 人至 21 人）的法官组成。那么，如果该法院以全体开庭为主要审案方式，可以肯定，将无法应付实际投资争端案件数量的需要。以分庭审理为主要模式同样也可能无法满足需要。即使假设可以满足，以不可预测的轮转及法官均等任职机会为基础的分庭组成模式也难以实现。首先，如果采取国籍回避，来自主要资本输出国（尤其是欧美）的法官任职机会势必大幅降低，政治上也极有可能不被这些国家接受。其次，如果不要求国籍回避，则有必

---

[1] 目前主要有两个标准，第一是地域代表性，第二是保证每个安理会常任理事国的法官得到恒常性当选。

[2] 参见［日］杉原高嶺《国际司法裁判制度》，王志安、易平译，中国政法大学出版社 2007 年版，第 43—44 页。

要引入专案法官制度,同样会给分庭组成造成困扰。这是因为,国际法院采取的全体开庭审理方式,加入专案法官不会造成过大影响。在分庭审理方式下,加入一名专案法官则会改变分庭法官组成的奇偶数,无法保证形成多数意见。如果用一名专案法官替代非涉案国法官,以避免改变分庭法官人数,实则又回到特设仲裁庭组成方式,即两个涉案国各任命一名法官加上第三国国民任主席。这将造成轮转无法实现,法院的常设性质也被削弱。学者曾在分析国际法院的特设分庭时指出过类似问题。在法院设立伊始,包括两位专案法官或国籍法官、由三人构成的特别分庭的设想便遭到否定,因为其不符合常设法院的性质和目的。①

基于同样原因,国际刑事法院的法官组成模式也不适应实践需要。当然,与国际法院不同,国际刑事法院设有上诉机制。但是,该法院拥有补充管辖权,因而案件数量较少,且由具有同等资格和地位的法官分别组成预审庭、审判庭和上诉庭。这与欧盟建议的两级常设法院具有根本性差别,后者的两级法官职位固定,法官具备不同资格条件,享有不同聘用费。更为重要的是,如果前述参照国际法院的一审制投资法院都无法满足实际需要,要求它承担两审任务更是缘木求鱼。

对国际法院和国际刑事法院的分析表明,常设国际司法机构的法官人数不能过多。否则,不仅带来无法承担的运作成本,还会影响司法的质量。但是,法官人数不足又难以满足投资争端解决的实际需要。这似乎是一个难以解决的悖论。然而,WTO 争端解决机制为问题的解决提供了启示。

事实上,欧盟建议的诸多要素(如资格条件、任期、轮转机制等)都在模仿 WTO 争端解决机制,最大区别在于,后者是由临时组成的专家组和常设上诉机构构成的两审程序。然而,正是这种非常设

---

① 参见[日]杉原高嶺《国际司法裁判制度》,王志安、易平译,中国政法大学出版社 2007 年版,第 75 页。

的初审和常设的上诉机构可以发挥各自所长,弥补另一方的不足,形成精巧和平衡的组合。如果将这一组合移植到投资争端解决机制中,它也能发挥平衡和互补作用:第一,特设仲裁庭负责案件初审,至少在初审阶段不会出现难以应对实际案件数量需要的困难。第二,当事方可以参与仲裁庭成员的任命,既可以与已有 ISDS 保持联结和平稳过渡,又可以平衡常设上诉机构成员代表性可能带来的政治敏感。第三,仲裁庭可以充分发挥其应有作用,承担主要的认定事实、判断是非的任务。第四,特设仲裁庭审理案件所带来的困扰则通过常设上诉机构予以矫正。后者可以保持相对较少的成员数量,对成员可以提出更高的资格条件和独立性要求,解决裁决不一致问题。

人们或可质疑,仍然由特设仲裁庭进行初审,现有问题将继续存在,可能会导致上诉案件过多,上诉机构不堪重负。这种担忧有一定道理,但有望通过机制的运行得以解决。首先,它关涉如何评价现有 ISDS 裁决。是大多数仲裁裁决都不合理,还是一部分裁决引发质疑?对此可能仁者见仁,智者见智。但对 ISDS 的强烈批评多数聚焦于若干特定裁决的事实似乎可以说明问题所在。① 其次,通过形成具有一致性的法律解释和适用,保持修改和推翻不相符初审裁决的压力,常设上诉机构可以在相当程度上促进初审裁决的可接受性。不一致初审裁决以及由此引发的上诉将逐渐减少。再次,通过引入上诉机制,裁决一致性与可预见性得到加强。投资者可以更好预见申诉的结果,直接减少机会主义的抉择。东道国也能更好预见自己行为的后果,在长期层面上减少争端的发生。上诉机制这一功能的发挥应该不会受到实质性影响,无论初审是由临时组成的仲裁庭还是由一个常设法院来负责。

如果采用 WTO 争端解决机制的模式,欧盟建议所面临的困扰将不再产生。只有上诉机构是常设的,便只需向为数不多的上诉法官支

---

① 对个案裁决的某些问题进行学理探讨和批评与对 ISDS 的整体质疑具有不同性质,前者不是促使机制变革的主要推动力。

付聘用费或薪酬，也不用为两级法官的薪酬比例而苦恼。上诉法官审查初审裁决所需要的权威性，再不必来源于两级法官资质差异的僵硬规定。临时仲裁庭尽可以由优秀法律人才组成，上诉机构的权威性则从它的常设性质中产生。这样，CETA难以确定上诉法官资格条件的困境得以解除，也不用担忧初审裁决因人才素质的原因而下降。

综言之，欧盟建议的常设法院制度旨在解决特设仲裁庭所带来的问题。欧盟理应知晓WTO争端解决机制是一种可选模式。但是在压力之下，欧盟或许担心该模式不足以回应对ISDS的批评，因而宁可矫枉过正。然而事皆有度，过犹不及。两级常设法院架构在多边层面面临难以逾越的障碍。现有ISDS的缺陷不需要两个常设机构重复地抵消，一个常设上诉机构足以。

第八章

中欧双边投资条约的投资仲裁机制

一 历史背景与研究意义

不少欧盟成员国是传统的主要资本输出国。在德国于1959年与巴基斯坦签署世界上第一部双边投资条约（BIT）之后，它与法国、荷兰等其他欧盟成员国一起成为此类投资条约的积极缔约国与主要推动力量。因此，在我国实行改革开放政策、开始缔结 BIT 之时，第一批缔约伙伴国便是欧盟成员国。例如，1982年中国—瑞典 BIT 是我国首部 BIT，1983年中国—德国 BIT 虽然时间略晚于前者，但重要性大为显著。迄今为止，我国与现有欧盟27个成员国缔结了 BIT，仅爱尔兰是唯一未与我国缔结 BIT 的欧盟成员国。就现行有效的26项条约（比利时和卢森堡共同与中国缔结一项 BIT）而言，其签署的时间差别较大，从1982年中国—瑞典 BIT 到2009年中国—马耳他 BIT，前后跨越近三十年。其中，有些条约是在2000年之后对20世纪80年代与20世纪90年代的条约进行的修订（如2003年中国—德国 BIT、2005年中国—西班牙 BIT），另一些早期的 BIT 则没有得到修订（如1986年中国—英国 BIT）。如本书第一章所述，伴随着我国对外开放程度和总体经济实力的发展与变化，期间我国对国际投资法律规则的立场，在此基础上签署的 BIT 的内容均发生了很大改变，学者们纷纷将我国 BIT 按不同代际进行了划分。相应的，我国与各欧盟成员国之间的 BIT 在内容上也是差异显著,① 加上晚近国际投资条约的新发展,产生了修订这些条约的实践需要。不过,中欧双边投资条约(以下简称"中欧条约")谈判的直接原因是欧盟获得签署投资条约的专属权能及其投资条约政策的发展变化。

如上一章所述,《里斯本条约》赋予了欧盟缔结国际投资条约的专属权能。尽管对这一专属权能的具体内容最初曾产生过一些争论,②但是有关问题先后得到欧盟立法和过渡安排的澄清。目前,"欧盟成员国国际投资保护协定的欧洲化"③业已成为现实。

在如何处理欧盟成员国与其他国家之间的 BIT 方面,欧盟制定了渐进的"改变"原则,具体而言:"允许现有的相关双边投资保护协定在一定期限内继续存在;授权成员国继续和某些特定第三国谈判和签订双边投资保护协定;欧盟自己积极行使其获得的新权能,和有关第三国进行国际投资保护问题的谈判。"④ 据此,欧洲议会和理事会第 1219/2012 号条例⑤第 3 条明确规定,欧盟成员国与第三国之间的双边投资条约"将保留至欧盟与该第三国之间的投资条约生效"。

在欧盟与第三国谈判和缔结国际投资条约方面,谈判工作主要由欧盟委员会负责,条件是欧盟理事会代表欧盟成员国给予授权;谈判达成的条约则需要得到欧洲议会和各成员国的批准。到 2015 年初,

---

① 尽管最惠国待遇条款的适用可能"抹平"这些差异,但这是一个颇具争议的问题。因而,有些国家晚近签署的投资条约(例如本章讨论的 CETA)明确规定,最惠国待遇条款不作此适用。

② 关于有关争论,参见张庆麟、张惟威《〈里斯本条约〉对欧盟国际投资法律制度的影响》,载《武大国际法评论》2012 年第 1 期。

③ 参见肖芳《〈里斯本条约〉与欧盟成员国国际投资保护协定的欧洲化》,载《欧洲研究》2011 年第 3 期。

④ 同上书,第 104 页。

⑤ Regulation (EU) No. 1219/2012 of the European Parliament and of the Council of 12 December 2012 establishing transitional arrangements for bilateral investment agreements between Member States and third countries.

欧盟先后与加拿大、新加坡和越南签署涵盖投资专章的自由贸易协定，不过尚未得到批准；同时，欧盟与美国、日本和印度等国正在进行自由贸易协定的谈判，与中国、缅甸进行 BIT 谈判。其中，2012 年 2 月 14 日举行的第 14 次中欧领导人会晤决定开启中欧条约谈判。2013 年 10 月 18 日，欧盟委员会正式得到谈判授权。同年 11 月，在第 16 次中欧领导人会晤期间，中欧条约谈判正式启动。至 2015 年初，双方已进行四轮谈判。

投资仲裁所代表的投资争端解决机制是国际投资条约的核心内容，自然也是条约谈判的主要议题，对谈判的成败具有重要影响。正如上一章所述，在与加拿大的 CETA 谈判、与美国的 TTIP 谈判中，欧盟内部就投资仲裁机制产生的激烈争论在很大程度上影响了谈判进程，并最终促使欧盟提出常设投资法院制度的建议。

我国投资条约中的仲裁规则同样引发过学者的争论。正如前文所述，在学者对中国双边投资条约进行代际划分之时，条约所规定的投资仲裁规则的发展与变化便是他们采用的核心标准之一，甚至大多是最重要的标准。虽然学者们最终划分的结果有所不同，但他们都将 1998 年中国—巴巴多斯 BIT 视为一个重要节点——在此之前的老一代中国 BIT 承诺接受的投资仲裁管辖权范围有限，仅涵盖与征收补偿额有关的争议（各条约的有关用语略有差异）；自 1998 年之后，新一代中国 BIT 全面接受仲裁管辖权。而对中国 BIT 中发生的此种仲裁管辖权及其他相关规则的变迁，也曾有权威学者提出明确批评。[①]

值得注意的是，尽管围绕 CETA 和 TTIP 中的投资仲裁机制，欧盟内部各方进行了激烈争论，但在欧盟与新加坡、中国的投资条约谈判中，却没有出现反对规定仲裁机制的意见。不仅如此，为向欧洲议会论证 TTIP 规定仲裁机制的必要性，欧盟负责投资条约谈判事务的贸易专员还明确提出：如果以投资仲裁机制有害作为理由，拒绝将其

[①] 参见陈安《中外双边投资协定中的四大"安全阀"不宜贸然拆除》，载《国际经济法学刊》2006 年第 1 期。

规定在与美国的 TTIP 之中,那么将来在与包括中国、印度在内的发展中国家进行投资条约谈判时,欧盟便再难以坚持在这些条约中规定仲裁机制的主张。在反驳这一观点时,贝尔格和鲍尔森也没有主张中欧条约的投资仲裁机制是"有害的",而只是以中国不持反对立场作为理由,辩称中欧条约谈判与 TTIP 应否纳入仲裁机制并不相关。[1]

上述争论可以给我们两点启示。第一,从普遍意义上来说,尽管目前在德国等资本输出国内部出现了反对投资仲裁机制的声音,但其中一些反对者的立场并不坚定,而是掺杂了较为明显的利益考虑。在与美加等资本输出国的投资条约谈判中,他们反对该机制,因为担心本国作为东道国被诉的风险;在与发展中国家进行谈判时,德国等国成为单向的资本输出国,基本不存在被诉的风险,这时他们便对该机制的"有害"避而不谈,似乎同样的"损害"不会影响到那些发展中国家。然而,在理论上,此种"趋利避害"的主张缺乏说服力,因为论证一项主张的基本前提条件之一是:"任何言谈者只许对这样的价值—义务判断作出主张,即当他处在所有相关点均与其作出主张时的情形完全相同的所有其他情形时,他也同样会作出完全相同的主张。"[2] 或者说,"己所不欲勿施于人"。在实践中,此种"趋利避害"也缺乏现实可行性,因为参与谈判的另一国家总会研究对方的缔约实践,从中寻找支持自己立场的因素。第二,具体就中欧条约谈判而言,谈判的参与者、学者和公众舆论都对条约将规定投资仲裁机制没有异议。关键问题是该机制将如何得以规定,尤其是在欧盟积极推动该机制的改革乃至常设投资法院所代表的根本性变革的背景下。

研究中欧双边投资条约中的投资仲裁机制应该如何构建,无疑对在该条约谈判中我国的立场和策略具有重要意义。同时,中欧双方是

---

[1] Axel Berger & Lauge N. Skovgaard Poulson, The Transatlantic Trade and Investment Partnership, investor state dispute settlement and China, Columbia FDI Perspectives, No. 140, 2 February 2015, available at http: //ccsi. columbia. edu/publications/columbia‐fdi‐perspectives/.

[2] [德] 阿列克西《法律论证理论》,舒国滢译,法制出版社 2002 年版,第 237 页。

世界主要经济体、主要的资本输出和输入国家，也是国际投资条约实践的主要参与者，欧盟又是晚近投资条约改革的积极推动者，提出了诸多改革构想，因此，中欧条约中的投资仲裁机制将会对全球投资规则的发展产生重大影响。最后，将中欧条约的投资仲裁机制构建作为本书最后一章，既是将此前各章研究结论应用于缔约谈判的实践，又是以该条约为媒介系统阐释和总结投资仲裁机制的新发展。

二　CETA 与中加双边投资条约的投资仲裁机制总体比较

研究正在谈判中的国际条约的有关规定需要考虑参与谈判国家的立场，如何获知和判断有关立场则成为研究所面临的一个问题。尤其在双边条约谈判之中，两国通常先各自提出最符合自身利益的要求，然后寻求妥协，因此探寻对方的底线并从对方获取更大让步是谈判中最为利益攸关的问题。为此，当然不宜过早披露在有关问题上自己的真正立场。由于近年来国际投资条约备受社会各界关注，国际投资规则引起争议较多，提高通过投资条约制定投资规则活动的透明度，成为一些发达国家政府应对国内压力的重要举措。在部分晚近投资条约的谈判中，这些国家正在更大程度地及时公布有关谈判信息和资料。例如在 TTIP 谈判中，公众便可以在欧盟委员会官方网站上查询谈判进程、欧盟在谈判中的指导思想和公开立场。不过，欧盟并未公开中欧条约谈判的类似信息。因此，关于中欧双方在中欧条约的投资仲裁机制问题上的谈判立场，没有公开的官方文件予以说明。尽管如此，双方的谈判立场仍是有迹可循的，因为已有条约实践可以作为判断的基础。

如前所述，欧盟在获得缔结投资条约的专属权能之后，已经签署了三项国际投资条约，即分别与加拿大、新加坡和越南之间的自由贸易协定中的投资章节。其中，欧盟与加拿大之间的 CETA 时间最早、最受关注。特别是因为其中的投资仲裁机制引起的争论，CETA 的命运较为曲折：在 2014 年签署的 CETA 文本便被视为欧盟投资条约的范本，此后受到 TTIP 谈判的影响，经过法律审查（通常并不会产生较大修改）于 2015 年确定的最终文本得到重大修订，纳入了欧盟的最新建议即常设投资法院制度，代表了缔约实践中欧盟在这些问题上的最新立场。

关于我国的投资条约实践，本书第一章已经说明，从 1982 年签署的第一部双边投资条约开始，经过三十余年的发展，我国的投资条约经过数个代际的变更，规则内容发生了较为明显的变化。显然，为研究现阶段我国对条约中的投资仲裁机制所持立场，近几年来我国签署的诸项投资条约应是主要参考。而这些条约的内容也具有较大差异，体现了我国缔约实践更倾向于接受缔约伙伴国的条约模式的特点。因此，基于以下几点原因，本书认为，2012 年的中国—加拿大双边投资条约（以下简称"中加协定"）是最合适的参考对象：首先，中加协定与 CETA 两部条约缔结的时间接近。其次，CETA 中有关投资仲裁机制的规定十分详尽，而在我国投资条约中，中加协定的投资仲裁规则最为细致，在此方面也与 CETA 最为接近。再次，使用中欧双方各自与同一第三国缔结的两部条约进行比较，能够更好地体现中欧双方的各自立场，排除由于第三国立场的不同而带来的差异。

CETA 本身作为自由贸易协定，涵盖内容广泛，多个章节涉及投资问题。本书关注的投资仲裁机制被规定在"投资"专章，即第八章第 F 节"投资者与国家间投资争端的解决"，共有 28 个条款，包括第 18 条"范围"至第 45 条"排除"。中加协定则是一部专门投资条约，条约第三部分规定了投资仲裁规则，包括 14 个条款，具体为第 19 条"目的"至第 32 条"裁决的终局性和执行"。

CETA 和中加 BIT 的 ISDS 规则对照表

CETA 的 ISDS 规则	基本对应的中加 BIT 条款
第 18 条　范围	第 20 条　缔约一方投资者的诉请
第 19 条　协商	第 21 条　"诉请提请仲裁的前提条件"之第 1 款
第 20 条　调解	无
第 21 条　与欧盟或其成员国的争端中被申请人的认定	无

续表

CETA 的 ISDS 规则	基本对应的中加 BIT 条款
第 22 条 诉请提请仲裁的程序和其他条件	第 21 条 诉请提请仲裁的前提条件
第 23 条 诉请提请仲裁	第 22 条 诉请提请仲裁
第 24 条 不同国际协定下的程序	无
第 25 条 同意仲裁	第 23 条 同意仲裁
第 26 条 第三方资助	无
第 27 条 法庭的设立	无，但第 24 条、第 25 条 规定了仲裁员的任命
第 28 条 上诉法庭	无
第 29 条 多边投资法庭和上诉机制的设立	无
第 30 条 道德规范	无
第 31 条 适用法律与解释	第 30 条 准据法
第 32 条 明显缺乏法律实质的诉请	无
第 33 条 法律上不成立之诉请	无
第 34 条 临时保护措施	第 31 条 临时保护措施和最终裁决
第 35 条 程序的终止	无
第 36 条 程序透明度	第 28 条 审理与文件的公共参与、第 29 条 非争端方陈述
第 37 条 信息共享	第 28 条 "审理与文件的公共参与"之第 4 款
第 38 条 非争端缔约方	第 27 条 非争端缔约方：文件和参与
第 39 条 最终裁决	第 31 条 临时保护措施和最终裁决
第 40 条 赔偿或其他补偿	无
第 41 条 裁决的执行	第 32 条 裁决的终局性和执行
第 42 条 缔约方的角色	无
第 43 条 合并	第 26 条 合并
第 44 条 服务和投资委员会	无
第 45 条 排除	第 34 条 "排除"的附录

通过对 CETA 和中加协定中的投资仲裁条款进行对比可以发现，后一条约的几乎所有条款都在 CETA 中得到对应规定。当然，由于 CETA 以常设投资法院制度取代了当事方选任仲裁员制度，中加协定

的第 24 条和第 25 条（涉及仲裁员的任命）在 CETA 中并无直接对应的条款，但 CETA 规定了投资法院法官任命的具体规则。另一方面，CETA 的 28 个条款中，13 个条款的内容在中加协定未作规定，如第 20 条"调解"、第 32 条和第 33 条所规定的两个快速审查程序等。在两个条约涉及相同或类似问题的条款中，仅在"同意仲裁"问题上两部条约作出基本一致的规定，即 CETA 第 25 条和中加协定第 23 条；在绝大多数问题上，中加协定的规定较为简单，CETA 则是通过数个条款详细地作出规定，其中，虽然有一些条款在两部条约中使用了基本相同的标题，例如 CETA 第 43 条和中加协定第 26 条，但前者包括 14 款，后者仅 9 款，尽管它已经是中国投资条约中关于合并审理的最为详尽的规定。

上述对比表明，CETA 所规定的投资仲裁机制比中加协定更加细致、复杂和全面。欧盟委员会也声称，CETA 规定了"迄今为止最先进的"投资仲裁机制，包括诸多新颖的和更明确的程序规则。[①] 欧盟显然将会在中欧条约谈判中以此为模本，希望中国也接受这套规则，进而扩大欧盟在国际投资规则制定方面的影响力。因此，在与中加协定（必要时包括其他晚近中国投资条约）相比较的基础上，深入分析和了解 CETA 中的新规则，是为我国确定相应谈判立场必须完成之任务。

下文将从仲裁庭的管辖与设立、已有程序规则的细化以及新创的程序规则三个方面分别讨论 CETA 的投资仲裁规则。当然，这三个方面的规则实际上有诸多交叉与重叠之处——更加详细明确的程序规定限制了仲裁庭在程序事项上的裁量权，细化已有规则同时也是更具体层面上规则的创新。因此，此种划分更大程度上是基于归纳和系统论述的需要。

[①] European Commission, Investment Provisions in the EU – Canada Free Trade Agreement (CETA), available at http://trade.ec.europa.eu/doclib/docs/2013/november/tradoc_151918.pdf, p. 1.

出于以下原因，CETA 的几个重要的仲裁新规则将不在本章详细讨论：

第一，正如上一章所述，2015 年 CETA 包括了晚近欧盟提出的革命性建议，即常设投资法院制度。此前论证表明，虽然将该制度纳入一部双边投资条约（例如中欧条约）并非完全不可行，但设立这样一项有缺陷的制度，未来不仅难以在多边层面上推广，而且还会带来如何与多边机制协调的问题。在综合衡量利弊的基础上，本书认为中欧条约以不接受该制度为宜。

第二，CETA 中避免平行程序的条款包括第 22 条中的弃权条款和第 24 "不同国际协定下的程序"。对两个条款的作用以及与中加协定的比较，本书第二章业已讨论，此处不再赘述。

第三，对 CETA 第 32 条和第 33 条所规定的两种快速审查程序，本书第四章已有详细论述并主张，在一部条约中同时规定两种程序并不经济，但可以理解国家保留更多程序武器的选择。鉴于中智协定业已包含类似规定，中欧条约作出同样选择应无大碍，但条约应尽量澄清两项程序之间的关系。

第四，基于欧盟与其成员国之间复杂的权能划分关系，外国投资者利用欧盟签订的投资条约提出仲裁请求时，是由欧盟还是单个成员国作为被申请人应诉成为一个独具特色的问题。因此，CETA 第 21 条对被申请人的确定方法作出了详细规定。由于相关问题和处理方法主要以欧盟内部的权能分配为基础，而且在当前国际社会中其他国家的投资条约也不会涉及该问题，在不会对申请人带来不合理负担的情形下，缔约另一方国家很难且不必质疑 CETA 第 21 条规定的方法。

最后，需要说明的是，由于 CETA 采纳了常设投资法院制度，它的条款有意识地避免使用"仲裁"等与之相关的用语，例如它以"法庭"（tribunal）代替通常所用的"仲裁庭"（arbitral tribunal）。鉴于本书主张继续采用仲裁制度，且 CETA 中不与投资法院制度直接相关的规则与通常投资条约中的仲裁规则并无本质性差别，因此为全书系统论述之目的，本章以下对 CETA 有关规则的讨论仍使用"仲裁"

等相关用语。

三 CETA对仲裁庭管辖权和设立的新规定

（一）限制与缩小仲裁庭管辖权范围

为明确限定仲裁庭的管辖权范围，避免可能的争议，CETA不厌其烦地从三个不同的角度反复作出实质内容相同的规定：首先，第8章第2条"范围"之第4款明确规定，投资者只能在第18条规定的范围内依据第F节所规定之程序提出诉请。针对第8章B节的投资设立义务（具体包括"市场准入"和"履行要求"两个条款）、C节关于涵盖投资的设立和购买的相关义务（具体涉及准入时的非歧视待遇），投资者不得提出申诉。就违反D节"投资保护"提出的诉请则以存在"涵盖投资"为前提。概括而言，CETA虽然规定了投资准入方面的义务，但缔约方违反此类义务的行为不在投资仲裁庭管辖范围之内。其次，在第2条以排除方式已经作出上述规定的情形下，第18条再次作出相同限定，只不过采用了不同方式：它正面列举了投资者可提出诉请的范围，包括涉及已设立投资的C节的非歧视待遇和D节的投资保护义务。再次，第18条的最后一款（第5款）规定，仲裁庭不得对本条范围之外的诉请作出裁决。如此一而再，再而三，同样的限定被三次重复。

除在投资的"设立"与"购买"方面的最惠国待遇义务之外，中加协定基本未规定投资准入阶段的义务。因此，中加协定不必像CETA那样将违反准入阶段义务的行为排除在仲裁管辖权范围之外，尽管中加协定第20条也十分详尽地列举了投资仲裁可适用的条约义务范围。

不过，中欧条约极有可能涵盖准入前国民待遇义务，因为我国已经在中美双边投资条约中接受该义务，在国内法中也正在对外资法作出相应修订。如果中欧条约确实包括准入阶段义务，则有必要纳入与CETA相类似的前述限定条款。当然，是否有必要进行三次重复规定，可以再做考虑。

CETA 第 18 条第 3 款规定:"为进一步明确,如果投资系通过虚假陈述、隐瞒事实、腐败或滥用程序行为而设立,投资者不得提出本节申诉。"欧委会在解释这一规定时,明确提到菲利普莫里斯公司诉奥地利案,指出该规定"明文禁止以起诉为目的的投资或重组行为"。① 其他已有投资条约(如中加协定)一般通过拒绝利益条款来规制此种"邮箱公司"问题,② CETA 在规定了拒绝利益条款(第 16 条)的同时,又以第 18 条第 3 款加上一道"保险",并扩大了禁止提出申诉的范围。这种做法是现有投资条约中的首创,值得中欧条约采用。

在已有投资仲裁实践中,仲裁庭就涉嫌腐败的投资持有不同立场,所作出的裁决存有差异,引起了学者的争论。③ 有的仲裁裁决依据"合法性条款"认定,投资在此种情形下不合法,不构成涵盖投资,进而拒绝管辖权。另一些裁决则对管辖权作出肯定性裁决,但裁定相关合同无效。除"合法性条款"要求条约保护的投资应"符合东道国法律"之外,相关裁决还试图适用其他的国际法和国内法规则来解决争端。显然,产生不同裁决的一个重要原因是相关投资条约对该问题没有明确规定。CETA 第 18 条第 3 款弥补了这一缺陷,明确并有效地将涉嫌腐败的投资排除在可寻求仲裁救济的范围之外。未来适用 CETA 的仲裁裁决理应不再产生前述不同的裁定。从避免冲突裁决的角度而言,这是支持中欧条约采纳此项规则的又一理由。

由于部分欧盟成员国的债务危机引起公债重组,可能引起针对这些国家的投资仲裁请求,CETA 第 18 条第 4 款以及附件 8-B 专门就

---

① European Commission, Investment Provisions in the EU – Canada Free Trade Agreement (CETA), available at http://trade.ec.europa.eu/doclib/docs/2013/november/tradoc _ 151918. pdf, p. 5.

② 参见漆彤《论国际投资协定中的利益拒绝条款》,载《政治与法律》2012 年第 9 期。

③ 参见马迅《论国际投资仲裁中腐败问题的可仲裁性》,载《武大国际法评论》第 16 卷第 2 期(2014)。

此类诉请作出限制性规定。这些规定采取了折衷立场，尽管明文禁止在已签订重组协议的情形下提出申诉，但实际上也原则同意公债作为"投资"可寻求仲裁机制的救济。我国在此问题上持有何种立场，更多是一个利益的考量，即考虑在欧债危机中中国企业开展的投资情况。

（二）2014年CETA中的常设仲裁员名单及仲裁员资格要求

如上所述，中欧条约不宜采用2015年CETA中的常设投资法院制度，不过2014年CETA中的常设仲裁员名单规则或可成为中欧双方协商和妥协的选择之一。

2014年CETA规定，缔约双方制定一个常设仲裁员名单，其组成类似于常设投资法院制度下的初审法院。但是，具体案件的争端双方仍有权选任仲裁员，只是当他们无法就仲裁员人选达成一致时，只需一个争端方提出请求，ICSID秘书长将从常设仲裁员名单中任命未确定的仲裁员。这一制度是从当事方选任仲裁员向常设机构的过渡措施。一方面，该名单的功能近似于"常设法庭"。另一方面，与2015年CETA的常设投资法院制度不同，在2014年CETA的常设仲裁员名单制度下，当事方选任仲裁员原则仍具有优先地位，争端并没有自动地交给"常设法庭"审理。然而，考虑到投资者无权参与常设仲裁员名单的制定，该制度仍然有利于国家加强对仲裁机制的影响与控制，在具体案件中向申请人施加了与被申请人达成协议的压力。因此，常设仲裁员名单制度是传统（即当事方选任仲裁员）与革命（即常设投资法院）之间的妥协，可以成为我国在中欧条约谈判中的一个选项。

在不采纳常设投资法院制度的情形下，2014年CETA对仲裁员资格提出的若干要求也可资借鉴。首先，仲裁员应具备国际公法尤其是国际投资法的知识或经验，并以拥有国际贸易法、国际投资或国际贸易条约争端解决的知识或经验为宜。中加协定也作出了实质内容类似的规定。其次，在仲裁员的独立性方面，CETA首次明确地将《国际律师协会国际仲裁中利益冲突指南》纳入条约，要求仲裁员必须遵守。再次，关于指控仲裁员资格不符、要求其回避的程序，ICSID 相关规则存在若干不足，[①] 因此 CETA 规定了具体的质疑程序，其特有之处包括：（1）提出质疑应遵守的期限非常明确，应在收到仲裁员任命通知或者争端方得知资格不符情形之后的 15 天之内。（2）若质疑得到争端双方的支持，得要求相关仲裁员回避。为鼓励仲裁员主动辞职，CETA 规定，作出辞职决定将不被视为对质疑理由有效性的承认。（3）如果仲裁员拒绝辞职，将由 ICSID 秘书长在听证后作出决定，而在 ICSID 公约下，质疑是否有效首先交给其他仲裁庭成员做出决定。相比较而言，CETA 的规则可能更为合理。

四　CETA 对已有仲裁程序规则的丰富与细化

（一）合并审理

本书第二章已经讨论了以 NAFTA 为代表的合并审理规则及其在实践中面临的问题。一方面，由于东道国措施尤其是普遍适用的立法可能影响多个投资者的利益，合并审理更受东道国青睐，有利于其避免平行程序和减轻其诉累，[②] 因而近年来各国纷纷将合并审理纳入其投资条约。另一方面，为解决实践中的问题，一些条约制定了比 NAFTA 更为详细的合并审理规则，例如中加协定第 26 条包括 9 款，涉及合并请求、合并仲裁庭的组成与管辖权、合并审理程序等问题。CETA 第 43 条"合并"采用了类似架构，但其具体规定比中加协定更加细致和全面。其中若干新规则适当考虑了投资者的意愿，与合并审理程序总体上更符合东道国利益的特点形成平衡，使该程序更加公平合理，值得中欧条约采纳。

总体上来说，与包括中加协定在内的大多数规定了合并审理的已

[①] 有关问题可参见于湛雯《论国际投资仲裁中仲裁员的回避》，载《武大国际法评论》第 17 卷第 1 期（2014）。

[②] 参见杨秉勋《论国际投资保护协定中的"合并仲裁"》，载《北京仲裁》2011 年第 2 期；朱明新：《国际投资仲裁平行程序的根源、风险以及预防——以国际投资协定相关条款为中心》，载《当代法学》2012 年第 2 期。

有投资条约不同，CETA 针对合并仲裁庭确立管辖权之后的若干问题，制定了新的详细规则，这是其突出特点。

在合并审理请求的提出、合并仲裁庭的组成和管辖权的确立方面，中加协定第 26 条和 CETA 的相关规定大致相同，但有两点细微差别。首先，中加协定规定了两种合并请求的提出方式，分别是所有争端当事方合意申请和任一争端当事方提出申请。CETA 在这两种方式之外还规定，在若干当事方分别提出合并申请之后，他们可以在 30 天内合意提出共同申请。其次，中加协定第 26 条第 3 款规定，在任一争端当事方向 ICSID 秘书长提交寻求合并的申请之后，除非秘书长在"30 日内发现该申请明显没有根据，否则将依据本条设立一个仲裁庭"。也就是说，ICSID 秘书长有权直接拒绝合并请求。一方面，"明显没有依据"应该是一个比较高的门槛，参照秘书长在登记仲裁请求时行使甄别权的实践[①]可以认为，在存有疑问时，他应该会倾向于将问题留给合并仲裁庭解决。另一方面，正如本书第二章所述，对于合并审理的法律依据可能存有争议，第 26 条第 1 款规定的"诉请的法律或事实问题系共同的，且源于相同事件或情况"有着一定解释余地，因而不能排除秘书长直接拒绝合并请求的可能。与之不同的是，CETA 没有赋予秘书长此项权利。在中加协定第 26 条的各款中，这是 CETA 唯一没有相应规定的内容。从理论上看，这一不同做法各有利弊：赋予秘书长直接拒绝权可以避免程序不必要的拖延，不给他这项权利则是对仲裁庭裁量权的尊重。不过，上述两项细微差别可能不会在实践中造成很大影响。

在合并仲裁庭适用的程序规则方面，中加协定直接规定应适用 UNCITRAL 规则。CETA 第 43 条第 6 款则考虑了不同情形：首先，如果寻求合并令的所有诉请是依据第 23 条下的相同规则提起的，则适用该规则；这些规则包括 ICSID 仲裁规则、ICSID 附加便利规则、UNCITRAL 仲裁规则或者其他当事方协商制定的规则。其次，如果寻

---

① 本书第四章已有介绍。

求合并令的诉请并非依据相同规则提起,则这些投资者可共同选择适用前述仲裁规则之一。最后,如果在 30 天之内投资者不能协商确定,将适用 UNCITRAL 规则。相比较而言,中加协定的规定简单明了,但未考虑争端当事方的意愿;CETA 则将投资者意愿置于优先地位,或许更为合理。

CETA 新增的合并审理规则包括以下几项:

第一,第 43 条第 9 款规定:"在合并仲裁庭确定管辖权之后,如果某一依据第 23 条提出仲裁请求的投资者的诉请没有被纳入合并审理,他可以向仲裁庭提出书面申请,在申请符合第 4 款的条件下将其并入合并令。仲裁庭应同意合并,如果其认为合并符合第 8 款规定,且不会对当事方造成不合理负担或不公平妨碍,或不合理延误程序。在仲裁庭发布合并令之前,应与所有争端方协商。"第 9 款的规定允许投资者在合并令发布之后还可以提出加入合并的请求,有利于投资者诉讼权利的保护。但它可能会造成一定程度的程序拖延,尽管仲裁庭拥有相关自由裁量权。

第二,第 43 条第 13 款规定:"一投资者可以撤回已被合并审理的一项诉请,并不得再依据第 23 条重新提出该项诉请。如果该投资者在收到合并申请的通知之日起 15 天内撤回诉请,他此前提起诉请的行为将不妨碍其将寻求本节之外的争端解决机制。"易言之,该投资者此前按照第 22 条要求作出的弃权声明将不再对他具有约束力。这样,不愿意接受合并审理的投资者可以及时退出仲裁,改而选择其他争端解决方式。这一规定充分考虑了投资者的不同意愿。

第三,针对合并审理程序中投资者最大的顾虑即保密信息问题,第 43 条第 14 款规定:"应投资者的申请,合并仲裁庭可以采取其认为适当的措施,对其他投资者保守该投资者的保密或受保护信息。这些措施可包括向其他投资者提供经保密处理的文件,或在部分庭审实行非公开审理。"

第四,合并仲裁庭确立管辖权之后,对其管辖权范围内的诉请或部分诉请所作之裁决,在这些相关诉请上对合并前设立的仲裁庭具有约束力。

(二) 透明度

CETA 第 36 条规定了高水平的透明度义务。除将 UNCITRAL 的透明度规则整体纳入之外，CETA 还拓展了应予公开的文件。首先，在 UNCITRAL 规则第 3（1）条列举的清单基础之上，协商请求、请求认定被申请人的通知、认定被申请人的通知、调解协议、质疑仲裁员的通知、对仲裁员质疑的决定、合并审理的申请也都要予以公开。其次，应公开专家报告和证人证词包含的证据，这些文件在 UNCITRAL 规则下为其第 3（2）条所排除。

欧委会对 CETA 的透明度规则给予了很高评价："CETA 在投资争端中引入了完全的透明度：所有文件（当事方书状和仲裁裁决）将在欧盟出资的网页上公开。所有听证会公开举行。利益相关方（非政府组织和工会）可提交意见书。这些要求具有约束力，仲裁庭和争端当事方不能豁免。"[1]

相比之下，中加协定虽然也包含透明度条款，但只规定了最低限度的适用范围和强制性义务，较之 CETA 相差甚远。中加协定第 28 条仅强制性要求"所有仲裁裁决应在删除保密信息后向公众公开"。此外，"如果争端缔约方认为向公众公开提交至仲裁庭或由仲裁庭作出的所有其他文件系出于其公共利益，则可在通知仲裁庭其关于公开的决定后，并在删除保密信息的情况下，该等其他文件应向公众公开。"争端缔约方还可以要求庭审向公众开放，但需要先行与争端投资者磋商。实际上，这些规定都与其他晚近加拿大投资条约中的透明度要求存在很大差异，因而还遭到加拿大国内有关人士的批评。[2] 这表明，中加协定的规则反映了中国不愿意接受透明度义务的保守立

---

[1] European Commission, Investment Provisions in the EU – Canada Free Trade Agreement (CETA), available at http://trade.ec.europa.eu/doclib/docs/2013/november/tradoc_151918.pdf, p. 4.

[2] 因而被一位加拿大学者批评，参见 Gus Van Harten《中国—加拿大双边投资条约：独特性和非互惠性》，载《国际经济法学刊》第 21 卷第 2 期（2014），第 4、35—38 页。

场，并且此种立场较为坚定。因此，尽管从长远来看，提高透明度具有积极意义，但中欧条约更可能效仿中加协定，即允许欧盟决定按照 CETA 标准公开有关文件，而中国不会承担此种条约义务。

（三）协商

国际投资条约普遍要求投资者在提出仲裁请求之前寻求协商，但关于协商的规则通常十分简略。例如，中加协定只是在第 21 条第 1 款规定："在争端投资者将诉请提请仲裁之前，争端各方应首先进行协商，以求友好解决诉请。除非争端各方另有约定，协商应在诉请提请仲裁的意向通知后的 30 日内进行。"由于一般情况下投资争端并非突然产生而是延续较长时间，投资者通常已经和东道国政府进行谈判和协商，在无法解决争端的情形下才启动仲裁程序，因此不难理解，在投资条约中协商处于边缘地位。不过，伴随着晚近针对投资仲裁的质疑，要求通过替代方法解决投资争端的主张不断被提出。CETA 相应规定了较为详细的协商规则，期望其发挥更大作用。

CETA 第 19 条"协商"长达 8 款。它首先要求，除非争端当事方同意其他更长期限，否则协商应在提交协商请求后 60 天内进行。协商通常应在被申请人的首都举行，但也可以视频会议方式举行，还可以考虑其他适当方式，尤其当投资者是中小企业之时。

CETA 对协商请求的内容提出详细要求，它应包括如下信息：（1）投资者的姓名与地址，如果请求是代表一家在东道国设立的企业提出，则后者的姓名、地址与成立地；（2）如果存在一个以上投资者，则每一投资者的姓名与地址，如果存在一个以上东道国当地企业，则每一当地企业的姓名、地址与成立地；（3）被声称违反的条约条款；（4）诉请的事实和法律基础，包括被诉措施；（5）所寻求的救济和主张的损害金额。请求还应该包括相关证据，证明投资者是缔约另一方国民并拥有或控制投资。要求提供上述信息，目的是为了使被申请人充分了解情况，能够有效参与协商。

CETA 对投资者提出协商请求的期限作出了一定限制。首先，自投资者或东道国当地企业首次知悉，或理应首次知悉声称的违反以及知悉其因此遭受损失或损害之日起，未超过三年。中加协定第 21 条第 6 款实际上也规定了该三年的除斥期限，只不过针对的是提出仲裁请求的时限。其次，与 CETA 规定的弃权条款相匹配，自被申请人国内法下的司法或仲裁程序停止之日起，未超过两年，且无论如何，自投资者或东道国当地企业首次知悉，或理应首次知悉声称的违反以及知悉其因此遭受损失或损害之日起，未超过十年。在中加协定下，针对东道国国内程序与投资仲裁之间的平行程序，中国接受的是岔路口条款，因而如果中欧条约中我国仍然继续坚持岔路口条款，CETA 的此项规定将只可能适用于欧盟及其成员国为被申请人的情形。

CETA 的上述规定是否真的能够加强协商在投资仲裁机制中的作用，尚有待实践检验。鉴于这些规定大多和中加协定没有实质性差别，中欧条约可以考虑有选择性地予以接受。

（四）最终裁决中的赔偿与费用问题

如果仲裁庭最终作出不利于东道国的裁决，对于裁决中赔偿的确定，中加协定和 CETA 的规定大体相同。但 CETA 第 39 条第 3 款作出了一点补充："金钱赔偿不应大于投资者或东道国当地企业所遭受的损失减去此前已给予的赔偿。为计算金钱赔偿之目的，仲裁庭应考虑削减赔偿，以考虑任何恢复财产原状或措施的取消或修改。"这一规定值得中欧条约采纳。

关于费用问题，中加协定与大多数投资条约一样只是简单规定："仲裁庭亦可根据适用仲裁规则对费用进行裁决。"然而，此种规定遭到质疑，因为在仲裁庭裁定争端方各自承担自己的法律费用的情况下，被动参与仲裁的东道国政府即使胜诉，也需承担高额费用。

因此，CETA 改变传统做法，明确规定败诉方承担费用的原则。第 39 条第 5 款规定："仲裁庭应裁定败诉争端方承担程序费用。在例外情形下，仲裁庭可裁决当事方分摊费用，如果它认为根据诉请情形进行分摊是适当的。其他包括律师费在内的合理费用也应由败诉方承担，除非根据诉请情形，仲裁庭认为此种分配不合理。如果只有部分诉请获得支持，仲裁庭应按照其在所有诉请中所占比例或程度，按比例调整费用的分担。"欧盟声称，上述规定是 CETA 的重要创新，可以在一定程度上减少滥诉。① 我国应该也不会予以拒绝此规定。

五 CETA 中新创的仲裁程序规则

（一）调解

作为对于加强替代性争端解决办法的又一回应，CETA 专门制定一个条款（第 20 条），将调解规定为可选程序。它规定，争端方可协议任命或请求 ICSID 秘书长任命调解员。争端双方应努力在任命调解员之后 60 天内达成争端的解决办法。寻求调解的行为不妨碍任一争端当事方的法律地位和权利。调解遵循争端方协商同意的规则或者未来由缔约双方组成的服务和投资委员会制定的规则。

包括中加协定在内的大多数投资条约并未规定调解程序，因而 CETA 在此方面具有独创性。调解是传统的争议解决办法，早在 ICSID 公约中便已有规定，WTO 的国家间争端解决机制也包括调解。然而，ICSID 和 WTO 实践中调解几乎是个"摆设"，基本没有获得争端方的选用。其原因与前述有关协商程序的作用的解释完全相同，而且无论投资条约是否明文规定，当事方如能达成一致，都可以在任何适合选择协商或调解来解决争端。

值得一提的是，在 CETA 于 2015 年得到修订之前，欧盟已经在其 TTIP 的投资章节建议中推出了包括一个专门附件在内的非常详细的调解规则。但 CETA 最终没有接受其大部分内容，似乎表明了加拿大对此的消极态度。

（二）第三方资助

第三方资助指的是"一个第三方出资为一争端当事方支付部分或

---

① European Commission, Investment Provisions in the EU – Canada Free Trade Agreement (CETA), available at http://trade.ec.europa.eu/doclib/docs/2013/november/tradoc_151918.pdf, p. 6.

全部仲裁程序费用。作为回报，出资人将从依据裁决或和解得到的赔偿金中获得一定比例。相反，在败诉时，出资人通常将不能获得任何补偿，且仍有义务支付该当事方的法律费用以及其他败诉费用"。[1]

近年来，虽然缺乏公开数据的统计，但有关研究表明，国际投资仲裁中第三方资助的使用迅速增加。一方面，第三方资助分摊了投资者的财政负担，使更多投资者能够寻求投资仲裁的救济。另一方面，学者们大多担忧第三方资助所造成的消极影响，主要是"资助关系缺乏透明度、资助方与仲裁员间的复杂关系网络以及仲裁费用负担制度的不确定性，激励了投资者对东道国的滥诉，损及东道国公共利益和国际投资仲裁体制的正当性"。[2]

为了回应上述忧虑，CETA 第一次在国际投资条约中纳入专门的第三方资助规则，其第 26 条规定："（1）如存在第三方资助，受资助之争端当事方应向其他当事方与仲裁庭披露资助者的姓名与地址。（2）披露应在提出诉请时作出，或者，如果在提出诉请之后方签订资助协议或作出捐赠或赠与，应在协议签订或捐赠或赠与后无延迟地披露。"显然，该项规定并不要求披露资助协议的任何具体内容，有关投资者承担的仅是一个最低限度的披露义务。鉴于它只是投资条约规范第三方资助的初步尝试，中欧条约接受这一规则应该不会存在困难。

六 结论

近年来，对国际投资条约及国际投资仲裁机制的质疑，尤其是对仲裁裁决不一致的批评，促使有关国际组织和国家政府不断寻求应对之法。从 2004 年 ICSID 的仲裁规则修订建议、美加修订的双边投资条约范本，到 2014 年欧盟提出的常设投资法院建议，十余年里，有

---

[1] Eric De Brabandere & Julia Lepeltak, Third-Party Funding in International Investment Arbitration, ICSID Review, Vol. 27, No. 2, 2009, p. 381.

[2] 郭华春：《第三方资助国际投资仲裁之滥诉风险与防治》，载《国际经济法学刊》2014 年第 2 期，第 85 页。

关国家和国际组织建议和采取了诸多措施，改进甚至变革投资仲裁机制。它们有时相互学习与借鉴，有时探寻自己的改革路径，使得晚近投资条约中的投资仲裁规则呈现出复杂和多样的特征。这一特征同样体现在应对平行程序及不一致裁决的仲裁实践和国家缔约实践之中。在仲裁实践方面，本书以最惠国待遇能否适用于争端解决事项问题为例，分析了裁决不一致现象的产生、发展与最终消融的可能。不过，国家通过缔约条约、制定条约规则的方式积极主动地采取措施应对不一致裁决问题，即缔约实践是本书研究的重点。就现有投资条约已有规定的若干规则，如岔路口条款、弃权条款、合并审理、快速审查程序等，本书讨论其在仲裁实践中的适用以及晚近条约中的发展与变化。就上诉机制、常设投资法院等尚处于争论中的改革设想，本书进行了深入的理论分析。

为了应对欧盟内部对投资仲裁机制的批评，加强在国际投资规则制定中的话语权，欧盟成为争端解决机制改革的积极推动者。无论2014年签署还是2015年修订的CETA都规定了一个比已有投资条约更加复杂、规则更加细致、欧盟称之为"更先进"的争端解决机制。事实上，本书此前探讨的各主要投资仲裁机制改革措施（无论其长久生命力如何）都在CETA中得以体现。CETA中新增的诸项规定大部分遵循同一基本价值取向——加强国家即被诉东道国对程序的控制和影响，减少仲裁庭的自由裁量权。诚然，这些新规则可能将直接约束投资者和/或仲裁庭的"任性"。但是从发展的角度来看，提高公众对投资仲裁机制的接受度，使该机制能够在质疑声中浴火重生，同样有利于投资者。

因此，本书主张，对这些投资仲裁机制改革措施，总体上我国应该积极参考、借鉴，中欧双边投资条约可以接受CETA中的大部分创新性规则；同时我国也不能简单照搬所有新规则，而是应该审慎思考，结合我国实际深入分析各项规则的利弊，根据不同情况或接受、或微调、或拒绝，最终形成国际投资争端解决机制的中国意见。

主要参考文献

一 中文资料

（一）著作

［德］阿列克西：《法律论证理论》，舒国滢译，法制出版社2002年版。

［英］布朗利：《国际公法原理：第5版》，曾令良等译，法律出版社2002年版。

陈安主编：《国际投资法的新发展与中国双边投资条约的新实践》，复旦大学出版社2007年版。

韩立余：《既往不咎——WTO争端解决机制研究》，北京大学出版社2009年版。

刘京莲：《阿根廷国际投资仲裁危机的法理与实践研究——兼论对中国的启示》，厦门大学出版社2011年版。

卢近勇、余劲松、齐春生主编：《国际投资条约与协定新论》，人民出版社2007年版。

尤瓦·沙尼：《国际法院与法庭的竞合管辖权》，韩秀丽译，法律出版社2011年版。

［日］杉原高嶺：《国际司法裁判制度》，王志安、易平译，中国政法大学出版社2007年版。

邵沙平主编：《国际法院新近案例研究（1990—2003）》，商务印书馆2006年版。

谢石松主编：《商事仲裁法学》，高等教育出版社2003年版。

余劲松主编：《国际投资法》，法律出版社 2014 年版。

赵维田：《世贸组织（WTO）的法律制度》，吉林人民出版社 2000 年版。

（二）论文

敖希颖：《国际债权人的转机：平等条款的新解释》，载《法商研究》2016 年第 1 期。

蔡从燕：《国际投资仲裁的商事化与"去商事化"》，载《现代法学》2011 年第 1 期。

陈安：《中外双边投资协定中的四大"安全阀"不宜贸然拆除》，载《国际经济法学刊》2006 年第 1 期。

高波：《论欧盟国际投资条约中的 ISDM 问题》，载《商业研究》2012 年第 12 期。

郭华春：《第三方资助国际投资仲裁之滥诉风险与防治》，载《国际经济法学刊》2014 年第 2 期。

郭华春：《主权债券权益保护之投资仲裁视阈》，载《上海金融》2014 年第 7 期。

韩秀丽：《后危机时代国际投资法的转型——兼谈中国的状况》，载《厦门大学学报》2012 年第 6 期。

韩秀丽：《再论卡尔沃主义的复活——投资者—国家争端解决视角》，载《现代法学》2014 年第 1 期。

Gus Van Harten：《中国—加拿大双边投资条约：独特性和非互惠性》，载《国际经济法学刊》第 21 卷第 2 期（2014）。

李皓：《主权债券违约诉讼研究》，载《法学杂志》2016 年第 2 期。

李仁真、杨方：《主权债务重组方法的选择——基于管制暗示理论的思考》，载《武汉大学学报》（哲学社会科学版）2010 年第 4 期。

梁丹妮：《国际投资争端仲裁程序透明度研究——从〈ICSID 仲裁规则〉（2006）和〈UNCITRAL 仲裁规则〉（修订草案）谈起》，载《国际经济法学刊》2010 年第 1 期。

刘京莲：《国际投资仲裁正当性危机之仲裁员独立性研究》，载《河北法学》2011年第9期。

刘俊霞：《浅析国际投资仲裁合并——以Canfor案为视角》，载《新疆社科论坛》2011年第4期。

刘笋：《国际投资仲裁引发的若干危机及应对之策述评》，载《法学研究》2008年第6期。

刘笋：《建立国际投资仲裁的上诉机制问题析评》，载《现代法学》2009年第5期。

马光远：《中国成为资本净输出国的历史意义》，载《中国外资》2014年第21期。

马迅：《论国际投资仲裁中腐败问题的可仲裁性》，载《武大国际法评论》2014年第16卷第2期。

漆彤：《论国际投资协定中的利益拒绝条款》，载《政治与法律》2012年第9期。

王贵国：《略论晚近国际投资法的几个特点》，载《比较法研究》2010年第1期。

王稀：《国际投资仲裁中股东诉权问题研究》，载《世界贸易组织动态与研究》2013年第5期。

魏艳茹：《论国际投资仲裁的合法性危机及中国的对策》，载《河南社会科学》2008年第4期。

温先涛：《〈中国投资保护协定范本〉（草案）论稿》，载《国际经济法学刊》2011年第4期，2012年第1期，2012年第2期。

肖芳：《〈里斯本条约〉与欧盟成员国国际投资保护协定的欧洲化》，载《欧洲研究》2011年第3期。

肖永平、李韶华：《美国集团仲裁初探》，载《武汉大学学报》（哲学社会科学版）2011年第4期。

谢宝朝：《投资仲裁上诉机制不是正当性危机的唯一解药》，载《世界贸易组织动态与研究》2009年第4期。

徐崇利：《国际投资条约中的"岔路口条款"：选择"当地救济"与"国际仲裁"权利之限度》，载《国际经济法学刊》2012年第

2 期。

徐崇利:《〈海峡两岸投资保护和促进协议〉之评述》,载《国际经济法学刊》2013 年第 1 期。

许敏:《论国际投资仲裁中的多重程序——以 ICSID 仲裁案件为例》,载《云南师范大学学报》(哲学社会科学版) 2014 年第 5 期。

杨秉勋:《论国际投资保护协定中的"合并仲裁"》,载《北京仲裁》2011 年第 2 期。

叶书宏、赵燕燕:《阿根廷"自由号"背后的债务博弈》,载《经济参考报》2012 年 12 月 7 日,第 23 版。

衣淑玲:《国际投资仲裁上诉机制探析》,载《甘肃社会科学》2007 年第 6 期。

余劲松:《国际投资条约仲裁中投资者与东道国权益保护平衡问题研究》,载《中国法学》2011 年第 2 期。

余劲松、詹晓宁:《论投资者与东道国间争端解决机制及其影响》,载《中国法学》2005 年第 5 期。

于湛雯:《论国际投资仲裁中仲裁员的回避》,载《武大国际法评论》2014 年第 17 卷第 1 期。

张庆麟、张惟威:《〈里斯本条约〉对欧盟国际投资法律制度的影响》,载《武大国际法评论》2012 年第 1 期。

张庆麟、张晓静:《国际投资习惯规则发展状况分析——以双边投资条约为考察对象》,载《法学评论》2009 年第 5 期。

张圣翠:《强行规则对国际商事仲裁的规范》,载《法学研究》2008 年第 3 期。

朱丹:《论〈罗马规约〉对国家"不愿意"管辖的判断标准及我国的担忧》,载《中国刑事法杂志》2013 年第 3 期。

郑联盛:《法律角力:阿根廷债务技术性违约与"钉子户"债权人》,载《债券》2015 年第 4 期。

郑联盛、张晶:《阿根廷债务技术性违约的根源与影响》,载《拉丁美洲研究》2014 年第 6 期。

郑蕴、徐崇利：《论国际投资法体系的碎片化结构与性质》，载《现代法学》2015 年第 1 期。

朱榄叶：《WTO 争端解决机制上诉机构的发回重审权浅议》，载《国际经济法学刊》2012 年第 1 期。

朱明新：《国际投资仲裁平行程序的根源、风险以及预防——以国际投资协定相关条款为中心》，载《当代法学》2012 年第 2 期。

朱明新：《最惠国待遇条款适用投资争端解决程序的表象与实质——基于条约解释的视角》，载《法商研究》2015 年第 3 期。

二 外文资料

（一）著作

Jose E. Alvarez et al. (eds.), The Evolving International Investment Regime: Expectations, Realities, Options, Oxford University Press 2011.

Axel Berger, Investment Rules in Chinese Preferential Trade and Investment Agreements: Is China Following the Global Trend towards Comprehensive Agreements, German Development Institute, Discussion Paper 7/2013.

Christina Binder et al. (eds.), International Investment Law for the 21st Century: Essays in Honour of Christoph Schreuer, Oxford University Press 2009.

ICSID Secretariat, Possible Improvements of the Framework for ICSID Arbitration, Discussion Paper, Oct. 22, 2004.

ICSID Secretariat, Suggested Changes to the ICSID Rules and Regulations, Working Paper, May 12, 2005.

Campbell McLachlan QC et al., International Investment Arbitration: Substantive Principles, Oxford University Press 2007.

OECD, Most-Favoured-Nation Treatment in International Investment Law, Working Papers on International Investment Nr. 2004/2.

Cecilia Olivet & Pia Eberhardt, Profiting from Injustice, published by Corporate Europe Observatory and the Transnational Institute, Brussels/Amsterdam, November 2012.

F. Ortino, A. Sheppard & H. Warner (ed.), Investment Treaty Law: Current Issues Volume 1, British Institute of International and Comparative Law, 2006.

Christoph Schreuer, The ICSID Convention: A Commentary, 2nd ed., Cambridge University Press, 2009.

UNCTAD, Most – Favoured – Nation Treatment, Series on Issues in International Investment Agreements, 1999.

UNCTAD, Key Terms and Concepts in IIAs: A Glossary, Series on Issues in International Investment Agreements, 2004.

UNCTAD, Most – Favoured – Nation Treatment, Series on Issues in International Investment Agreements II, 2010.

UNCTAD, Investor – State Disputes: Prevention and Alternatives to Arbitration, UNCTAD Series on International Investment Policies for Development, 2010.

UNCTAD, World Investment Report 2013.

UNCTAD, World Investment Report 2015.

Michael Waibel et al. (eds.), The Backlash against Investment Arbitration, Kluwer Law International, 2010.

Michael Waibel, Investment Arbitration: Jurisdiction and Admissibility, University of Cambridge Faculty of Law Legal Studies Research Paper Series No. 9/2014.

(二）论文

Jose E. Alvarez, Why Are We "Re – Calibrating" Our Investment Treaties, World Arbitration and Meditation Review, Vol. 4, No. 2, 2010.

Aurelia Antonietti, The 2006 Amendments to the ICSID Rules and Regulations and the Additional Facility Rules, ICSID Review – Foreign Investment Law Journal, Vol. 21 No. 2, 2006.

Barry Appleton, The Song Is Over: Why It Is Time to Stop Talking about an

International Investment Arbitration Appellate Body, American Society of International Proceedings 2013.

Axel Berger & Lauge N. Skovgaard Poulson, The Transatlantic Trade and Investment Partnership, investor state dispute settlement and China, Columbia FDI Perspectives, No. 140, 2 February 2015.

John W. Boscariol & Orlando E. Silva, The Widening of the MFN Obligation and Its Impact on Investor Protection, International Trade Law & Regulation 2005.

Eric De Brabandere & Julia Lepeltak, Third - Party Funding in International Investment Arbitration, ICSID Review, Vol. 27, No. 2, 2009.

International Law Commission, Most - Favoured - Nation Clause, Journal of World Trade Law 1970.

Irene M. Ten Cate, International Arbitration and the Ends of Appellate Review, New York University Journal of International Law & Politics 2012.

Cai Congyan, China - US Negotiations and the Future of Investment Treaty Regime: A Grand Bilateral Bargain with Multilateral Implications, Journal of International Economic Law, Vol. 12, No. 2, 2009.

Barnali Choudhury, International Investment Law as a Global Public Good, Lewis & Clark Law Review, Vol. 17, No. 2, 2013.

John R. Cock, Four Tribunals Apply ICSID Rule for Early Ouster of Unmeritorious Claims, ASIL Insight, Vol. 15, Issue 10.

Bernardo M. Cremades, Disputes Arising out of Foreign Direct Investment in Latin America: A New Look at the Calvo Doctrine and Other Jurisdictional Issues, Dispute Resolution Journal 2004.

Bernardo M. Cremandes & Ignaciao Madalena, Parallel Proceedings in International Arbitration, Arbitration International, Vol. 24, No. 4, 2008.

Rudolf Dolzer & Terry Myers, After Tecmed: Most - Favored - Nation Clauses in Investment Protection Agreements, ICSID Review - Foreign Investment Law Journal 2004.

SusanD. Franck, The Legitimacy Crisis in Investment Treaty Arbitration: Privatizing Public International Law through Inconsistent Decisions, Fordham Law Review, Vol. 73, 2005.

Belen Olmos Giupponi, ICSID Tribunals and Sovereign Debt Restructuring – Related Litigation: Mapping the Further Implication of the Alemanni Decision, in: ICSID Review, Vol. 30, No. 3, 2015.

Julia Hueckel, Rebalancing Legitimacy and Sovereignty in International Investment Agreements, Emory Law Journal, Vol. 61, Issue 3, 2012.

Gabrielle Kaufmann – Kohler et al. , Consolidation of Proceedings in Investment Arbitration: How Can Multiple Proceedings Arising from the Same or Related Situations Be Handled Efficiently? Final Report on the Geneva Colloquim held on 22 April 2006, ICSID Review – Foreign Investment Law Journal 2006.

William H. Knull III & Noah Rubins, Betting the Farm on International Arbitration: Is It Time to Offer an Appeal Option?, American Review of International Arbitration 2000.

Juergen Kurtz, The MFN Standard and Foreign Investment – An Uneasy Fit?, Journal of World Investment & Trade 2004.

Ian Laird & Rebecca Askew, Finality versus Consistency: Does Investor – State Arbitration Need an Appellate System?, Journal of Appellate Practice and Process 2005.

See Francesco Montanaro, Postova Banka SA and Istrokapital SE v Hellenic Republic: Sovereign Bonds and the Puzzling Definition of "Investment" in International Investment Law, ICSID Review, Vol. 30, No. 3, 2015.

Ellie Norton, International Investment Arbitration and the European Debt Crisis, Chicago Journal of International Law, 2012.

Martina Polasek, The Threshold for Registration of a Request for Arbitration under the ICSID Convention, Dispute Resolution International, November 2011.

Wenhua Shan & Lu Wang, The China – EU BIT: The Emerging "Global BIT 2.0"?, Columbia FDI Perspectives, No. 128, August 18, 2014.

Suzanne A. Spears, The Quest for Policy Space in a New Generation of International Investment Agreements, Journal of International Economic Law, Vol. 13, No. 4, 2010.

Inna Uchkunova & Oleg Temnikov, Toss out the Baby and Put the Water to Bed: On MFN Clauses and the Significance of Treaty Interpretation, ICSID Review, Vol. 30, No. 2, 2015.

Raúl Emilio Vinuesa, Bilateral Investment Treaties and the Settlement of Investment Disputes under ICSID: The Latin American Experience, Law and Business Review of Americas 2002.

Michael Waibel, Opening Pandora's Box: Sovereign Bonds in International Arbitration, American Journal of International Law 2007.

Thomas Wälde, Introductory Note to Svea Court of Appeals: Czech Republic v. CME Czech Republic B. V., International Legal Materials, Vol. 42, 2003.

Jarrod Wong & Jason Yackee, The 2006 Procedural and Transparency – Related Amendments to the ICSID Arbitration Rules, in K. P. Sauvant (ed.), The Yearbook on International Investment Law & Policy, Oxford University Press, 2010.